中国特色乡村振兴研究丛书

主编 / 黄承伟 向德平

乡村振兴中的社会政策

XIANGCUN ZHENXING ZHONG DE
SHEHUI ZHENGCE

叶敬忠 / 主编　段媛媛 / 副主编

武汉出版社
WUHAN PUBLISHING HOUSE

(鄂)新登字08号

图书在版编目（CIP）数据

乡村振兴中的社会政策 / 叶敬忠主编；段媛媛副主编. -- 武汉：武汉出版社，2024.12. --（中国特色乡村振兴研究丛书 / 黄承伟，向德平主编）. -- ISBN 978-7-5582-7221-9

Ⅰ. F320.3

中国国家版本馆CIP数据核字第2024A291C7号

乡村振兴中的社会政策

主　　编：叶敬忠
副 主 编：段媛媛
责任编辑：万洪涛
封面设计：刘福珊
出　　版：武汉出版社
社　　址：武汉市江岸区兴业路136号　　邮　　编：430014
电　　话：（027）85606403　　85600625
http://www.whcbs.com　　E-mail: whcbszbs@163.com
印　　刷：湖北金港彩印有限公司　　经　　销：新华书店
开　　本：787 mm×1092 mm　　1/16
印　　张：23　　字　　数：300千字
版　　次：2024年12月第1版　　2024年12月第1次印刷
定　　价：120.00元

版权所有·翻印必究
如有质量问题，由本社负责调换。

前言

　　本书基于乡村振兴的宏观背景，旨在为理解我国乡村社会政策提供基础材料。迄今为止，关于社会政策的学术文献已经非常丰富，既有中西方学者编写的导论性读本和综合性教科书，也有学者围绕不同主题开展的本土化分析。从历史上看，社会政策的出现源于应对工业化带来的一系列社会风险，而乡村社会政策的发展正是在此基础上对城乡社会问题的回应。在我国乡村社会政策的发展实践中，政策目标始终与党领导下的国家工业化建设、改革和经济社会发展规划紧密结合，无论是在计划经济时期还是在改革开放以后，提高广大农民的民生福祉一直是乡村社会政策的出发点和落脚点。党的十九大提出实施乡村振兴战略以来，乡村社会政策持续优化，积极回应了农业农村现代化的需求，并担负起弥合城乡差距、促进共同富裕的时代使命。与此同时，来自不同领域的专家学者也围绕乡村社会政策的完善开展了广泛的研究，这些成果为助力乡村可持续发展提供了丰富的智力支持。然而，当前对于我国乡村社会政策的基础性讨论仍需进一步加强。本书立足于乡村社会政策的发展实践，聚焦乡村振兴背景下现实存在的、最迫切需要解决的、农民最关切的乡村社会问题，剖析如何完善和改革乡村社会政策，以期为乡村发展注入新活力，为乡村振兴战略的全面实施提供理论支持和实践参考。

　　在界定乡村社会政策时，本书采用了广义的视角，认为乡村社会政策不仅包括有关社会服务供给的政策设计和实践，也包括针对农民群体的社会保障和福利，以及农业农村现代化目标下事关乡村发展的其他关键议题，如农民主体性、小农户与现代农业的有机衔接、土地权属安排与农民组织化等。扩展乡村社会政策的边界不仅是为了反映其持续变化的特征，也旨在说明乡村社会政策需要适应乡村社会日益多元化、复杂化的现实需求。具体来说，本书分为上下两篇。上篇聚焦社会政策领域中的社会保障、教育、就业、医疗、养老、住房、低收入群体等核心主题，并结合党的十九大报告中"幼有所育、学有所教、劳有所得、病有所医、老有所养、住有所居、弱有所扶"的民生目标，深入分析了农村社会保障、义务教育、就业服务、医疗帮扶、互助式养老、住房保障以及低收入人群帮扶等七个主题。下篇聚焦事关农民群体和乡村发展的关键问题，涵盖了性别平等、人口双向流动、家庭变迁、人居环境整治、数字乡村建设、乡村社会建设、小农户与现代农业的衔接以及土地政策与农民的组织化等八个主题。

本书在撰写过程中力求体现研究团队在乡村发展和社会政策研究中的一些基本原则。第一，坚持问题导向。本书聚焦乡村振兴实践中涌现出来的现实挑战以及农民普遍关切的主要问题，尝试提出具有针对性和创新性的理念、思路和办法，无论是对各章节主题内容的选定，还是对各个主题社会政策的学理分析和政策建议，均努力践行党的二十大提出的"增强问题意识"的要求。同时，作为我国发展型社会政策的核心原则和理念，问题导向能够引导本书深入思考并积极探索应对我国农业农村现代化的具体方案，为完善我国乡村社会政策作出贡献。

第二，秉持公平、正义和群众导向的价值定位。与公共政策关注行政逻辑和政府工作效率不同，本书从社会政策的视角出发，在价值定位上立足"公平"和"权利"，坚持社会效益和群众路线，关注社会政策如何体现社会公正以及如何实现最大多数人的最大利益等问题。广大农民群众是乡村社会政策的直接体验者和受益者，面对城乡发展不平衡、农村发展不充分的现实情况，对乡村社会政策的分析应该坚持站在农民立场，认真审视并积极回应农民的理解、诉求和期待。本书在对我国乡村社会问题和社会政策进行剖析时，始终坚守"以人为本"和"以人民为中心"的理念，尊重农民追求美好生活的现实需求，理解农民遭遇的现实困境，致力于构建保障农民基本权益的政策体系。

第三，力求思想性与应用性相结合。针对乡村社会政策的不同领域，各个章节的内容既包括对实践现状的介绍，也在特定主题下对当前存在的具体问题展开学术分析，并在此基础上提出具有操作意义的对策建议。本书注重将理论与现实相结合，在翔实的调查数据和经验案例的基础上，努力对乡村发展中的实践主题进行学术阐释和理论深化。

需要特别说明的是，本书是在"中国特色乡村振兴研究"丛书的整体策划和安排下，组织中国农业大学人文与发展学院叶敬忠研究团队的青年学者根据社会政策领域的不同主题分章节独立撰写完成的。所有参与本书撰写的人员（执笔人）均在各章的结尾分别做了标注。这些青年学者在乡村社会问题和政策研究领域具有扎实的学术积累和实践经验。在本书中，他们紧密结合乡村振兴的时代背景和发展目标，对乡村社会政策进行了深入剖析，呈现了理解乡村社会问题的多元视角，提出了诸多具有创新性和实用性的观点和建议。然而，正是因为本书各章节是由不同作者分主题独立完成的，且不同主题所指涉的乡村社会政策存在发展阶段的差异，同时要回应的社会问题具有复杂性和特殊性，因此，尽管研究团队多次组织本书作者集体研讨章节内容，协调撰写规范，但最终呈现的本书各章节在研究方法、分析角度和体裁风格等方面仍然存在一定差异。

在书稿修改过程中，农业农村部中国乡村振兴发展中心主任黄承伟研究员提供了指导和建议，在此由衷地表示感谢。此外，武汉出版社的各位编辑以高度的专业责任感为本书的编辑出版做了大量工作，在此一并致谢。

我们希望本书的出版能够推动乡村社会政策的发展和完善，但我们也深知本书一定存在许多不足。尤其是对于乡村社会政策这样一个复杂且多变的领域，本书定有进一步完善和提高的巨大空间。我们衷心期待广大读者不吝赐教，提出批评建议。

叶敬忠　段媛媛
2024 年 5 月 6 日

目 录

上 篇

第一章　共同富裕与农村社会保障制度建设 … 3
　　一、引言 … 3
　　二、共同富裕在农村地区面临的挑战 … 4
　　三、共同富裕与农村社会保障体系建设的历史经验 … 12
　　四、共同富裕与当前农村社会保障制度存在的主要问题 … 21
　　五、健全农村社会保障制度与共同富裕目标的实现 … 26

第二章　迈向优质均衡发展的农村义务教育 … 31
　　一、引言 … 31
　　二、农村义务教育均衡发展进程与新时代要义 … 32
　　三、农村义务教育发展面临的主要矛盾和问题 … 39
　　四、从"供需匹配"视角分析农村教育问题成因 … 44
　　五、破解路径：加快城乡义务教育一体化发展 … 49

第三章　乡村就业的现实挑战与政策体系建设 … 53
　　一、引言 … 53
　　二、乡村就业政策体系 … 53
　　三、乡村就业现状及问题 … 63
　　四、当前乡村就业政策存在的问题 … 68
　　五、政策建议 … 74

第四章　农村医疗保障体系与困境病患者医疗帮扶的政策实践 …… 76
　　一、引言 …… 76
　　二、农村医疗保障体系发展历程与吉林省农村医疗帮扶政策构成 …… 78
　　三、困境病患者医疗政策帮扶体系执行情况及取得的成效 …… 84
　　四、困境病患者面临的新挑战及相对贫困风险 …… 91
　　五、困境病患者医疗帮扶政策的优化路径 …… 95

第五章　农村互助式养老服务的组织与实践 …… 100
　　一、引言 …… 100
　　二、农村互助式养老的社会政策与实践探索 …… 101
　　三、内生型农村社区互助养老的组织机制 …… 105
　　四、外生型农村社区互助养老：实践与困境 …… 113
　　五、农村社区互助养老中的辩证关系 …… 118
　　六、农村互助式养老的政策建议 …… 121

第六章　农村宅基地管理与住房建设及福利保障政策 …… 124
　　一、引言 …… 124
　　二、农村住房政策的发展和现状 …… 125
　　三、农村住房现状及面临的问题 …… 132
　　四、农村住房政策存在的问题 …… 138
　　五、农村住房政策案例分析 …… 142
　　六、农村住房政策建议 …… 148

第七章　农村低收入群体帮扶政策的发展与创新 …… 152
　　一、引言 …… 152
　　二、贫困转型与低收入人口帮扶 …… 154
　　三、农村低收入群体相关社会政策的发展 …… 159
　　四、当前农村低收入群体的现状 …… 162
　　五、新时代对农村低收入群体帮扶实践创新案例分析 …… 168
　　六、政策建议与启示 …… 172

下 篇

第八章 再生产价值的发现与乡村性别平等政策……177
- 一、引言……177
- 二、基于男女平等基本国策的妇女发展政策概况……178
- 三、重新认识再生产：基于历史政策的经验教训……184
- 四、政策建议：推动再生产劳动的社会化与去性别化……191

第九章 农村人口的双向流动与政策方向……194
- 一、引言……194
- 二、乡村人口发展的政策愿景……196
- 三、乡村人口双向流动：政策成效及挑战……203
- 四、政策建议……210

第十章 农村家庭的快速变迁与家庭政策的建设完善……216
- 一、引言……216
- 二、农村家庭变迁特征及其社会影响……217
- 三、农村家庭政策现状及其存在的问题……229
- 四、完善农村家庭政策的建议……236

第十一章 乡村人居环境整治政策的历史演进与实践分析……239
- 一、引言……239
- 二、乡村人居环境整治政策的历史演进脉络……239
- 三、乡村人居环境整治政策的实践特征……248
- 四、乡村人居环境整治政策现存的问题……257
- 五、完善乡村人居环境整治政策的建议……262

第十二章 地方政府数字乡村政策的基本特征与实践困境……267
- 一、引言……267
- 二、地方政府数字乡村政策文本特征分析……268
- 三、地方政府数字乡村政策执行面临的现实困境……283

四、地方政府数字乡村政策的优化路径……290

第十三章　以社会建设政策激活乡村社会……294
　　一、引言……294
　　二、乡村的社会建设政策及实践现状……295
　　三、社会建设何以激活乡村社会……303
　　四、完善以社会建设为目标的乡村社会政策体系……315

第十四章　小农户与现代农业衔接的实践样态和现实困境……319
　　一、引言……319
　　二、小农户与现代农业衔接政策的动因分析……321
　　三、小农户与现代农业衔接政策的实践样态……326
　　四、小农户与现代农业衔接政策的现实困境……331
　　五、结论与建议：推动福利供给体系的双向深化……336

第十五章　乡村土地政策与农民的组织化……339
　　一、引言……339
　　二、改革开放以来的农村土地政策……340
　　三、土地流转与农民组织化的可能前景……343
　　四、乡村振兴背景下不同的农民组织化模式……346
　　五、讨论与建议……357

上 篇

第一章
共同富裕与农村社会保障制度建设

一、引言

习近平总书记在党的二十大报告中指出,中国式现代化是全体人民共同富裕的现代化。全体人民共同富裕是中国式现代化的重要特征和本质要求。持续做大财富蛋糕是走向共同富裕的前提条件,社会保障则是走向共同富裕的关键性制度安排。[1]根据国家统计局《中国统计年鉴2023》数据,2022年,我国农村居民人均可支配收入仅为城镇居民人均可支配收入的40.9%。[2]因此,实现共同富裕,最艰巨的任务仍然在农村。一直以来,农村社会保障是我国社会保障体系中极其重要的组成部分,是消除农村地区贫困、实现共同富裕的重要保证。与时俱进健全和完善农村社会保障制度不仅对中国社会保障体系建设具有重要意义,而且对中国高质量可持续发展与共同富裕伟大目标的实现具有深远影响。

---

[1] 郑功成、何文炯、童星、王杰秀、丁建定、胡秋明、李春根、鲁全、席恒:《社会保障促进共同富裕:理论与实践——学术观点综述》,《西北大学学报(哲学社会科学版)》2022年第4期。
[2] 国家统计局编《中国统计年鉴2023》,http://www.stats.gov.cn/sj/ndsj/2023/indexch.htm。

二、共同富裕在农村地区面临的挑战

党的十八大以来,农村地区脱贫攻坚进入快速发展阶段。2012年中国农村贫困人口首次降到 1 亿人以下(见图 1-1)。根据全国31 个省(自治区、直辖市)16 万户居民家庭的抽样调查,按现行国家农村贫困标准[①]测算,2012 年全国农村贫困人口 9899 万人,贫困发生率 10.2%;2019 年全国农村贫困人口 551 万人,贫困发生率 0.6%;相比 2012 年,2019 年全国农村贫困人口减少 9348 万人,年均减贫人口规模 1168.5 万人,贫困发生率下降 9.6%,年均下降 1.2%。[②] 党的十九大以来,我国先后完成脱贫攻坚与全面建成小康社会的历史任务,实现第一个百年奋斗目标,开始向第二个百年奋斗目标迈进。2021 年 4 月,国务院发布的《人类减贫的中国实践》白皮书[③]指出,到 2020 年底,中国已如期完成新时代脱贫攻坚目标任务,在现行标准下 9899 万农村贫困人口全部脱贫,832 个贫困县全部摘帽,12.8 万个贫困村全部出列。

习近平总书记指出,中国式现代化坚持以人民为中心的发展思想,自觉主动解决地区差距、城乡差距、收入分配差距,促进社会公平正义,逐步实现全体人民共同富裕,坚决防止两极分化。因此,扎实推进全体人民共同富裕,就要在高质量发展中促进共同富裕,一方面不断做大做优社会财富"蛋糕",化解发展中存在的不平衡不充分问题,夯实"富裕"的经济基础;另一方面坚决防止两极分化,以缩小地区差距、城乡差距、收入分配差距为主

[①] 现行国家农村贫困标准为:2010 年农村贫困标准为每人每年生活水平 2300 元,2019 年农村贫困标准为每人每年生活水平 3218 元。
[②] 国家统计局住户调查办公室:《2020 年中国农村贫困监测报告》,中国统计出版社,2020,第 1 页。
[③] 国务院:《人类减贫的中国实践》白皮书,2021 年 4 月 6 日,https://www.gov.cn/zhengce/2021-04/06/content_5597952.htm。

要着力点，努力提高发展的平衡性与协调性，化解发展中存在的不平衡问题，切实让发展成果更公平地惠及全体人民。改革开放40多年以来，我国经济社会高速发展，但发展过程中逐渐浮现的地区、城乡和收入不平衡已成为我国农村地区未来实现共同富裕面临的主要挑战。

图1-1 2010—2019年中国农村贫困人口变化

（一）相比东部，中西部农村仍然是返贫风险高发区

从地区分布来看，我国农村贫困人口一直存在分布不均（见表1-1）。2010到2019年，一半以上的农村贫困人口集中在西部地区[①]。整体来看，农村贫困人口规模、贫困发生率自西向东依次减少。2010年，西部地区农村贫困人口8429万人，贫困发生率29.2%；中部地区农村贫困人口5551万人，贫困发生率17.2%；东部地区农村贫困

---

① 东部地区：包括北京、天津、河北、辽宁、上海、江苏、浙江、福建、山东、广东、海南11省和直辖市；中部地区：包括山西、吉林、黑龙江、安徽、江西、河南、湖北、湖南8省份；西部地区：包括内蒙古、广西、重庆、四川、贵州、云南、西藏、陕西、甘肃、青海、宁夏、新疆12省、自治区和直辖市。

人口2587万人，贫困发生率7.4%。2012年以来，西部、中部和东部地区农村贫困人口规模和贫困发生率都呈显著下降趋势。2019年西部、中部和东部地区相比2012年分别减少贫困人口4766万人、3265万人和1320万人，贫困发生率下降16.4%、10.0%和3.8%。[①]但是截至2019年，贫困人口发生率的地区分布不均依然存在，从高到低排列仍为西部、中部和东部地区。

2020年底，我国已经消除贫困，但返贫风险压力依然存在。习近平总书记在决战决胜脱贫攻坚座谈会上分析脱贫攻坚存在的困难和挑战时指出，存在"巩固脱贫成果难度很大"的情况，原因在于已脱贫人口中存在返贫风险、边缘人口中存在致贫风险。[②]而相比东部地区，中西部地区仍然是农村返贫风险高发区，对实现全体人民共同富裕构成潜在影响。

表1-1 2010—2019年中国东中西部地区农村贫困人口分布

年份	农村贫困人口规模/万人			农村贫困发生率/%		
	东部	中部	西部	东部	中部	西部
2010	2587	5551	8429	7.4	17.2	29.2
2011	1655	4238	6345	4.7	13.1	21.9
2012	1367	3446	5089	3.9	10.6	17.5
2013	1171	2869	4209	3.3	8.8	14.5
2014	956	2461	3600	2.7	7.5	12.4
2015	653	2007	2914	1.8	6.2	10.0
2016	490	1594	2251	1.4	4.9	7.8
2017	300	1112	1634	0.8	3.4	5.6
2018	147	597	916	0.4	1.8	3.2
2019	47	181	323	0.1	0.6	1.1

---

① 国家统计局住户调查办公室：《2020年中国农村贫困监测报告》，中国统计出版社，2020，第3页。
② 习近平：《在决战决胜脱贫攻坚座谈会上的讲话》，新华网2020年3月6日，http://www.xinhuanet.com/politics/leaders/2020-03/06/c_1125674682.htm。

（二）对比城市，农村在教育医疗养老等方面仍然存在差距

从城乡对比来看，农村居民在教育、医疗、养老等方面与城市居民存在差距。在教育方面，农村居民家庭户主文化程度普遍偏低。2018年农村居民家庭户主初中学历占比50.3%，小学学历占比32.8%，高中及以上学历仅占12.7%。[①] 根据国家统计局住户收支与生活状况调查数据分析，贫困发生率与户主受教育程度成负相关；户主受教育程度较低的群体贫困发生率相对较高。2019年户主受教育程度为未上过学的群体中贫困发生率为2%，但是户主受教育程度为高中及以上群体中的贫困发生率仅为0.2%。[②] 农村居民受教育程度较低增加了农村地区返贫的风险。相应的，2018年我国共有高中14091所，初中51982所，小学161811所，其中农村高中710所，初中14792所，小学91000所，分别占全国比例为5%、28.5%、56.2%。[③] 农村教育机构数量明显低于城市。

在医疗方面，虽然我国已经消除贫困进入全面建成小康社会的发展阶段，但因病致贫、因病返贫一直是影响农村地区实现共同富裕的重要威胁。根据国家统计局数据，农村身体健康程度与贫困发生率呈负相关。2019年身体健康人群贫困发生率为0.5%，基本健康人群贫困发生率为1.1%，身体健康状况较差人群贫困发生率为1.5%。[④] 2020年我国农村乡镇卫生院的床位数为139万张，占全国

[①] 国家统计局农村社会经济调查司：《中国农村统计年鉴2019》，中国统计出版社，2019，第33页。
[②] 国家统计局住户调查办公室：《2020年中国农村贫困监测报告》，中国统计出版社，2020，第4页。
[③] 根据国家统计局《中国统计年鉴2019》和《中国农村统计年鉴2019》计算得出。
[④] 国家统计局住户调查办公室：《2020年中国农村贫困监测报告》，中国统计出版社，2020，第5页。

医疗卫生机构床位数的 15.3%；农村乡镇卫生院的卫生技术人员数为 126.7 万人，占全国医疗卫生机构卫生技术人员的 11.9%。[①] 但在全国 60 岁及以上的老年人口中，农村老年人口占 47.4%，明显高于农村医疗机构床位数和医疗卫生技术人数占全国的比重。医疗卫生服务是应对人口老龄化的关键，因此未来需要积极地发展农村医疗卫生服务。[②]

在养老方面，城乡养老金差距较大。截至 2020 年度，我国参加社会基本医保的人数已达到 13.6 亿人，基本养老保险覆盖 9.99 亿人。但是，2020 年全国职工离退休人员人均每月养老金为 3300 多元，而城乡居民养老保险人均每月仅 170 多元，二者相差近 20 倍。职工养老医疗保险和居民养老医疗保险的最大区别是，前者以就业单位和个人双方筹资为主，国家财政予以一定补助；后者则完全没有就业单位依托，只能由国家和个人双方筹资，且以国家筹资为主。[③] 由于农村居民绝大多数参加城乡居民基本养老保险，因此与城市职工与居民相比都存在较大差距。

（三）参比收入，缩小贫富差距的关键仍然在中西部农村

从收入水平来看，东中西部地区和城乡收入水平都在逐年增加，但差距依然明显。根据国家统计局的数据，2021 年东部地区农村居民人均可支配收入 23556.1 元，中部地区农村居民人均可支配收入 17857.5 元，西部地区农村居民人均可支配收入 15608.2 元，

[①] 国家卫生健康委员会：《2020 年我国卫生健康事业发展统计公报》，2021 年 7 月 13 日，http://www.nhc.gov.cn/guihuaxxs/s10743/202107/af8a9c98453c4d9593e07895ae0493c8.shtml。
[②] 张献政、边恕：《我国农村社会保障体系存在的问题及对策研究》，《农业经济》2021 年第 2 期。
[③] 焦长权、董磊明：《迈向共同富裕之路：社会建设与民生支出的崛起》，《中国社会科学》2022 年第 6 期。

西部地区农村居民人均收入是东部地区的66.26%,中部地区农村居民人均收入是东部地区的75.8%。2015年以来,我国东、西部地区农村居民人均可支配收入差距呈现缩小趋势,西部地区与东部地区的比例从2015年的0.64提高到2021年的0.66(见图1-2),7年时间仅缩小2%左右,而中部地区与东部地区的比例常年维持在0.76左右,没有太大变化。这说明,东中、西部地区农村居民收入差距在缩小,但是比例相对稳定,进一步缩减东、中、西部地区农村居民收入差距,关键仍然在中西部农村地区。

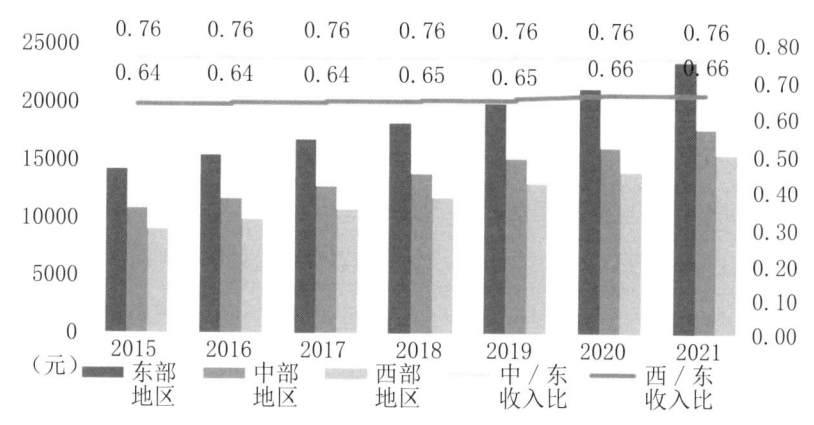

图1-2 2015—2021年东中西部农村地区人均可支配收入差距

2021年,城镇居民人均可支配收入47411.9元,农村居民人均可支配收入18930.9元,农村居民人均可支配收入是城镇居民人均可支配收入的39.9%。根据国家统计局的数据显示,2015年到2019年,我国城乡居民人均可支配收入差距在减少。农村居民人均可支配收入从2015年到2019年分别是城镇居民人均可支配收入的36.6%、36.8%、36.9%、37.2%和38.1%。这说明我国城乡居民收入差距在缩小,但是可支配收入仍然存在60%的差距(见图1-3)。因此,进一步提升农村居民人均可支配收入,缩小城乡居民可支配收入差距任重道远。

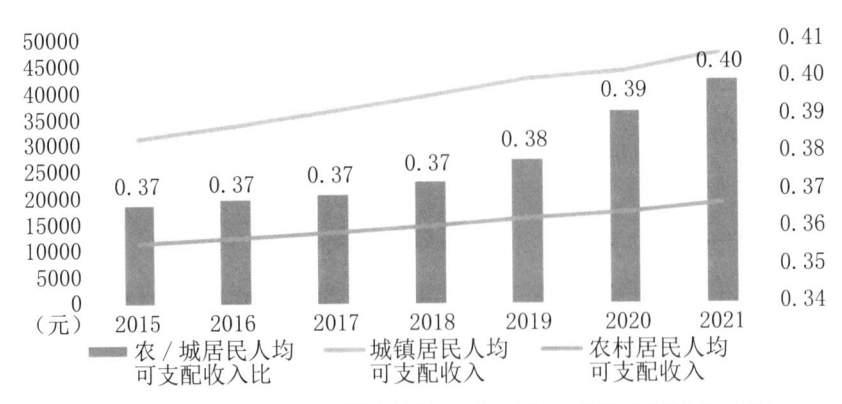

图 1-3 2015—2021 年城镇居民与农村居民人均可支配收入差距

此外,在居民可支配收入构成中,农村居民转移性收入①相比城镇居民要少,但占比较高。这说明近年来我国在农村养老、医疗、社会救助方面的投入在持续增加,农村社会保障在缩小城乡居民收入差距中发挥了重要作用。2021年,在农村居民人均可支配收入构成中,工资性收入达到7958.1元,经营净收入达到6566.2元,财产净收入达到469.4元,转移净收入达到3937.2元,转移净收入占人均可支配收入的20.8%。同年,城镇居民转移净收入8497.3元,占人均可支配收入的17.92%,是农村居民转移净收入的2.16倍(见表1-2)。

从2015年起,农村居民和城镇居民转移净收入双双增长的同时,农村居民与城镇居民在转移净收入之间的差距在缩小,而且转移净收入在农村居民人均可支配收入中的占比逐渐增加。这说明转移净收入在缩小农村居民与城镇居民人均可支配收入差距中发挥重要作用。换言之,农村社会保障起到了关键作用。因此,进一步

---

① 转移性收入指国家、单位、社会团体对住户的各种经常性转移支付和住户之间的经常性收入转移。包括养老金或退休金、社会救济和补助、政策性生产补贴、政策性生活补贴、经常性捐赠和赔偿、报销医疗费、住户之间的赡养收入、住户非常住成员寄回带回的收入等。

缩小城乡居民收入差距，一方面要进一步加大农村社会保障的投入力度，缩小城乡居民转移性收入差距；另一方面要合理调整农村居民可支配收入构成，增加财产性收入比例，通过财产性收入预防农村居民返贫。

表1-2 2015—2021年农村、城镇居民可支配收入和转移净收入比较

年份	农村居民可支配收入/元	农村居民转移净收入/元	农村居民转移收入占可支配收入比	城镇居民可支配收入/元	城镇居民转移净收入/元	城镇居民转移收入占可支配收入比	农村、城镇居民转移净收入比
2015	11421.7	2066.3	18.1%	31194.8	5339.7	17.12%	0.39
2016	12363.4	2328.2	18.8%	33616.2	5909.8	17.58%	0.39
2017	13432.4	2603.2	19.4%	36396.2	6523.6	17.92%	0.40
2018	14617.0	2920.5	20.0%	39250.8	6988.3	17.80%	0.42
2019	16020.7	3297.8	20.6%	42358.8	7563.0	17.85%	0.44
2020	17131.5	3661.3	21.4%	43833.8	8115.8	18.51%	0.45
2021	18930.9	3937.2	20.8%	47411.9	8497.3	17.92%	0.46

尽管我国已经实现了全面建成小康社会的百年奋斗目标，消除了绝对贫困，正在奋力实现第二个百年奋斗目标，但充分调动具有增长优势的地区和个人的积极性，鼓励一部分人、一部分地区先富起来，持续把社会财富"蛋糕"做大做优，进而带领全体人民共同富裕仍然是当务之急。这就意味着地区发展差距、城乡资源差距和人均收入差距仍然会继续存在。无论在计划经济时期还是社会主义市场经济时期，社会保障体系建设在消除经济差距和促进社会公平方面均发挥了至关重要的作用。因此，在实现第二个百年奋斗目标的历史进程中，必须在已有农村经验基础上，针对新问题、新挑战，健全完善农村社会保障体系，让发展成果更多惠及农村居民，最终实现全体人民共同富裕的目标。

三、共同富裕与农村社会保障体系建设的历史经验

农村社会保障是我国社会保障体系的重要组成部分,是调节收入分配、缩小贫富差距、保障低收入者的基本生活以及缓和社会矛盾的重要手段,有利于促进农村地区经济社会健康发展,并且在实现农业农村现代化和乡村振兴过程中发挥着重要作用。新中国成立70多年来,我国农村社会保障体系建设循序渐进,日臻完善。从1949年中华人民共和国成立初期主要依靠农民自救和集体经济组织,到改革开放以后政府对农村社会保障投入不断增加,再到新世纪以来城乡统筹社会保障体系的建设,我国农村社会保障事业发展蒸蒸日上,为不断缩小贫富差距、促进社会公平、实现共同富裕奠定了坚实的基础。

(一)新中国建设时期:农村社会保障的兴起与初探

中华人民共和国成立初期,我国社会保障制度建设的重心在城市,对象是工人等,包括企业职工、国家机关和事业单位的公职人员。而在农村,农民保障主要依靠土地。政府会开展必要的救灾备荒和优抚工作,但对其他社会保障(如社会救助、养老金和医疗卫生)的投入较少。"农民有土地,工人有劳保"反映了当时农村和城市社会保障的差异。自1952年"土改"完成后,全国4亿多农民分到土地、农畜和耕具等生产资料。由于农民生产积极性被极大调动,农业生产迅速恢复,农民收入也有较大提升,这些为农民的自我保障奠定了重要基础。这一时期,土地既是生产资料也是生活资料,因为土地承担起农民生活保障的重任。但在自然灾害面前,土地保障的能力会大打折扣,农民很容易陷入贫困。这时党和政府会积极采取救助措施,维持农业生产和农民生活秩序。"生产自救、

节约度荒、群众互助并辅以政府必要救济"[①]是政府开展农村救灾工作的主要方针。

20世纪50年代中后期,随着农业合作化基本完成以及土地等生产资料收归集体,农民成了农业合作社的成员。农村合作社公益金、五保户以及合作医疗逐渐产生。这一时期国家重点推进城市工业化建设,国家财政资金优先向工业倾斜,因此农村集体经济组织承担起农民救助、养老与医疗的社会保障职能。1954年以后,国家修订了社会救济的总方针,即依靠集体、群众互助、生产自救,辅之以国家必要的救济,进一步明确了集体经济组织在农村社会保障中的基础作用。在1956年通过的《高级农业生产合作社示范章程》中提到,"合作社……也要吸收老、弱、孤、寡、残疾的人入社","农业生产合作社对于缺乏劳动力或者完全丧失劳动力、生活没有依靠的老、弱、孤、寡、残疾的社员,在生产上和生活上给以适当的安排和照顾,保证他们的吃、穿和柴火的供应,保证年幼的受到教育和年老的死后安葬,使他们生养死葬都有依靠"。在农业合作化集体收入中,公益金主要"用于社内的公益福利事业,如社内举办必要之文化、卫生事业,补助救济或无利贷给因遭天灾、婚丧、疾病等致使生活困难的社员"[②],占集体收入的1%左右。对于缺乏劳动力或者完全丧失劳动力,同时生活没有依靠的老、弱、孤、寡、残疾的社员,农业生产合作社会在生产生活上给予安排和照顾,保证他们的吃、穿和柴火供应,保证年幼的受到教育和年老的死后安葬,使他们生养死葬都有依靠。享受这些保障的被称为"五

[①] 中华人民共和国内务部农村福利司:《建国以来灾情和救灾工作史料》,法律出版社,1958,第88页。

[②] 中共中央转发华北局:《关于农业生产合作社若干问题的解决办法》,载中共中央文献研究室编《建国以来重要文献选编》(第四册),中央文献出版社,2011,第206页。

保户"。有研究发现，从1960到1963年，国家财政向农村地区发放的社会救济款约4.8亿元，超过建国前10年的总和。[①]

此外，一些地方在农业互助合作运动启发下，出现了由农民个人和农业集体共同筹集资金，每人每年出几角钱，为社员看病实行部分减免的互助合作医疗。1959年11月，卫生部在山西省稷山县召开全国农村卫生工作会议，正式肯定了农村合作医疗制度。此后，这一制度在农村得到快速推广。1978年，我国实行合作医疗的生产大队占全国生产大队总数的比例达到82%。[②]1983年，以村为单位、由集体经济投资或群众集资创办的卫生所或医疗站有61万个。[③]合作医疗以及村卫生所的普及对农村地区初级卫生保健服务水平的提升具有重要意义，农村居民的健康状况在此期间有了较大改善。[④]

（二）改革开放新时期：农村社会保障制度的改革与重建

1978年，十一届三中全会的召开标志着我国进入改革开放新时期。改革的"第一枪"在农村打响。农村家庭联产承包责任制的推行极大提升了农民的生产积极性，也使农村社会保障失去了农业合作化时期集体经济的制度基础。于是，积极探索适应新形势的农村社会保障制度成为当务之急。

在此背景下，民政部在原生产队的基础上探索建立农村养老

---

① 郭明霞：《建国后农村社会救助制度的回顾与反思——农村社会救助体系研究系列之三》，《社科纵横》2005年第3期。
② 西藏自治区除外，1978年西藏自治区有1016个公社实行合作医疗，占公社总数的49%，其余地区系全民免费医疗。
③ 《当代中国的卫生事业》编辑委员会：《当代中国的卫生事业》（下），当代中国出版社、香港祖国出版社，2009，第36页。
④ 王曙光、王丹莉：《中国农村社会保障的制度变迁与未来趋势》，《新疆师范大学学报（哲学社会科学版）》2020年第4期。

保险制度。20世纪80年代,上海、浙江、江苏等地农村效仿城市职工养老保险的做法,探索设立农民养老保险。根据国家"七五"计划关于"抓紧研究建立农村社会保险制度,并根据各地的经济发展情况进行试点,逐步实行"的要求,1989至1991年,民政部开始推行农村社会养老保险试点工作,并在1992年制定了《县级农村养老保险基本方案(试行)》,提出农民"个人缴费为主,集体补助为辅,国家给予政策扶持"的农村社会养老保险方式(简称"老农保")。

在医疗方面,家庭联产承包责任制和村民自治制度施行以后,曾在我国农村广泛推行的合作医疗大范围解体,大量农民失去医疗健康保障。1993年,第一次国家卫生服务调查结果显示,84.11%的农村人口没有任何医疗保障,完全处于自费医疗的状况,很多农民因病致贫、返贫。[1]1996年国务院组织召开第一次全国卫生工作会议强调,"坚持把全国医疗卫生工作的重点放在农村,农村合作医疗制度是我国农民自己创造出来的行之有效的办法"[2]。1997年发布了《中共中央、国务院关于卫生改革与发展的决定》,我国开始恢复重建农村合作医疗制度。

在此期间,农村社会救助事业也得到较快发展。一是五保供养制度。1982年,民政部发布《关于切实做好五保户普查工作的通知》,指出在"未实行农村生产责任制改革地区,继续推行公益金补助的办法;要求集体统筹供养";1985年,中共中央、国务院在《关于制止向农民乱摊派、乱收费的通知》中强调,"供养五保户等

---

[1]《国家卫生服务研究——1993年国家卫生服务总调查分析报告》,1994年11月,http://www.nhc.gov.cn/cmsresources/mohwsbwstjxxzx/cmsrsdocument/doc9906.pdf。
[2] 全国卫生工作会议(1996年12月9—12日),中国共产党新闻网,http//dangshi.people.com.cn/GB/151935/176588/176597/10556551.html。

事业的费用,实行收取公共事业统筹费的办法。"[①]1994年,国务院颁布《农村五保供养工作条例》,正式划定五保对象边界并明确了供养的具体内容,即针对那些无法定抚养义务人的(或法定抚养义务人无能力抚养的)、无劳动能力的、无生活来源的老年人、残疾人和未成年人,在吃、穿、住、医、葬、学(仅针对未成年人)方面提供保障。二是最低生活保障制度。1996年民政部发布的《关于加快农村社会保障体系建设的意见》和《农村社会保障体系建设指导方案》都指出农村最低生活保障制度在农村社会保障体系中的重要地位,明确最低生活保障资金主要来源于乡镇统筹。我国由此开启农村最低生活保障制度的探索工作。此外,1990年,第七届全国人民代表大会常务委员会第十七次会议通过《中华人民共和国残疾人保障法》,从法律层面对农村残障人士提供了保障。

(三)迈入新世纪时期:农村社会保障制度的完善与发展

进入新世纪以来,国家财政资金开始侧重向农村倾斜,重点支持农村各项社会事业发展,农村社会保障体系建设进入高速发展阶段。2002年党的十六大报告提出将健全社会保障体系作为全面建设小康的重要任务和目标,强调建立健全同经济发展水平相适应的社会保障体系,是社会稳定和国家长治久安的重要保证。2007年党的十七大报告强调必须在经济发展的基础上,更加注重社会建设,着力保障和改善民生,加快建立覆盖城乡居民的社会保障体系,保障人民的基本生活。

2003年我国启动新型农村合作医疗制度的试点项目。卫生部、财政部和农业部联合下发《关于建立新型农村合作医疗制度的意

[①] 肖林生:《农村五保供养制度变迁研究:制度嵌入性的视角》,《东南学术》2009年第3期。

见》，要求建立政府组织领导、农民自愿参加、政府集体个人共同筹资、以大病统筹为主要内容的新型农村合作医疗制度（简称"新农合"）。到2012年底，在不到10年的时间里，我国农村合作医疗制度的参合人数已达8.05亿人，参合率达到98.3%。[①]2003年，民政部、卫生部和财政部联合下发《关于实施农村医疗救助的意见》，提出通过政府拨款和社会捐助对农村贫困居民实施医疗救助，初步建立农村医疗救助制度。

2006年，国务院修订了《农村五保工作条例》，新条例将未成年人年龄限定在16岁及以下，还将五保供养的资金来源从原来的"农村集体经济组织负责"变更为"在地方人民政府财政预算中安排"，这标志着农村五保救助完全进入国家财政预算框架内。此外，国家在1996年的基础上建立了全国范围内的农村最低生活保障制度。2007年，国务院下发《关于在全国建立农村最低生活保障制度的通知》，将符合条件的农村贫困人口全部纳入保障范围，保障标准随当地生活必需品价格变化和人民生活水平提高适时进行调整，资金筹集以地方政府为主，省级政府加大投入。2008年，中共中央、国务院印发《关于促进残疾人事业发展的意见》，该意见着力在完善残疾人生活救助工作、促进农村残疾人就业等问题上提出指导方针，在保障残疾人基本生活的基础上促进该群体的全面发展。

2009年国务院印发《关于开展新型农村社会养老保险制度试点的指导意见》，其在总结"老农保"实施的经验教训基础之上，开展以"个人缴费、集体补助、政府补贴"相结合的新型农村社会养老

[①]《2012年我国卫生和计划生育事业发展统计公报》，中华人民共和国中央人民政府官网，http://www.nhfpc.gov.cn/mohwsbwstjxxzx/s7967/201306/fe0b764da4f74b858eb55264572eab92.shtml。

保险制度（简称"新农保"）的试点。农民自愿选择100至500元的缴费档次，对于年满60岁的老人，政府每月发放55元养老金。到2012年底，我国参加新农保的人数达到4.6亿人，参保对象分布在2800多个县级行政区、约4万个乡镇、近59万个行政村。[①] 我国以政府承担主要责任的包括医疗、养老和救助在内的农村社会保障制度体系基本建立起来。

（四）党的十八大以来：城乡社会保障制度的统筹与深化

党的十八大报告指出，我国已进入全面建成小康社会的决定性阶段，并提出了城乡基本养老保险制度全面建立，新型社会救助体系基本形成，全民医保基本实现的重要战略布局。党的十九大报告指出，新时代我国社会主要矛盾已经转化为人民日益增长的美好生活需要和不平衡不充分的发展之间的矛盾。农民对美好生活需要的内涵在过往十年也已经发生了深刻变化，这对农村社会保障制度的发展提出了更高的要求。城乡社会保障体系的巨大差异是促使城乡收入差距拉大的重要根源，也是导致农村贫困化程度加剧的重要原因之一。[②]

此阶段我国开启进入城乡社会保障体系一体化发展阶段。2014年国务院下发《关于建立统一的城乡居民基本养老保险制度的意见》，将"新农保"和"城居保"两项制度合并实施，在全国范围内建立统一的城乡居民基本养老保险，不再区别对待城镇居民和乡村居民，国家为每个参保人员建立终身记录的养老保险个人账户，

---

① 《把维护最广大人民根本利益作为人大工作的出发点和落脚点》，2013年3月8日，全国人民代表大会官网，http://www.npc.gov.cn/npc/c2434/c19834/c19895/c19923/201905/t20190521_178327.html。
② 王曙光、王丹莉：《中国农村社会保障的制度变迁与未来趋势》，《新疆师范大学学报（哲学社会科学版）》2020年第4期。

个人缴费、地方人民政府对参保人的缴费补贴、集体补助及其他社会经济组织、公益慈善组织、个人对参保人的缴费资助，全部记入个人账户。城乡居民的养老保险待遇统一由基础养老金和个人账户养老金构成，其中基础养老金由政府支付。截至2021年，全国城乡居民养老保险参保人数达到5.4亿多人。领取养老金人数超过1.6亿人，年支付养老金3715亿元。①

2016年，国务院发布《关于整合城乡居民基本医疗保险制度的意见》，将城镇居民基本医疗保险制度和新型农村合作医疗制度合并实施，城乡居民基本医疗保险制度基本形成，城乡社会保障体系一体化发展迈上新征程。截至2021年底，我国城乡居民医疗保险覆盖城乡居民10亿多人，收入9724.5亿元，支出9296.4亿元，累计结余6716.6亿元。②2022年，习近平总书记在党的二十大报告中指出，我国已建成世界上规模最大的社会保障体系，基本养老保险覆盖十亿四千万人，基本医疗保险参保率稳定在百分之九十五。

在农村社会救助方面，2012年国务院发布《关于进一步加强和改进最低生活保障工作的意见》，指出最低生活保障事关困难群众衣食冷暖，事关社会和谐稳定和公平正义，是贯彻落实科学发展观的重要举措，是维护困难群众基本生活权益的基础性制度安排。2017年底，全国所有县（市、区）农村低保标准均达到或超过国家扶贫标准。2020年，民政部和财政部联合印发《关于进一步做好困难群众基本生活保障工作的通知》，提出要简化低保申请确认程

---

① 国家统计局编《中国统计年鉴2022》，http://www.stats.gov.cn/sj/ndsj/2022/indexch.htm。

② 国家统计局编《中国统计年鉴2022》，http://www.stats.gov.cn/sj/ndsj/2022/indexch.htm。

序，进一步扩大最低生活保障覆盖范围。截至 2021 年，全国农村最低生活保障人数 3474.5 万人，较 2013 年减少 1914.1 万人，农村低保标准达到 6362 元 / 人 / 年。①2018 年发布的《关于打赢脱贫攻坚战三年行动的指导意见》中还指出："加快建设为老年人、残疾人、精神障碍患者等特殊群体提供服务的设施。……加快建立贫困家庭'三留守'关爱服务体系。"并着力开展贫困残疾人脱贫行动，在完善残疾人生活补贴、护理补贴、康复服务、辅助器具适配、家庭无障碍化改造等方面提出了明确的指导意见。此外，这一时期还特别强调了发展特殊教育对农村贫困残障儿童能力建设的重要意义。习近平总书记在全国脱贫攻坚总结表彰大会上指出，在脱贫攻坚期间，"近 2000 万贫困群众享受低保和特困救助供养，2400 多万困难和重度残疾人拿到了生活和护理补贴"。

中华人民共和国成立以来，农村社会保障制度建设经历了兴起与初探、改革与重建、完善与发展、统筹与深化四个阶段。农村社会保障层次实现了从最低限度的生存满足向发展权的转变；农村社会保障结构实现了从家庭供养向多支柱保障体系的转变；农村社会保障模式实现了从农村单一向城乡统筹的转变。人民日益增长的美好生活需要、党和国家"以人民为中心"的发展理念、政策试点与政策研究、经济体制改革与综合国力提升共同构成了农村社会保障制度演进的动力机制。②

---

① 国家统计局编《中国统计年鉴 2022》，http://www.stats.gov.cn/sj/ndsj/2022/indexch.htm。
② 王立剑、代秀亮:《新中国 70 年中国农村社会保障制度的演进逻辑与未来展望》，《农业经济问题》2020 年第 2 期。

四、共同富裕与当前农村社会保障制度存在的主要问题

2022年4月,习近平总书记在《促进我国社会保障事业高质量发展、可持续发展》文章中对我国社会保障事业提出"高质量发展、可持续发展"的总体要求。当前,我国社会保障领域发展不平衡不充分的问题较为突出,农村社会保障仍然是我国社会保障体系建设中的薄弱环节,尤其在城乡二元户籍制度的弊端下仍存在一些短板。[1]值得肯定的是,城乡居民医疗保险制度缓解了农民看病的经济负担,在一定程度上解决了农民因病致贫和因病返贫现象,使农民更多地利用医疗卫生服务;城乡居民养老保险制度缓解了农村老年人口的生活压力,改善了农村老年人口与子女的代际关系、提升了老年人的幸福感;农村最低生活保障等社会救助制度缓解了农村贫困现象。[2]但是,随着我国社会主要矛盾发生变化和城镇化、老龄化等新形势、新问题的出现,在共同富裕的伟大征程上,我国农村社会保障制度仍然有待进一步发展。

(一)农村社会保障项目有待进一步完善

目前,我国已针对城镇就业人员和城市居民建立起包括社会保险、社会福利、社会救济、住房保障等项目齐全的社会保障体系,而农民享有的社会保障项目对比之下相对较少。农民目前享受的社会保障主要包括城乡居民养老保险、城乡居民医疗保险以及五保供养、最低生活保障、特困户生活救助等社会救济,而失业保险、工

---

[1] 丁建定、谢天:《党对社会保障功能认识的新高度与制度建设新发展》,《中国社会保障》2022年第10期。
[2] 崔红志:《完善覆盖农村人口的社会保障体系:现状、问题与对策建议》,《新疆师范大学学报(哲学社会科学版)》2020年第5期。

伤保险、生育保险、住房保障、长期护理保障及很多福利项目在农村仍然处于空白状态。[①]另外，在一些常规社会保障政策实施与项目执行过程中，由于缺少完备的评估、分配、监督制度，导致运行中出现对象瞄准偏差、福利分配不当等现象，滋生了新的不公平问题。这一方面是由于农村人口收入水平、消费状况以及生活质量的核定难度大，另一方面是因为核定过程中人为干扰严重。[②]

一直以来，我国农村社会保障建设侧重经济保障，而对服务保障有所忽视。从农村社会保障层面来看，未将对农村老年人的人文关怀、精神慰藉列入到制度安排中。值得注意的是，在我国农村家庭小型化、农村空心化越发显著的背景下，农村空巢老人、失能及半失能老人数量会逐渐增多。在这种情况下，既要保障他们的物质生活，又要保障其精神需求，使其获得一定的慰藉。[③]农村社会保障体系在这方面的不健全，削弱了对农民的保障，不利于农村经济发展和社会稳定，也不利于提升社会公平正义和共同富裕目标的实现。

（二）农村社会保障水平有待进一步提高

现有的农村保障项目保障水平相对偏低，主要表现在两方面：一是农村社会保障的待遇水平，远远低于城镇居民和职工社会保障的待遇水平；二是不同区域之间农民享受的社会保障待遇水平相差悬殊，中西部地区农民享受的社会保障待遇水平，远远低于东部

[①] 林淑周：《乡村振兴视角下农村社会保障体系的完善》，《劳动保障世界》2018年第35期。
[②] 李迎生、李泉然：《农村低保申请家庭经济状况核查制度运行现状与完善之策——以 H 省 Y 县为例》，《社会科学研究》2015年第3期。
[③] 刘玥杉：《乡村振兴背景下农村社会保障体系的完善》，《就业与保障》2022年第12期。

发达地区农民享受的社会保障水平。尽管城乡居民的养老保险和医疗保险制度已经实现城乡一体化统筹,城乡居民可以享受同等水平的养老金和医疗待遇,但城乡低保制度仍然是双轨制。

在待遇水平方面,农村低保标准低于城市。尽管农村低保对象数量是城市低保对象数量的 5 倍,但农村低保总支出仅是城市低保总支出的 3 倍。截至 2021 年底,全国共有城市低保对象 737.8 万人,城市低保平均保障标准 711.4 元/人/月,全年支出城市低保资金 484.1 亿元。而全国农村低保对象 3474.5 万人,农村低保平均保障标准 530.1 元/人/月,全年支出农村低保资金 1349.0 亿元。[①]

在待遇水平差异方面,我国不同地区农村居民之间享有的社会保障水平存在较大差距。在城乡居民养老保险方面,2022 年上海市城乡居民基础养老金达到 1300 元/人/月,北京达到 887 元/人/月,而云南省仅为 103 元/人/月,湖南省为 105 元/人/月。[②] 在最低生活保障标准方面,上海市 2021 年农村居民最低生活保障标准为 1339 元/人/月,北京市为 1245 元/人/月,河南省为 377 元/人/月,青海省为 432 元/人/月。[③] 这些差距的出现虽然是受到当地消费水平、最低工资标准等影响,但地方发展水平和地方财政支持能力无疑起着关键作用。

(三)农村社会保障经费有待进一步增加

充足的资金是农村社会保障制度建设的根本前提,但是当前

[①]《2021 年民政事业发展统计公报》,https://images3.mca.gov.cn/www2017/file/202208/2021mzsyfztjgb.pdf。
[②]《城乡居民基础养老金标准 2023 年一览》,http://shebao.southmoney.com/yanglao/yanglaojin/202302/387130.html。
[③] 沈慧:《多地上调最低生活保障标准》,《经济日报》2021 年 12 月 5 日,http://paper.ce.cn/jjrb/html/2021-12/05/content_454539.htm。

我国农村社会保障资金仍不充分而且缺乏持续性。其背后的主要原因，一是农村社会保障资金来源比较单一，城乡居民养老保险和医疗保险的资金以及农村低保等社会救助项目主要依靠政府财政补贴。二是作为农村社会保障资金主要来源的我国社会保障支出仍处在较低水平。根据国家统计局的数据显示，2021年全国一般公共预算支出246322亿元，其中社会保障和就业支出33867亿元，占比13.7%。[①] 而西方发达国家社会保障支出占财政支出的比重一般为40%左右。[②]

以城乡居民养老保险为例，当前我国农村养老金主要依赖国家财政补贴。城乡居民养老保险资金来源包括个人缴纳、集体补助和国家财政补贴，但是在农村地区，一部分农民不具备经济能力承担各类保险费用，另外一部分农民自身虽具备缴纳能力，却因为对社会保险认识不清、社会保障制度意识不足等，不太愿意参加，或者缴纳最低档位额度，而农村集体经济组织在大多数农村地区养老保障方面发挥的作用也十分有限。因此，国家和地方财政补贴成为我国农村社会保障资金的主要来源。在此背景下，以养老金为主的转移性收入承担了农村养老的主要责任，但只能保障农村老年人的基本生活，作用十分有限。这也成为城乡老年人的养老金等转移性收入差距较大的原因之一。[③]

正是因为政府承担了筹资责任，我国农村社会保障制度体系才得以建立。同时也应看到，随着我国老龄化程度的加深，一味依赖政府承担农村社会保障所需资金的制度难以持续。与城镇相比，尽

---

① 《中华人民共和国中央人民政府2021年财政收支情况》，http://www.gov.cn/shuju/2022-01/29/content_5671104.htm。
② 刘钧：《社会保障理论与实务（第3版）》，清华大学出版社，2012，第88页。
③ 孙小雁、左学金：《中国城乡老年人收入结构变化及影响因素分析》，《上海经济研究》2021年第6期。

管目前我国农村人口老龄化比重低,但老龄化速度更快。2020年,我国农村65岁及以上人口已占全国65岁及以上人口的47.4%。2010至2019年,全国农村65岁及以上人口占比的年均增速约为0.51%,同期城镇地区的年均增速却为0.38%,农村人口老龄化的速度明显快于城镇。① 有预测表明,2021—2035年将是农村人口老龄化的加速发展阶段,② 而农村社会保障经费的充分和可持续增加,有赖于社会、市场、家庭和个人的多方参与与努力。

(四)农村社会保障管理有待进一步提升

农村社会保障管理的进一步提升主要体现在三方面,一是法治建设,二是体制完善,三是资金管理。

首先,在全面依法治国背景下,农村社会保障法律体系仍然有待完善。当前,我国并没有针对农村社会保障专门立法,农村社会保障统一立法还处于空白状态。③ 因此要加强农村社会保障立法工作,加快制定或修订农村社会保险、社会救助、社会福利等方面的相关法律。从立法、执法、司法各环节加强农村社会保障工作,推动农村社会保障事业在法治轨道上健康发展。

其次,完善的体制机制为农村社会保障制度的运行保驾护航。目前,从中央到省、市、县、乡镇(街道)的五级社会保障管理体系和服务网络还在建设完善中,管理精细化程度和服务水平还有待提高。农村社会发展变迁会产生新的社会保障诉求,为适应人口大

---

① 高鸣:《中国农村人口老龄化:关键影响、应对策略和政策构建》,《南京农业大学学报(社会科学版)》2022年第4期。
② 林宝:《中国农村人口老龄化的趋势、影响与应对》,《西部论坛》2015年第2期。
③ 张睿海:《城乡融合视野下构建我国农村社会保障体系的法律规制》,《农业经济》2019年第12期。

规模流动、就业快速变动的趋势，应完善社会保险关系登记和转移接续的措施，健全与物价水平、工资或收入水平等指标联动的调整机制，在控制总量的基础上，提升制度的自我调节能力，并进一步优化社会救助、社会福利对象精准认定机制，实现应保尽保、应助尽助、应享尽享。①

最后，要依法健全农村社会保障基金监管体系，防范和化解社保基金运行风险，维护社保基金安全，努力实现社保基金保值增值。虽然城乡居民养老保险制度建立的时间只有十余年，但因为参保人口规模大，基金规模增长迅速。如何实现社保基金的保值增值是未来面临的巨大挑战，必须从长计议，以免养老支付矛盾不断积累和后移，造成无法挽回的后果。

五、健全农村社会保障制度与共同富裕目标的实现

当前，我国已经进入全面建设社会主义现代化强国的新发展阶段，扎实推动全体人民共同富裕成为国家重要战略目标和社会政策核心议题。持续做大财富蛋糕是走向全体人民共同富裕的前提条件，而合理分配财富蛋糕才是实现社会公平正义、人民幸福生活的根本所在。社会保障作为重要的再分配机制，是合理分配财富蛋糕的关键性制度安排。②

习近平总书记在十九届中央政治局第二十八次集体学习时的讲话中强调，要加大再分配力度，把更多人纳入社会保障体系，健全覆盖全民、统筹城乡、公平统一、可持续的多层次社会保障体

---

① 代恒猛：《从"补缺型"到适度"普惠型"——社会转型与我国社会福利的目标定位》，《当代世界与社会主义》2009年第2期。
② 郑功成、何文炯、童星、王杰秀、丁建定、胡秋明、李春根、鲁全、席恒：《社会保障促进共同富裕：理论与实践——学术观点综述》，《西北大学学报（哲学社会科学版）》2022年第4期。

系。[1]我国是一个农业大国，截至 2021 年底，中国还有大约 5 亿左右的农民。作为我国社会保障体系极其重要的组成部分，农村社会保障是实现共同富裕的重要基石。完善农村社会保障制度，对于加速促进农村经济发展，扎实推进乡村振兴建设，全面构建和谐社会、实现共同富裕具有极为重要的意义。

（一）加快构建和完善农村社会保障体系

在农村养老保障方面，在由政府主导农村养老保障的同时，必须加快农村多支柱养老保障体系的建设。除政府以外，社区、市场、家庭都要承担起养老责任，才能够更好地满足农村老年群体多样化的养老需求。2017 年国务院发布的《关于加快发展商业养老保险的若干意见》指出，发展商业养老保险，对于健全多层次养老保障体系，促进养老服务业多层次多样化发展，促进社会和谐稳定等具有重要意义。2022 年国家人力资源社会保障部正式宣布启动个人养老金制度。开展商业养老服务，建立多层次养老保险成为完善我国农村社会保障制度体系的备选方案。此外，农村养老服务体系发展中存在的主要问题是老年人缺乏养老服务。[2]《乡村振兴战略规划（2018—2022 年）》也首次将提升农村养老服务能力纳入到农村社会保障体系建设中来。为此，需要加强农村养老服务人员的培训和供给，鼓励和帮助建立社会养老服务机构，提高农村养老服务水平。同时还需要考虑到为资金能力不足的农村老年人提供兜底性和福利性的养老服务，尤其要站在城乡统筹的角度提高农村养老金标准，真正实现农村老年人老有所养、老有所依。

---

[1] 习近平：《促进我国社会保障事业高质量发展、可持续发展》，《求是》2022 年第 8 期。
[2] 张献政、边恕：《我国农村社会保障体系存在的问题及对策研究》，《农业经济》2021 年第 2 期。

在农村医疗保障方面，首先应关注农村居民健康，满足农村居民的医疗需求。要建立农村居民电子健康档案，及时排查了解农村居民健康状况，同时开展有针对性的疾病预防、筛查、救治和管理工作，减少重症大病发生几率；要进一步降低住院医疗费用起付线并提高门诊报销比例，增加对农村贫困群体的政策倾斜，对经过城乡居民医疗保险和大病保险报销后自负部分仍有困难的，要控制医疗费用上限，确保农村居民能够看得起病；要推动医疗资源下沉乡镇社区，加强县乡村医院标准化建设，改善乡镇卫生院办医条件。2021年我国乡村医疗卫生机构床位数已经达到447万多张，占全国医疗卫生机构床位数的47.4%，与城市医疗卫生机构床位数基本相当，取得了明显进步。[①] 试点推行"先诊后付"结算制度，避免农村贫困人口因无力垫付医疗费用而延误治疗；实现医疗费用即时结算，保证参保人员只需支付自付部分医疗费用等。

在农村社会救济方面，首先要通过深入调查研究，对低保、五保、临时社会救济等农村社会保障政策开展评估，了解农村居民的实际需求和现实困难，及时完善政策内容，尤其要确保用于执行的地方政策与农村社会经济发展相适应。同时还要探索建立动态调整机制，根据农民生活水平和物价变化等因素，及时调整救助标准，确保政策执行的实际效果与政策设计的初衷相符。

（二）持续增加农村社会保障资金的支持力度

财政支撑一直是农村社会保障事业改革和发展的基础。持续增加农村社会保障资金的支持力度，首先要增加社会保障资金在整个财政支出中的比重，缩小城乡之间、农村内部之间的社会保障差距，持续推

---

① 国家统计局编《中国统计年鉴 2022》，http://www.stats.gov.cn/sj/ndsj/2022/indexch.htm。

进城乡社会保障政策整合,提高城乡最低生活保障标准和养老金标准。

其次,要持续增加农村社会保障资金支持力度,扭转我国地区与城乡社会保障长期不平衡不充分的发展态势。在这方面,中央和各级地方政府要进一步调整支出结构,加大对农村社会保障资金的扶持力度;农村集体经济也要积极参与农村养老、医疗卫生事业的发展;随着我国农村居民收入水平的提高和参保意识的增强,鼓励农村居民主动承担更多的缴费比例,实现农村社会保障资金在国家、农村集体组织和农村居民之间的合理分担。

最后,要加强对农村社保基金的投资和监管,同时实现农村社会保障资金的保值增值。要充分发挥行政监督和大众监督的作用,对农村社会保障资源的分配和使用进行评估,及时发现并纠正不正当行为。同时,加强对基层政府和工作人员的培训,提高他们的责任意识和服务能力,确保国家政策真正惠及广大农村。

(三)推进城乡社会保障制度一体化深度融合建设

习近平总书记在《促进我国社会保障事业高质量发展、可持续发展》一文中指出,我国社会保障制度改革已进入系统集成、协同高效的阶段。城乡社会保障一体化深度融合有利于增强社会保障子系统间的协调,提高整体运行效率;有利于构建紧密的社会安全网,让社会成员能够充分公平地享受社会保障基本权利;更有利于实现社会保障事业高质量可持续发展,为共同富裕奠定扎实基础。

推进城乡社会保障制度深度一体化融合,要深入统筹城乡社会保障资源,侧重在农村教育、医疗、养老建设方面加大投入,积极对照城市社会保障标准,补齐农村在养老、医疗、教育、儿童、妇女和残疾人服务等方面的短板,增加社会救助资源向农村的倾斜。在此基础上,厘清中央和各级地方政府、中央和各级地方部门间的权责关系，突出中央、省级政府在财政支持上的责任，提高农村社会保障资金统筹层次，为农村社会保障发展提供充足资金支持；还要将制度执行下放基层地方政府，以制定因地制宜灵活多样的社会保障政策。

推进城乡社会保障制度深度一体化建设，还要加强立法建设和数字管理水平。由于我国在农村社会保障体系建设方面迄今还没有形成专门针对农村社会保障制度的立法，导致在实际运用层面缺少参照、操作性不强。因此需要加快制定农村社会保险法、救助法、福利法等配套法律，实现社会保障由行政机关决策向立法机关决策转变，形成司法、行政与社会三方监督体系。同时要借助新兴技术与人工智能、大数据，建设城乡社会保障数字管理系统，尽快实现农村社会保障体系的数字化转型。未来，保障对象通过数字管理系统可以充分表达利益诉求；政府部门可以实现对社会保障的动态管理、精准预测和实时共享，为政策调整提供及时有效的数据支持，为共同富裕的实现奠定数字化的科学基础。

推进城乡社会保障制度深度一体化建设，还要积极发挥社会组织、村集体（社区）和农民个体力量参与社会保障事业建设，增强农民的自我保障能力。政府应加强卫生、教育、就业等相关部门的协作，继续发挥社会组织和专业社会工作的重要作用，打破各部门之间的信息孤岛，形成农村社会保险、生活保障、临时救济、社会服务等一体化的保障体系。有条件的地区应积极发展村集体经济，促进村集体和农民增收致富，为兴办农村社会保障事业提供扎实的经济基础。要积极倡导守望相助的传统文化，凝聚和发挥农村社区力量。

（执笔人：陈龙　张森）

第二章
迈向优质均衡发展的农村义务教育

一、引言

义务教育是中国教育强国建设的基点,义务教育质量事关亿万少年儿童的健康成长与自主发展,事关国家兴盛与民族未来。党的十八大以来,以习近平同志为核心的党中央高度重视义务教育发展,强调学有所教,保障每位适龄儿童、少年依法享有平等接受义务教育的权利。截至2021年,中国义务教育事业取得显著成就,实现县域基本均衡。在此基础上,义务教育开始由"基本均衡"迈向"优质均衡"发展新阶段。党的二十大报告指出要"加快义务教育优质均衡发展和城乡一体化",2023年中央一号文件强调"推进县域内义务教育优质均衡发展,提升农村学校办学水平"。以习近平同志为核心的党中央对新时代义务教育发展作出重大战略部署,实现义务教育优质均衡发展已成为国家教育强国战略和乡村振兴战略的重要组成部分,是党和国家高度重视的民生工程。[1]

然而,在新时代背景下,农村义务教育资源配置仍与城市存在较大差距,享受公平而优的教育成为广大农民群众的迫切需要。如何推动农村义务教育迈向优质均衡发展,以充足优质的教育

---

[1] 丁向东、李贵成:《乡村振兴背景下城乡义务教育优质均衡发展的现实困境及实现理路》,《河南社会科学》2022年第9期。

供给回应农民群众的需要,是现阶段我国义务教育事业发展的核心命题。基于此,研究农村义务教育在迈向优质均衡发展过程中存在的主要问题及其内在机理,对于思考如何缩小城乡教育差距、推进义务教育优质均衡发展和城乡一体化,具有重要的政策价值和现实意义。

2021年,笔者所在的研究团队赴河北、陕西、山东、湖南、浙江5省10村[1]开展了"农民视角的乡村振兴研究",共收集农民问卷529份,并对县(市)、乡(镇)及村庄层面各类主体展开深度访谈,获取有关农村义务教育发展的第一手资料。基于此,本章深度剖析当前农村义务教育发展面临的主要问题,从教育公共品供给与需求的匹配视角分析问题的主要成因,在此基础上,就如何推动农村义务教育优质均衡发展提出相应的政策建议。

二、农村义务教育均衡发展进程与新时代要义

新中国成立以来,从"上学难"到"有学上",再到"上好学",中国农村义务教育事业发展不断迈上新的台阶。[2]目前,中国农村义务教育发展已实现"基本均衡",正朝着"优质均衡"的目标不断前进。

(一)农村义务教育均衡发展阶段

自2000年全国初步实现"两基"[3]战略目标以来,党中央、国务院作出一系列决策部署,优先发展农村义务教育,并将均衡发展作为义务教育的战略性任务。从教育政策视角来看,农村义务教育

---

[1] 文中涉及的地名、人名均进行了匿名化处理。
[2] 马佳宏、周志炜:《城乡义务教育学校共同体:价值分析、内容架构与建设策略》,《教育理论与实践》2022年第28期。
[3] "两基"是基本实施九年义务教育和基本扫除青壮年文盲的简称。

均衡发展历经初步均衡、基本均衡两个阶段,当下正迈向优质均衡发展新阶段。

1.初步均衡发展阶段(2000—2012年)

在初步均衡发展阶段,我国农村义务教育的阶段目标是巩固"两基"成果,解决"有学上"的问题。2003年,国务院召开第一次全国农村教育工作会议,颁布《国务院关于进一步加强农村教育工作的决定》,明确把农村教育作为教育工作的重中之重,着力解决农村教育发展薄弱问题。此后,国家出台一系列政策法规,推动农村义务教育发展,其中包括国家西部地区"两基"攻坚计划、"两免一补"政策①、修订出台新的《义务教育法》等。在国家大力扶持下,截至2010年底,全国2856个县(市、区)全部实现"两基"目标。2012年,时任教育部部长袁贵仁在全国教育工作会议上指出,教育部完成对西藏、青海、甘肃、四川4个省、自治区的"两基"国检,这标志着我国全面实现"两基"目标,义务教育普及任务全面完成。②

2.基本均衡发展阶段(2012—2021年)

在基本均衡发展阶段,我国农村义务教育的基本目标是"上好学",让适龄儿童、少年享有符合国家办学标准的义务教育。2012年,国务院印发的《关于深入推进义务教育均衡发展的意见》指出,推进义务教育均衡发展的基本目标是:每一所学校符合国家办学标准,办学经费得到保障。教育资源满足学校教育教学需要,开齐国家规定课程。教师配置更加合理,提高教师整体素质。同年,教育部印发的《县域义务教育均衡发展督导评估暂行办法》指出,教育部决定建立县域义务教育均衡发展督导评估制度,开展义务教

---

① "两免一补"政策是指免除义务教育阶段学杂费,对贫困家庭学生免费提供教科书并补助寄宿生生活费。
② 资料来源:中华人民共和国教育部网,http://www.moe.gov.cn。

育发展基本均衡县（市、区）的评估认定工作。自2013年正式启动督导评估以来，各地政府高度重视，各级教育行政部门积极探索推进县域义务教育均衡发展的政策方案和行动实践。2018年，时任教育部部长陈宝生在向全国人大常委会报告关于提高农村义务教育水平工作情况时，坚持把"义务教育有保障"作为贫困人口退出、贫困县摘帽的硬性要求。截至2021年底，全国所有县（市、区）均通过了国家义务教育基本均衡发展督导评估验收，这标志着我国义务教育在全面普及的基础上已实现县域基本均衡。

3.优质均衡发展阶段（2021年至今）

在优质均衡发展阶段，农村义务教育的主要目标是为适龄儿童、少年提供公平而有质量的义务教育。在此阶段，国家继续把义务教育放在重中之重的位置，深入推进义务教育优质均衡发展。中共中央、国务院印发的《中国教育现代化2035》明确提出，确保到2035年"实现优质均衡的义务教育"。2021年《中华人民共和国乡村振兴促进法》明确指出，各级人民政府应当加强农村教育工作统筹，持续改善农村学校办学条件，保障和改善乡村教师待遇，提高乡村教师学历水平、整体素质和乡村教育现代化水平。在此基础上，确保到2035年实现义务教育优质均衡发展。

（二）优质均衡发展的新时代要义

义务教育优质均衡发展是办好人民满意教育的基础性支撑，承载着人民对美好生活的愿景。[①] 在新时代背景下，推动农村义务教育迈向优质均衡，既是践行教育公平发展的重要民生内容，也是实现乡村振兴战略的内在要求。站在新的历史起点上，基于农村义务

[①] 李宜江、贾红旗：《义务教育优质均衡发展多主体治理困境及消解路径》，《现代教育管理》2023年第12期。

教育发展的时代要求,党和国家作出加快义务教育优质均衡发展的重要决策部署,并就新时代如何实现农村义务教育优质均衡发展进行战略擘画。

1. 教育公平发展的民生要义

教育公平是社会公平的重要基础,是维系社会公平正义的坚实基石。义务教育优质均衡发展是当前我国农村义务教育发展的核心目标。不同于基本均衡所追求的"机会公平",优质均衡是均衡发展的高级阶段,其发展重心在于提高优质教育资源配置水平,实现优质教育资源分配的"结果公平"。[①] 在新时代背景下,实现优质教育资源的公平分配既是我国社会主义制度的本质要求,也是增进民生福祉、维系社会稳定的必要举措。

社会主义制度决定了我国必须发展"以人民为中心"的教育事业,为每个社会成员提供公平而有质量的教育。马克思主义认为,教育由社会决定,有什么样的社会性质,就有什么样的教育目标,决定什么人真正拥有接受教育的权利。我国始终坚持和完善中国特色社会主义根本制度,坚持以人民为中心的教育发展路线。党的二十大报告就"办好人民满意的教育"作出重要部署。习近平总书记也曾多次强调,教育公平是社会公平的重要基础,要不断促进教育发展成果更多更公平惠及全体人民,以教育公平促进社会公平正义。

发展优质均衡的义务教育是我国民生事业的重要组成部分。目前,我国义务教育在城乡资源配置方面始终存在不平衡不充分的问题,甚至引发了"择校热"等社会现象,这在一定程度上制约了社

---

① 朱德全、冯丹:《和而不同:义务教育优质均衡发展的新时代要义与治理逻辑》,《教育科学》2021年第1期。曹莹:《我国推进义务教育优质均衡发展的基本逻辑、问题审视与制度完善》,《当代教育科学》2023年第11期。

会公平的实现。[1] 推动义务教育优质均衡发展正是对上述社会现象的回应，通过增强优质教育资源的均衡性和可及性，解决教育资源分配不均的问题，以增强人民群众的获得感、幸福感和安全感，保障社会的稳定与长治久安。

2. 乡村振兴战略的题中之义

2021年，教育部等四部门发布的《关于实现巩固拓展教育脱贫攻坚成果同乡村振兴有效衔接的意见》明确指出，要"促进振兴乡村教育和教育振兴乡村的良性循环"。

乡村教育振兴是乡村振兴的重要组成部分，推动农村义务教育优质均衡发展是实现乡村全面振兴的题中应有之义。《国家乡村振兴战略规划（2018—2022年）》强调，乡村振兴战略的实施必须围绕农民群众最关心最直接最现实的利益问题，加快补齐农村民生短板，其中一点便是"优先发展农村教育事业""保障学生就近享有有质量的教育"。农村义务教育优质均衡发展将有助于缓解、解决农村教育资源短缺、教育理念落后问题，从而破解乡村发展滞后难题。此外，义务教育优质均衡发展还能够充分发挥教育提升家庭内部人力资本、阻断贫困代际传递、助推生活富裕的重要作用，从而助力乡村振兴的实现。[2]

乡村要振兴，关键在人才；人才要培养，根本在教育。[3] 人才振兴是乡村振兴的基础，乡村教育振兴为乡村振兴提供了坚实的人才支撑。习近平总书记指出，教育是民族振兴、社会进步的重要基

---

[1] 朱德全、冯丹：《和而不同：义务教育优质均衡发展的新时代要义与治理逻辑》，《教育科学》2021年第1期。

[2] 刘复兴、曹宇新：《新发展阶段的乡村教育振兴：经验基础、现实挑战与政策建议》，《西北师大学报（社会科学版）》2022年第1期。

[3] 邬志辉、徐萌：《全面推进乡村教育振兴的中国路径》，《教育与经济》2023年第6期。

石。教育是培养高素质人才的根本途径和重要保障，推动乡村振兴战略顺利实施，必须大力发展乡村义务教育，为乡村振兴培养更多有道德、有情怀、有担当的新时代人才。

3. 优质均衡发展的战略擘画

教育是国之大计、党之大计。党和国家始终把基础教育的改革发展作为国家教育改革发展的重要战略，将义务教育作为基础教育高质量发展的核心，作为教育强国建设的基点，着重加以推进。[①]党的十八大以来，围绕基础教育改革发展，习近平总书记提出一系列新理念新思想新战略，为新时代中国义务教育发展指明前进方向、提供根本遵循。习近平总书记指出，"建设教育强国，基点在基础教育。基础教育搞得越扎实，教育强国步伐就越稳、后劲就越足"，"要围绕服务国家战略需要，聚焦人民群众所急所需所盼，着力构建优质均衡的基本公共教育服务体系，加快缩小区域、城乡差距"。党的二十大报告则明确了义务教育改革发展的目标，即"加快义务教育优质均衡发展"。

围绕习近平总书记关于义务教育重要指示和党的二十大精神，国家出台一系列重要举措，强化推进义务教育优质均衡发展的重要抓手。2021年，教育部办公厅发布《关于开展县域义务教育优质均衡创建工作的通知》，确定了135个义务教育优质均衡先行创建县，要求"探索义务教育优质均衡发展的实现路径和有效举措，形成一批可复制、可推广的典型经验"。2023年，中共中央办公厅、国务院办公厅印发《关于构建优质均衡的基本公共教育服务体系的意见》，要求"各级党委和政府要把构建优质均衡的基本公共教育服务体系作为实现共同富裕的一项重大民生工程，列入党委和政府重

[①] 李潮海、李卓、褚辉：《教育强国背景下县域义务教育优质均衡发展的政策演进与实践突破》，《现代教育管理》2023年第9期。

要议事日程"。同年，教育部、国家发展改革委、财政部印发《关于实施新时代基础教育扩优提质行动计划的意见》，为推动义务教育优质均衡发展提供有力支撑。

区别于基本均衡，义务教育优质均衡发展的着眼点是质量均衡，具体内容可概括为"四个更""五化"和"两步走"。在目标锚定方面，着力实现"四个更"：一是全面发展的理念更鲜明；二是标准化建设程度更高；三是教师队伍更强；四是人民群众更满意。在目标推进方面，重点通过"五化"来缩小教育差距，其中，"五化"是指推进学校建设标准化、城乡教育一体化、师资配置均衡化、智慧教育数字化和学生关爱制度化。在目标实现方面，实行"两步走"战略：一是力争到2027年，优质均衡的基本公共教育服务体系初步建立，供给总量进一步扩大，供给结构进一步优化，均等化水平明显提高；二是到2035年，义务教育学校办学条件、师资队伍、经费投入、治理体系适应教育强国需要，市（地、州、盟）域义务教育均衡发展水平显著提升，绝大多数县（市、区、旗）域义务教育实现优质均衡，适龄学生享有公平优质的基本公共教育服务，总体水平步入世界前列。

义务教育优质均衡发展是针对全面提升义务教育质量提出的新要求。实现义务教育优质均衡发展，重点在县域，难点在农村。2023年6月，中共中央办公厅、国务院办公厅印发的《关于构建优质均衡的基本公共教育服务体系的意见》明确指出，要"适应国家人口发展战略和服务乡村振兴战略、新型城镇化战略，以城带乡、整体推进城乡义务教育发展，切实解决城镇挤、乡村弱问题"。党和国家始终把义务教育放在重中之重的位置，深入推进义务教育优质均衡发展，努力办好人民满意的教育。

三、农村义务教育发展面临的主要矛盾和问题

尽管我国义务教育发展实现了县域基本均衡，但城乡义务教育发展不平衡不充分的问题仍客观存在。当前我国农村义务教育发展面临的主要矛盾是农民日益增长的优质教育资源需要和不平衡不充分的优质教育资源供给之间的矛盾。这一矛盾的现实表征可归纳为"在村困境"和"离村难题"。

（一）在村困境：农村教育资源不足

"在村困境"缘于农村优质教育资源总量不足，其突出表现为学校撤并或教学年级不完整、师资力量薄弱且队伍不稳定、优质生源流失严重等问题。

1. 学校撤并或教学年级不完整

学校是学生接受教育的重要场所，是保障学生接受义务教育的基础。然而，自20世纪90年代以来，"撤点并校"政策导致我国农村中小学数量迅速减少，农村义务教育趋于衰败。2021年，在笔者参与调研的5省10村中，6个村庄没有小学，4个村庄仅有涵盖一、二年级的村小，农村学校撤并或教学年级不完整已成为当前各地农村的普遍现状。这严重制约了农村孩子接受义务教育的便利性和可及性，引发农村家长的强烈不满。例如，有农民表示："农村没什么学校，上个小学要走6里地，老人年纪大了还要每天去接送。这对老人和孩子来说，都是负担。"尽管部分村庄保留了涵盖一、二年级的村小，但由于教学年级不完整且教学质量较差、与乡镇或县城小学衔接困难，其难以成为多数农村家长的首要选择。例如，河北某村小涵盖一、二年级，乡镇小学的年级设置则从三年级

开始。很多家长会在孩子读一年级时直接将其送至县城学校就读，家长表示："一是在村读两年小学，再到乡镇或县城上学很麻烦，还不如一开始就把孩子送到县城上学；二是村小的教学质量差，很多学生在村里读完二年级再去县城读三年级时，会因为跟不上学习进度而自动降一级，再去读一遍二年级。"

2. 师资力量薄弱且队伍不稳定

义务教育优质均衡发展的关键在于师资。当前农村义务教育师资力量薄弱，导致农村整体教学质量较差。农村教师尤其是优质教师的普遍流失则导致师资队伍不稳定问题日益凸显，进一步加剧了农村教育的衰败。

师资力量薄弱主要表现为师资数量较少、师资水平较低。在师资数量方面，村庄小学规模普遍较小，配置师资较少，导致现有教师教学任务较重、教师学科分配不够合理。在师资水平方面，目前在岗的不少农村教师教学水平相对较低且缺乏责任心。例如，某乡镇干部表示："很多农村教师是政府分配的特岗教师，他们很多都是别无选择，才来从事教育事业的。其中很多都是非师范生，教学水平偏低。"师资水平较低还间接导致了学校多媒体设备闲置的问题。以河北某村小为例，该学校每个教室都配备了多媒体设备，但因教师不擅长操作而被迫闲置。除此之外，不少农村教师教学态度不够认真、过于敷衍，引发农村家长的强烈不满。例如，某位中年农民表示："现在的老师很不负责任，都不管孩子写不写作业。我自己文化水平也很低，没办法辅导孩子，只能干着急。"

农村教师尤其是优质教师的普遍流失严重制约农村义务教育的优质均衡发展，使得农村义务教育困境进一步凸显。农村学校待遇较差且发展机会有限所形成的推力，再加之城市私立学校的高薪吸引力，使得不少农村优质教师逃离农村，进入城市工作。在调研中，湖南省的一位乡镇干部表示："目前农村教师的月工资在2300元左右，工资水平较低，再加上教学任务繁重，农村教师流失问题非常严重，农村学校根本留不住教师。"优质教师流失以及师资队伍不稳定问题严重制约了农村学生的知识获取成效以及身心健康成长。以河北某农户为例，该家庭的两个孩子都在村小上学，其母亲表示："村里学校的师资不稳定，有时候会出现孩子刚跟老师熟悉，老师就离开的情况。"

3. 优质生源流失问题较为严重

学校撤并或教学年级不完整、师资力量薄弱且队伍不稳定等问题导致农村学校教学水平偏低，生源吸纳力不足，农村生源过度流出。以河北某村小为例，该村小涵盖幼儿园、小学一二年级两个教学阶段，但目前学校里只有四个学生，其中包括幼儿园的两个学生和二年级的两个学生。对此，同村的一位农民表示："村小的教学质量一般，大家都不愿意让孩子去村小上学。但是，如果村小教学质量高的话，大家肯定就不会把孩子送到镇里上学了，毕竟去镇上读书需要花更多钱。"除了家长主动选择送孩子去乡镇或县城学校就读外，不少城市私立学校也在大力吸纳农村学校的优质生源。

农村生源尤其是优质生源的流失，导致农村学校教学氛围整体变差，进而加速了农村教育的衰败。有研究指出，优质生源流失会导致班级整体成绩下降、教学氛围变差，教师的教学成就感降低，进而导致整体教学质量进一步下降。[1]对此，调研中的一位农村教师表示认同："现在私立教育发展快，农村的好学生不断流失，留

---

[1] 张欢、朱战辉：《农村青少年教育城镇化的家庭策略、实践困境及其出路》，《中国青年研究》2021年第1期。

下的都是后进生。农村学校老师很累，但是又很难出成绩，因此不被家长理解，自己感觉压力非常大。"

（二）离村难题：进城上学负担较重

基于农村教育资源不足的客观现实，不少农村家长选择送孩子进入城镇读书，然而，进城上学并非易事。一方面，为了跨越进城门槛，农民家庭不得不购置城镇商品房、支付昂贵学费，从而承受较重的经济负担；另一方面，进城陪读使农民家庭成员面临沉重的经济负担、精神压力以及养老重担。

1. 进城上学门槛较高

为了享受优质教育资源，不少农民家庭选择送孩子进入城镇学校就读。然而，在很多地方，农民家庭只有购置县城商品房，才能获得相应学区公立学校的入学资格。在城乡优质教育资源不均衡的条件下，为了获得优质教育机会，越来越多农民家庭到县城购买商品房，并因此背负了沉重的房贷。有农民表示："我们这里的农村孩子要想去县城的公立学校读书，就必须在那里买房子。很多人在县城贷款买房之后，背负了巨额房贷。"除了购房压力，县城公立学校的学费也比较昂贵，这进一步加重了农民家庭的教育支出压力。正如某农民所言："本村很多家长在孩子就读一年级时就将其送到县城学校读书，每年教育花费在1.5万元左右。"

对于农村家长而言，县城购房压力和学费负担几乎压得他们喘不过气来。但是，并非所有农民家庭都能跨越这一入学门槛，能在县城购房的往往都是经济条件较好的家庭。对于经济条件较差的家庭来说，他们往往难以支付昂贵的购房费用，在对优质教育资源的强烈需求下，只得将目光转向私立学校。相较于公立学校，私立学校的准入门槛相对较低，即不需要购买商品房，而只需负担高于公立学校的学费。这满足了一部分暂时买不起商品房的农民家庭的教育需求。尽管私立学校的准入门槛相对较低，但其昂贵的学费仍是摆在农民面前的较大难题。有农民表示："自家孩子目前在县城私立小学读四年级，每年光学费就要花三万多元。"

无论是进城购房从而进入公立学校，还是直接进入私立学校就读，农村学生享受优质教育资源的成本非常高，农民家庭普遍承受着较大的经济压力。在调研中，有不少农村家长表示教育是家庭最主要的开支之一，甚至有的家庭因教育支出而负债。

2. 进城陪读压力较大

除了跨越进城上学门槛，农民家庭送孩子进城上学的压力还体现在进城陪读所引致的经济负担、精神压力以及养老负担等多个方面。不同于在村就近上学，进城上学的学生需要家长每天接送和照料，这就意味着必须有家长进城陪读。调研显示，随着农村家长愈发选择将年幼的孩子送至县城读书，陪读日益呈现"低龄化"趋势。有农民表示："之前很多家长是在孩子高三阶段进行陪读，后来从高一开始陪读，现在从初中，甚至小学一年级就开始陪读。"

陪读能够为孩子提供细致呵护和精心照料，但与此同时，也导致家庭经济负担明显加重。调研显示，孩子母亲通常扮演着陪读的角色。对母亲而言，进城陪读意味着自己将脱离农业生产，生产生活重心转向城市。她们的日常生活节奏需要围绕孩子的作息来安排，时间呈现"碎片化"，再加之县城普遍缺乏非农就业机会，她们往往难以在城市获得一份正式工作，这在一定程度上削减了家庭的经济收入。此外，陪读母亲和孩子平时生活在城市，家庭日常消费开支大幅增加,结果导致家庭经济负担更加沉重。①

除了经济负担,陪读母亲自身还承受着过重的精神压力。陪读母亲普遍为了孩子放弃自己原本的工作,当孩子学习成绩不理想时,她们往往承受较大的精神压力,甚至陷入自我否定的负面情绪之中。除此之外,家庭老人也不得不承担较重的自我养老与家庭抚养任务。考虑到陪读给家庭造成的经济负担,为了减轻子代的生活压力,留守老人往往尽可能多地承担自我养老压力,并替子代分担家庭照料任务。②

综上所述,在新时代背景下,农村义务教育发展面临诸多矛盾和问题,具体表现为农村教育资源不足、农村孩子进城上学负担较重。如何使全体农村适龄儿童、少年平等地享有公平而有质量的义务教育,应当成为新时代农村义务教育迈向优质均衡发展的主要目标。

四、从"供需匹配"视角分析农村教育问题成因

从供需匹配视角来看,农村义务教育存在的问题在很大程度上缘于农村教育公共品供给与需求的不相匹配。探究农村教育问题成因,可以从教育公共品现实供给与农民真实需求两端入手,考察两端存在的问题及内在逻辑,总结教育供需匹配困境的内在机理。

(一)城镇导向政策挤压农村教育供给空间

在城乡二元结构下,农村教育始终落后于城市。进入新世纪以来,国家不断加大对农村义务教育的投入力度,但城镇偏好的政策

---

① 齐薇薇:《县域教育"供给-需求"匹配视角下母亲陪读研究》,《中国青年研究》2022年第1期。
② 班涛、张茸:《教育进城的新生代农民家庭半城市化的动力、实现机制及风险》,《青年探索》2023年第1期。

规划导致农村学校被大量撤并,地方政府出于政绩考虑大力推动教育城镇化,私立学校也在经济利益驱使下不断汲取农村优质教育资源。这一系列实践不断挤压农村义务教育资源的供给空间,导致农村教育始终处于整体水平较低、优质资源明显不足的状态,难以满足农民群众的现实需要。

1. 城乡二元结构下教育差距长期存在

新中国成立以来,出于国家建设需要,我国走上了一条优先发展城市的道路,并通过户籍制度建立城乡二元结构,使农村发展服务于城市需要。这种以城市为中心的发展逻辑在使城市集聚了大量优质公共资源的同时,也使得农村始终处于一种基本公共品供给不足、公共服务水平低下的状态。长期以来,我国城市和农村居民在享受包括教育在内的一系列公共服务方面始终存在较大差距,农村明显落后于城市。

21世纪以来,我国政府加大对农村义务教育的政策倾斜力度,实施国家西部地区"两基"攻坚计划、"两免一补"政策等重要工程,提升农村义务教育发展水平。然而,在城镇偏好的政策规划下,国家出台"村不办小学,乡不办中学"的农村中小学布局调整政策,导致大量农村学校在不断撤并中走向消失,由此引发了严峻的"文字上移"问题,[①] 乡村教育日益走向衰败,与城市教育的差距更是不断拉大。

2. 过度教育城镇化加速农村教育衰落

尽管2012年国务院办公厅下发文件遏制盲目"撤点并校",但却没有扭转农村学校不断消亡的大势。各地政府仍在撤并农村学校,

---

① 熊春文:《"文字上移":20 世纪 90 年代末以来中国乡村教育的新趋向》,《社会学研究》2009 年第 5 期。

这一行动背后隐含的是地方官员过度追求城镇化的政绩逻辑。[①] 对于地方官员来说，撤并农村学校，能够助推农村人口及其财富不断向城市转移，以此带动城市房地产等行业的兴旺，实现地区经济增长。研究数据显示，义务教育阶段学生城镇化率显著高于人口城镇化率，[②] 这便是地方政府推动教育城镇化的直接结果。

不同于地方政府的政绩逻辑，私立学校在经济利益的驱使下不断助推教育城镇化，挤压农村义务教育的发展空间。私立学校凭借雄厚的经济实力，源源不断地从农村汲取优质的教育资源，其中既包括师资，也包括生源。[③] 通过汲取农村优质教育资源，私立学校不仅壮大了自身教育实力，也加速了农村教育的衰落。私立学校与农村学校的资源差距愈大，其吸引农村生源的优势就越大。反过来，进入私立学校上学的农村学生越多，农村学校衰败的速度也就越快。循环往复，私立学校逐渐掏空了农村学校，而农民家庭已别无选择，只能为私立学校高昂的教育成本买单。

（二）农民群众对优质教育资源的强烈需求

一方面是农村义务教育优质资源供给明显不足，另一方面却是农民群众的优质教育资源需求不断提升。具体而言，农民群众不断转变的教育观念和村庄内部不断兴起的教育竞争趋势分别构成了农民群众普遍热衷于追求优质教育资源的主体动力和社会动力。

1. 农民群众的教育观念转变

比起父辈，"80后""90后"农村青年父母更加重视子女的教

[①] 叶敬忠：《作为治理术的中国农村教育》，《开放时代》2017年第3期。
[②] 苏红键：《教育城镇化演进与城乡义务教育公平之路》，《教育研究》2021年第10期。
[③] 安永军：《生源流动、教育资源重组与城乡义务教育失衡——基于甘肃N县的案例研究》，《北京工业大学学报（社会科学版）》2021年第5期。

育问题。"一切为了孩子"的下行式家庭主义是形塑他们教育观念转变的重要社会基础。所谓下行式家庭主义,是指家庭中的老年父母和成年子女都将自己的工作目标和生活意义指向第三代的幸福,家庭资源集中向下输出,家庭分工也以第三代为中心进行安排。[1]在教育方面,下行式家庭主义直接体现为家庭愿意为第三代的教育投入较多的人力、物力和财力。在调研中,不少农村青年父母表示:"家里其他方面能省则省,但是在孩子的教育上,必须全力支持。"

农村青年父母高度重视子女教育,还与他们独特的打工经历有较大关系。相较于第一代农民工,作为新生代农民工的"80后""90后"农村青年群体普遍在刚完成学业之后便进城打工,他们在城市的打工时间更长。然而,文化知识的匮乏、专业技能的短缺,使得他们不仅难以从事高薪且体面的工作,也较易遭受就业歧视和不公正对待。类似的打工经历普遍激起了新生代农民工对于下一代教育的高度重视。例如,不少家长表示,"我从19岁开始就外出打工,在外面吃过很多苦,所以现在格外重视子女的教育","现在出去打工,不管干什么,都是文凭摆在第一位、技术摆在第二位"。

除此之外,长期的外出打工经历使得新生代农民工的城市向心力显著强于父辈,在他们看来,能在城市扎根的主要途径便是接受更好的教育。[2]比起第一代农民工的阶段性打工历程,新生代农民工长期在城市打工的经历开阔了他们的眼界,使得他们融入城市的想法更加强烈,因而对孩子接受优质教育从而进入城市抱有更高的期望。例如,不少农村家长表示,小孩读完书有了文化,才能赚钱,

---

[1] 阎云翔、杨雯琦:《社会自我主义:中国式亲密关系——中国北方农村的代际亲密关系与下行式家庭主义》,《探索与争鸣》2017年第7期。
[2] 张欢、朱战辉:《农村青少年教育城镇化的家庭策略、实践困境及其出路》,《中国青年研究》2021年第1期。

才能留在城市。还是要出去,城里比较好。对此,一些农村学生也表示,自己从小接受的教育就是要好好学习、脱离农村,留在农村是没有出路的。

通过教育改变命运是农民家庭对子女上学所寄予的美好期盼。然而,当前中国社会阶层逐渐趋于固化,通过教育实现阶层流动的难度愈发增大。① 为了实现孩子未来进城的梦想,农村青年父母对更高质量的教育资源产生了紧迫的需求。对于多数父母来说,就算承受较大压力,也要送子女进城接受优质教育。例如,有农村家长表示:"农村孩子本来起点就低,如果教育再落后,他们跟城市孩子之间的差距只会越来越大。我觉得自己的生活水平可以差一点,但是一定要保证孩子的教育质量,只有这样才能让孩子'跨越农门'。"

2. 村庄内部的教育竞争趋势

除了农村父母自身的教育观念转变,村庄社会内部的教育竞争趋势也催生了农民群众对优质教育资源的强烈需求。随着越来越多经济条件较好的家庭送孩子进城上学,进城获取优质教育资源逐渐成为村庄社会竞争的重要组成部分,不断驱使其他家庭产生进城需求。例如,有农民表示,"对于每个家庭来说,进城读书都是比较沉重的负担。但是别人家的孩子都去了,如果自家孩子不去的话,害怕之后的差距会越来越大。所以,还是会咬咬牙把孩子送去城市读书。"村庄社会内部的教育竞争趋势导致农村生源不断流失,农村学校愈发衰败,城乡教育差距更是不断拉大。② 在此情况下,即使是经济条件较差的家庭也被迫卷入其中,以更大的成本和代价送

---

① 张学敏、周杰:《新时代教育突破社会阶层再生产问题研究》,《西南大学学报(社会科学版)》2022 年第 3 期。
② 陈讯:《阶层分化视角下的乡村教育衰落研究——基于晋西北 W 村考察》,《杭州师范大学学报(社会科学版)》2020 年第 3 期。

子女进城接受教育。例如，有农民表示，"农村学校只有十几个学生，农村教育不断萎缩。我们'80后'现在都是想尽一切办法，借钱、贷款，都要把孩子送到县城读书，坚决不能留在农村上学。"村庄内部的教育竞争在一定程度上推动了村庄整体的教育进城潮。

研究表明，我国农村义务教育优质资源供给与农民需求之间存在较严重的不匹配情况。从供给侧来看，城乡二元结构下农村教育始终落后于城市，而城镇导向的发展思路则使农村教育资源供给空间被不断挤压，农村优质教育资源供给明显不足。从需求侧来看，随着农民群众教育观念不断转变以及村庄内部不断兴起的教育竞争趋势，农民群众对优质教育资源的需求不断提升。强烈需求与低质供给存在严重错位，农民家庭普遍陷入"在村困境"与"离村难题"的两难境地。如何推动农村义务教育迈向优质均衡发展，以充足优质的教育供给回应农民家庭的强烈需求，是新时代义务教育发展亟须破解的关键难题。

五、破解路径：加快城乡义务教育一体化发展

近年来，城乡义务教育一体化成为我国推动义务教育发展的基本思路。[①] 中共中央办公厅、国务院办公厅印发的《关于构建优质均衡的基本公共教育服务体系的意见》指出，应以推进城乡教育一体化为重点，以城带乡、整体推进城乡义务教育发展，切实解决城镇挤、乡村弱问题。在这一发展思路指导下，努力满足农民日益增长的优质教育资源需要，应着重从整体统筹、资源配置、创新发展等方面加以突破，构建各级政府保障有力、教育资源配置均衡、教育理念创新发展的义务教育优质均衡发展新样态。

---

① 丁向东、李贵成：《乡村振兴背景下城乡义务教育优质均衡发展的现实困境及实现理路》，《河南社会科学》2022年第9期。

（一）统筹部署，构建优质均衡发展新格局

针对当前农村义务教育存在的"在村困境"与"离村难题"，政府应统筹部署，积极构建农村义务教育优质均衡发展新格局。

一是科学制定城乡学校布局规划，满足农村孩子多样化的入学需求。2021年5月，教育部等四部门发布的《关于实现巩固拓展教育脱贫攻坚成果同乡村振兴有效衔接的意见》明确指出，统筹义务教育学校布局结构调整工作，坚持因地制宜、实事求是、规模适度，有利于保障教育质量，促进学校布局建设与人口流动趋势相协调。一方面，积极回应农村家庭"上好学"的期盼，有序增加城镇学位供给，切实解决教育资源供需矛盾；另一方面，聚焦乡村振兴战略，科学规划农村学校布局，支持设置乡镇寄宿制学校，保留并办好必要的乡村小规模学校，让高质量教育回归乡村。

二是优先发展农村教育事业，推动财政资金进一步向农村教育倾斜。党的十九大报告明确指出要"高度重视农村义务教育"，为此应着重强化以提升农村师资水平为导向的财政经费支持，增强农村学校软实力。一方面，提高农村教师待遇，拓宽农村教师职称评审通道，增强农村教师岗位吸引力，让农村留得住好教师；另一方面，加快建立健全农村教师社会保障制度，落实农村教师生活补助政策，打消农村教师的后顾之忧，增强教师队伍稳定性，助推乡村教育振兴。

（二）资源共享，打造城乡义务教育联合体

2022年5月，中共中央办公厅、国务院办公厅印发的《关于推进以县城为重要载体的城镇化建设的意见》提出"发展城乡教育联合体"。面对我国长期存在的城乡教育差距，应努力构建城乡义务教育联合体，通过优质教师资源和优质教育资源共享，以城带乡，

推动农村薄弱学校迈向高质量发展。①

一是完善城乡优质教师资源合理配置与交流共享机制。教师是义务教育发展的关键，教师资源合理配置与交流共享能否实现是事关城乡义务教育优质均衡发展能否实现的关键一环。一方面，要继续深化义务教育教师"县管校聘"管理改革，完善城乡优质教师资源合理配置；另一方面，要推进县域内校长、教师特别是优秀校长和骨干教师交流轮岗，选派优秀教师支持农村教育发展，提升农村教育质量，实现乡村教育振兴。

二是构建城乡教育资源数字化共享平台，实现优质教育资源城乡共享。《关于构建优质均衡的基本公共教育服务体系的意见》明确指出，要"创新数字教育资源呈现形式，有效扩大优质教育资源覆盖面，服务农村边远地区提高教育质量"。通过优质资源共建共享，进一步消解和弱化城乡之间优质教育资源流动的藩篱，缩小城乡教育教学质量差距，助力农村义务教育优质发展。②

（三）扎根乡土，挖掘农村教育本土化优势

城乡一体化不等于城乡一样化，农村义务教育不应过度追求与城镇趋同的发展路径，而应扎根乡土，凝练和融合乡土文化内涵，走出个性化优质均衡创新发展新道路。

2021年中央一号文件提出"深入挖掘、继承创新优秀传统乡土文化"。立足乡村振兴的新时代背景，要认清乡村教育发展的时代方向，推动农村义务教育转变过度"离农"倾向，实现"向农"发展。这将在一定程度上帮助农民树立乡村文化自信，进而摒弃对城

---

① 秦玉友：《以县城为重要载体的城镇化推进中县域教育发展战略分析》，《教育发展研究》2022年第24期。
② 曹莹：《我国推进义务教育优质均衡发展的基本逻辑、问题审视与制度完善》，《当代教育科学》2023年第11期。

镇化背景下功利主义教育的过度追捧，破解"城镇挤、乡村弱"难题。2020年，根据《教育部办公厅关于推进乡村温馨校园建设工作的通知》，教育部确定了第一批100所乡村温馨校园典型案例学校予以示范。这些乡村学校通过挖掘乡土文化中的民俗风情、传统技艺、名人传记等，培养农村孩子对本土文化的认同感和自豪感，[①]同时也让优秀传统乡土文化得以赓续传承，从而实现乡村教育振兴与教育振兴乡村的良性循环。诸如此类的本土化探索应当成为农村义务教育未来优质均衡发展的可资借鉴方案。

习近平总书记在党的二十大报告中指出"教育是国之大计、党之大计"。教育尤其是义务教育是事关我党如何培养社会主义建设者和接班人的关键环节，也是增进民生福祉、回应人民对美好生活向往的重要民生工程。回顾过去，在党的领导下，我国农村义务教育发展取得了非凡成就，义务教育在全面普及的基础上实现了县域基本均衡。然而，在新时代背景下，农村义务教育发展仍面临许多问题和挑战，在一定程度上阻碍了教育公平的实现。基于此，加快城乡义务教育一体化发展，将有助于破解农村义务教育发展难题，推动农村义务教育迈向优质均衡发展，促进教育发展成果更多更公平地惠及全体人民。

（执笔人：董怡琳）

---

① 李森、王雪玮：《我国义务教育优质均衡发展的现实困境与战略选择》，《中国电化教育》2024年第1期。

第三章
乡村就业的现实挑战与政策体系建设

一、引言

就业关乎人民群众的切身利益,关乎经济发展和社会和谐稳定,一直是党和政府高度关注的重大问题。习近平总书记多次强调,就业是最大民生工程、民心工程、根基工程,是社会稳定的重要保障,必须抓紧抓实抓好。扩宽农民就业渠道,提升农民就业质量,事关脱贫攻坚成果的巩固和乡村振兴战略的实现,是我国迈向共同富裕的必由之路。目前我国正面对经济增长模式转轨和地缘政治局势复杂多变等多重挑战。这些挑战不可避免地会对就业产生巨大影响,尤其是对以农民工为主的弱势群体。本章将探讨乡村就业政策,主要内容分为四个部分:首先,对乡村就业政策体系进行梳理;其次,介绍乡村人口就业情况及其面临的挑战;之后,分析目前乡村就业政策存在的问题;最后,提出完善乡村就业政策的建议。

二、乡村就业政策体系

就业政策是指政府部门以及社会群体针对现实社会生活中面对的劳动者就业问题制定的一系列措施以及配套方案。根据政策目标,就业政策主要分为两类,其一是解决失业人员再就业问题,其二是解决新生劳动力初次就业问题。就业政策除了解决就业本身的问题之外，在社会经济领域以及政治领域也发挥着作用。合理的就业政策可以起到稳定社会、促进劳动力资源开发等作用。

为了全面推进乡村振兴，合理的乡村就业政策必不可少。与一般就业政策相比，乡村就业政策既有共性，又有特殊性。2018年，中共中央、国务院印发《乡村振兴战略规划（2018—2022年）》，明确指出乡村要坚持就业优先战略和积极的就业政策，同时健全城乡均等的公共就业服务体系，不断提升农村劳动者素质，拓展农民外出就业和就地就近就业空间，实现更高质量和更充分就业。目前我国乡村就业政策体系已经初步形成，大致可分为国家层面的劳动法律制度和地方层次具体的执行制度；内容上包括就业服务政策、就业促进政策、农民职业技能培训政策以及农民就业权益保障等方面的政策措施。

（一）劳动法律制度

劳动法律制度是一国的全部劳动法律规范按照一定标准分类组合形成的有机整体。我国劳动法律制度构成如下。

1. 法律

由全国人大及其常委会颁布的劳动法律包括《劳动法》《劳动合同法》《社会保险法》《就业促进法》《工会法》《妇女权益保障法》《劳动争议调解仲裁法》《职业病防治法》《安全生产法》《矿山安全法》等。

2. 行政法规

由国务院颁布的劳动行政法规主要包括《女职工劳动保护特别规定》《禁止使用童工规定》《失业保险条例》《工伤保险条例》《劳

动保障监察条例》等。

3. 部门规章

人力资源社会保障部颁布的配套规章主要包括《集体合同规定》《违反和解除劳动合同的经济补偿办法》《违反〈劳动法〉有关劳动合同规定的赔偿办法》《最低工资规定》等。

4. 地方性法规和地方政府规章

《劳动法》赋予了各省、市、自治区制定劳动合同实施办法的权力，各地制定了大量的地方性法规和地方政府规章，如《北京市劳动合同规定》《上海市劳动合同条例》等。

5. 司法解释

2020年12月发布的《最高人民法院关于审理劳动争议案件适用法律问题的解释》，对处理劳动争议也起了重要的作用。

此外，经我国批准的国际劳工公约也是我国劳动法的渊源。迄今为止，我国已批准了24个国际劳工组织通过的国际劳工公约，例如《消除就业和职业歧视公约》《准予就业最低年龄公约》《同工同酬公约》等等。[①]

（二）就业服务政策

公共就业服务指的是政府通过研究和发布劳动力市场信息以及提供咨询、帮助等各种方法和手段的综合运用，充当劳动者和用人单位或雇主联系的媒介，便利劳动者的就业过程，改善劳动力市场的组织和运行，促使全部劳动力资源得到合理有效的配置和使用。根据世界各国劳动力市场理论与运作实践，公共就业服务的方

---

① 林嘉：《我国的劳动法律制度》，载全国人大培训中心编《十届全国人大常委会法制讲座第3辑》，中国民主法制出版社，2006，第96—104页。

法和内容主要有职业介绍、就业咨询、研究和发布信息以及就业帮助等。我国公共就业服务曾长期专注于城市地区。2002年党的十六大之后，政府开始发力农村地区公共就业服务建设，目标是提供均等化的城乡基本公共就业服务。随着微信等数字通信工具的普及，数字化成为政府提供公共就业服务的新手段。

典型案例：四川犍为县供需对接"双线服务"

犍为县充分利用"互联网+"平台优势，线下招聘、线上送岗相结合，不断拓宽农民工岗位信息获取渠道，努力实现更加充分、更高质量就业。2022年以来，犍为县人力资源和社会保障局收集省内外用人单位4.6万余岗位信息，通过手机短信、"微犍为"、"乐就业"、QQ群等信息平台向农民工推送，开展"春风行动""就业援助月"等各类线下集中招聘活动和"直播带岗""金秋荐岗"等线上招聘活动共计16场，发放宣传材料3万余份，促进1.9万余人实现就业。[①]

（三）就业促进政策

乡村就业促进政策主要从本地就业和外出就业这两个方面着手，主要包括以下4个方面。

1. 促进农村劳动力转移就业相关政策

我国地区发展极为不平衡，农村地区非农就业机会较少，特别是中西部地区。因此，促进农村劳动力转移就业是我国增加农民就业机会和收入的重要手段。国家鼓励发达地区与欠发达地区的劳务合作，特别是东中西部劳务合作。在执行中，发达地区政府会通过

[①] 乐山市就业局：《犍为县农民工服务保障工作情况》，2022年11月16日，http://rst.sc.gov.cn/rst/jycygzdt/2022/11/16/1c0e7d4de45345e48efb5ead0e4ac179.shtml。

各种奖励措施吸引地方企业到欠发达地区招聘,并吸引欠发达地区工人前来务工。欠发达地区政府会收集群众就业需求,组织劳务输出。在乡村振兴战略实施的大背景下,劳务输出的品牌化建设是目前的一个工作重点。《关于加快推进乡村人才振兴的意见》明确要求培育一批叫得响的农民工劳务输出品牌。

典型案例: 新疆克孜勒苏柯尔克孜自治州农村富余劳动力转移就业服务

为加强对农村富余劳动力转移就业管理,克州人社局着手搭建农村富余劳动力转移就业平台,并提供相应保障。一是建立州、县(市)、乡镇三级劳务输出工作管理服务体系,为农村富余劳动力提供转移就业服务平台,实施全员调查、全员登记、全员培训、全员转化的"四全"工程,并免费提供政策咨询、职业指导、推荐就业等就业服务。二是做好外出务工人员后勤保障工作。免除外出务工人员培训期间的住宿、学习等费用,采取统一体检、办证、接送等管理措施,坚持选派1~2名懂双语的干部带队管理外出务工人员,并派出1名厨师随队服务,确保外出务工人员在企业稳定就业。[①]

2. 招商引资政策

通过招商引资,吸引资本在当地开设工厂,从而增加就业岗位。这个是主要的就业岗位开发模式,在此不再赘述。

3. 返乡创业政策

创业政策是指一个国家或者地区为了达到相应的经济指标,进而促进创业活动并维持创业水平的相关政策。鼓励创业是促进农村就业、提振农村经济的重要手段。吸引外流人员返乡创业可以为本地创造就业岗位,推进先富带动后富。

---

① 张瑜:《乡村振兴视域下克州农村富余劳动力转移就业情况调研报告》,《新疆社科论坛》2021年第2期。

近年来国家出台一系列举措，吸引大学生、农民工等群体回乡创业。2015年，国务院办公厅印发《关于支持农民工等人员返乡创业的意见》，重点强调了健全基础设施和创业服务体系、降低返乡创业门槛、落实定向减税和普遍性降费政策以及加大财政支持力度等。2018年，国务院印发《关于推动创新创业高质量发展打造"双创"升级版的意见》，进一步指出要健全农民工返乡创业服务体系。2020年8月人力资源社会保障部等十五部门发布《关于做好当前农民工就业创业工作的意见》，鼓励促进就近就业创业、加强引导与宣传。2022年11月，人社部等五部门发布的《关于进一步支持农民工就业创业的实施意见》中指出，要改善农民工创业融资环境，为其搭建创业平台。

政策主要目的在于鼓励包括农民在内的群体自主创业，增加农村就业岗位。主要手段是对农民工回乡创业者进行贷款贴息、对农民工回乡创业减少限制条件以及实施相关税收优惠政策等。农村创业政策的制定旨在立足于实际情况，根据当地资源优势来确立主导产业，在制定政策的同时加强基础设施和公共服务设施建设，为农民创业构建良好环境。

典型案例：河南汝州市推进返乡创业具体做法

在推进返乡创业工作中，我们紧紧围绕让返乡人员"落得下、有空间、生活好"等关键环节，着力打造"四大平台"。一是打造就业平台。依托汝州市省级经济技术开发区，按照"园中园"模式，规划建设各类专业园区，吸引外出务工人员返乡创业。比如，我们依托5万余名汝州籍人员在浙江柯桥从事机绣纺织产业的优势，"七下柯桥"开展亲情招商……二是打造创业平台。针对返乡人员中有知识储备、有专业技能、有创业意愿的大学生、退伍军人等群体，高标准规划建设了电子商务创业孵化基地，提供众包、众筹、众扶等创业服务，引导他们利用互联网平台，推进农产品上行……三是打造培训平台。我们坚持以提高返乡人员的创业就业能力为重点，按照产教融合的理念，高标准规划建设了科教园区和职业技术学院，依托汝州产业发展定位，开设了汝瓷学院、机绣学院、健康学院等特色院系，免费对返乡人员进行培训，培养经济社会发展所需的应用型、技能型人才。四是打造服务平台……按照"商会+驻地招商"的模式，在广东、浙江等外出务工人员聚集地，成立五个商会，并组建由县级领导带队的招商小分队，开展驻地招商……同时，我们依托市民之家，设立外出务工人员返乡创业综合服务中心，开辟绿色通道，提供"一站式""保姆式"服务。①

4. 公益性就业岗位的开发

公益性岗位主要用来安置就业困难人员，主要包括满足公共利益和就业困难人员需要的非营利性基层公共服务类、公共管理类岗位。为衔接脱贫攻坚政策，乡村振兴战略下公益性岗位就业被当作防止返贫的重要手段。

典型案例：《云南省促进乡村振兴乡村公益性岗位管理办法（试行）》

第三条 本办法所称乡村公益性岗位，是指由各有关部门和各级人民政府结合巩固脱贫攻坚成果，助力全面推进乡村振兴战略等重大决策部署，统筹考虑乡村振兴实际需要，开发的就业和社保协理、保洁、护路、管水、扶残助残、森林（草原、湿地等）资源管护、公共卫生、疫情防控、公共基础设施维护等非营利性社会公共服务岗位。

第五条 乡村公益性岗位资金来源主要包括人力资源社会保

---

① 中共汝州市委汝州市人民政府：《突出四个精准助推返乡创业》，2017年6月30日，http://www.moa.gov.cn/ztzl/scw/dxjync/201707/t20170704_5736747.htm。

障、乡村振兴、林草等部门和财政部门共同安排的各类专项资金；经县级人民政府统筹用于开发乡村公益性岗位的各类资金等。①

（四）农民职业技能培训政策

职业技能培训是为了提高劳动者劳动技能及综合素质而开展的培训。职业技能培训的核心在于对职业技能培训工作进行完善与优化，提高培训效率，增强培训成果。职业技能培训作为全面提升劳动者就业创业能力、化解结构性就业矛盾和提升就业质量的重要举措，也是推进劳动力市场供给侧结构性改革的重要手段，对于促进就业具有重要意义。

落实到乡村政策时，各地针对农民的职业技能培训通常会结合当地产业结构来进行。政府部门联合相关机构培养村民的劳动技能，并依托特色产业，使农民学有所用。职业技能培训政策在促进当地就业创业方面起到巨大作用。具体实施中，这类培训主要有两类，一类面向农业及农业服务业人员，一类面向非农就业人员。

典型案例：四川省新型职业农民培训具体做法

农业经理人培训是以能力为导向的复合型人才培养，着力提高其管人的能力、管事的水平；现代青年农场主、经营管理型人员培训，要强化品牌创建、市场营销、企业管理、融资担保、职业素养、团队合作、科学发展等内容；专业生产型和技能服务型人员培训，要强化新品种、新技术、新成果、新装备的推广应用，着力提升技术技能、为农业农村发展提供专业化服务的能力水平。……实行分类型、分专业、分阶段、小班制、重实训、强服务的培训方式。……以培训为纽带，促进参训农民交流合作，依托协会、联盟

---

① 云南省人力资源和社会保障厅等：《云南省促进乡村振兴乡村公益性岗位管理办法（试行）》，2021年11月30日，http://hrss.yn.gov.cn/jyj/Print.aspx?ClassID=1075&newsid=44960。

等组织协作发展。持续跟踪农民训后产业发展，开展政策宣讲、项目推介、技术指导等延伸服务，对接金融信贷和农村电商，加大产业支持力度。支持农民参加多种形式的展览展示、发展论坛、技术技能比赛、创新创业创意大赛、涉农公益活动等，搭建交流平台，展示新时代高素质农民风采。①

典型案例：禄丰县农民工技能培训的基本做法

科学设置培训工种。1.根据地理位置和人员结构设置……如中村乡有传统刺绣民族工艺，就在中村乡设置刺绣工艺培训；黑井镇属旅游小镇，就开办了客房服务、餐厅服务专业培训。2.根据市场需求设置。结合市场对技术工种的要求及农村劳动力外出务工的需求，在金山、一平浪、勤丰等工业企业比较集中的乡镇设置电工、焊工、建筑施工、挖掘机、装载机等专业技能培训。3.根据企业生产需求设置。为更好地促进县域企业发展，结合企业的用工需求，……设置电工、焊工、车工、钳工、硫酸生产工、电气设备安装工、炼铁工等工种的培训……4.根据行业需求设置。结合近年来城镇化发展对人员素质的要求和农民工就业意愿，在金山、广通、碧城等乡镇设置了中式烹调、客房服务、餐厅服务、营销、收银等工种的培训。……在技能培训结束后，同相关企业协调联系，积极促进农民工就业。如电焊工培训结束后,就由昆钢钢构公司等企业招用……②

（五）农民工就业权益保障政策

相关政策主要涉及保障农民工在遇到劳动争议时的合法权

---

① 四川省农业农村厅、省财政厅：《技能培训提升实施方案之新型职业农民培训实施方案》，2021年4月14日，https://www.ahjd.gov.cn/OpennessContent/show/2106486.html。
② 楚雄州政府研究室：《禄丰县农民工技能培训的基本做法和几点建议》，2019年12月5日，https://www.cxz.gov.cn/info/egovinfo/1001/xxgkxt_content/11532300MB0T75121F-/2019-1205021.htm。

益。劳动争议主要是指劳动者与所在单位之间因劳动关系中的权利义务而发生的争议。解决劳动争议的主要法律依据是《中华人民共和国劳动法》《中华人民共和国劳动合同法》《中华人民共和国劳动争议调解仲裁法》。用人单位拖欠劳动报酬是涉及农民工就业最常见的劳动争议。

农民工因其自身以及所在行业的特殊性,其讨薪更具复杂性。首先,尽管农民工讨薪标的通常不大,但是否能顺利讨回,对农民工个体来讲却至关重要。其次,在农民工讨薪过程中,实效性是需要考虑的问题。另外,农民工讨薪存在没有欠条或凭据的情况,在打官司的过程中取证困难,维权难度较大。最后,行业本身情况也会影响农民工讨薪。例如,在建筑行业,建筑工程款拨付不到位,资金周转不灵,而导致大量农民工工资被拖欠。同时,建筑行业还存在工程层层转包现象,这使得案件无法及时送达,很难快速高效地进行审理,农民工拿到薪资就变得更加困难。

当下,政府高度重视农民工工资的给付问题,并出台了多项政策。2019年12月国务院常务会议通过了《保障农民工工资支付条例》(下称《支付条例》),就农民工工资支付形式与周期、工资清偿等方面做出规定。2021年7月,为了进一步落实《支付条例》中"工程建设领域特别规定"的相关事项,人力资源社会保障部等十部门印发《工程建设领域农民工工资专用账户管理暂行办法》,规范建筑行业农民工工资专用账户管理,切实维护农民工劳动报酬权益。在实践中,各地运用工会、法院、信访、劳动监察、劳动仲裁等多个部门的力量维护农民工群体合法权益。

典型案例:花垣县"用心用情,湘薪湘护"活动

该县以创建国家级金牌调解组织为契机,整合劳动监察、劳动仲裁、工会、法院、公安、信访、司法、工商联等工作力量,在全州率先成立"花垣县劳动纠纷一站式联合调处中心",精准提供被欠薪农民工"一站式"服务。通过协作部门无缝衔接、乡镇有效对接、多方联合调解等方式,创新构建多渠道、大协作、强监督工作机制,促使农民工最关心、最直接、最现实的利益诉求得到快速解决。……开辟农民工欠薪全程优先、简易处理和限期审结"绿色通道",做到调解案件10天内结案、庭审案件30天内结案,全面解决拖欠农民工工资案件超审限现象。

仅2022年以来,花垣县政府部门总共受理投诉案件123件,涉及农民工1468人,清欠农民工工资2749万元,按期结案率100%;劳动人事争议调解、仲裁机构立案处理农民工劳动争议案件137件,速裁农民工案件121件,涉及农民工247人、金额435多万元;对7个在建项目52名农民工开展满意度调查,满意度100%。[①]

三、乡村就业现状及问题

在我国经济稳步发展和一系列就业政策的共同推动下,我国乡村就业呈现出复杂和多元的图景,并存在一些问题。

(一)乡村就业现状

1.乡村本地就业情况

乡村本地就业可大致分为乡村本地企业就业、个体经营和务农。2022年,我国乡村就业人员数为3.02亿,其中0.83亿在乡村私营企业中就业,0.6亿为个体经营,其他的多为务农。[②]农村居民收

---

① 袁昌俊、龙树荣:《花垣:速调速裁,苗乡"护薪"在行动》,红网2022年10月13日,https://moment.rednet.cn/pc/content/2022/10/13/11929937.html。
② 国家统计局:《2021年农民工监测调查报告》,2022年4月29日,https://www.stats.gov.cn/xxgk/sjfb/zxfb2020/202204/t20220429_1830139.html。

入主要包括工资性收入和经营性收入,近年来呈现出越来越依赖工资性收入的特点。在农村居民工资性收入呈增长态势背景下,经营性收入连年下降,且经营性收入中第二、三产业比重较低。《2022年中国农村统计年鉴》载,2021年,我国农民可支配收入的42%来自工资,34.7%来自经营性收入(其中第一产业贡献了22.7%,第二产业贡献了2.5%,第三产业贡献了9.5%),其余为财产性和转移性收入。

2.农民工群体就业情况

农民工是指"户籍仍在农村,年内在本地从事非农产业或外出从业6个月及以上的劳动者"。[①]农民工分为本地农民工和外地农民工。本地农民工指在户籍所在乡镇地域以内从业的农民工。外出农民工指在户籍所在乡镇地域外从业的农民工。从农民工总量上来看,近些年农村剩余劳动力转移的趋势没有改变。除2020年受疫情影响外,其他年份农民工总量持续增加。2022年,全国农民工总量达29562万人,同比增长1.1%。其中,外出农民工为17190万人,本地农民工为12372万人。年末在城镇居住的进城农民工为13256万人。[②]近年来农民工增长的趋势有所放缓[③],反映出农村剩余劳动力仍有增长潜力,增长速度的持续回落也反映出农村剩余劳动力面临增长拐点,影响劳动力供给。劳动力供给短缺会拉高用工单位的用工成本,导致"用工贵""用工难"问题进一步凸显。农民工就业呈现以下特征:

第一,从性别构成来看,女性农民工占农民工总人口的比例有所上升但占比仍相对较低。2022年,全部农民工中女性占比36.6%,比前一年提高0.7个百分点。本地农民工女性占比高于外出农民工女性

[①] 国家统计局:《2022年农民工监测调查报告》,2023年4月28日,https://www.stats.gov.cn/sj/zxfb/202304/t20230427_1939124.html。
[②] 同①。
[③] 同①。

占比,两者占比比上年均有一定提高。① 家庭内部性别分工不对称,女性往往承担大部分家务劳动,成为其就业选择的重要影响因素。

第二,从年龄构成来看,农民工群体呈现老龄化趋势。近年来农民工的平均年龄在 40 岁以上,并且呈连年递增的趋势。其中,40 岁及以下农民工所占比重呈逐年下降态势,50 岁以上的农民工所占比重则逐年递增。仅从 2017 年到 2022 年,50 岁以上的农民工占比从 21.3% 增加到 29.2%。②

第三,从地域上看,农民工在东、中、西部的流向和分布也呈现出由东部地区向中西部地区迁移,由小县城向大城市迁移的态势。从输入情况来看,中部地区、西部地区的农民工输入呈递增趋势。这得益于中西部地区开拓了大量的就业岗位,能获得更多经济收益,中西部地区对于劳工的吸纳能力增强。从输出情况来看,中部、西部是主要输出地。③

第四,从农民工从事的行业来看,农民工就业主要聚集在制造业与服务业,并呈现从制造业向服务业转移的趋势。近年来,从事第二产业的农民工比例接近五成,从事第三产业的农民工比例略高于从事第二产业的农民工比例。从增长趋势上来看,从事第一产业农民工比例与往年基本持平,从事第二产业的农民工比例逐年下降。从事第三产业的农民工比例逐年增加。总体来看,在产业选择上,农民工有从第二产业制造业向第三产业服务业流动的趋势,这在一定程度上影响劳动力的行业分配,进而对行业发展产生影响。④

---

① 国家统计局:《2022 年农民工监测调查报告》,2023 年 4 月 28 日,https://www.stats.gov.cn/sj/zxfb/202304/t20230427_1939124.html。
② 国家统计局:《2017 年农民工监测调查报告》,2018 年 4 月 27 日,https://wenku.baidu.com/view/45181a0dbc1e650e52ea551810a6f524ccbfcb36.html。国家统计局:《2022 年农民工监测调查报告》,2023 年 4 月 28 日,https://www.stats.gov.cn/sj/zxfb/202304/t20230427_1939124.html。
③ 同①。
④ 同①。

第五,农民工工资收入连年增加。2022年农民工月均收入4615元,与2021年相比增加4.1%。其中,外出务工农民工月均收入及增幅均高于本地务工农民工。分行业看,建筑业、交通运输仓储和邮政业收入高于制造业以及其他服务业收入。分地域看,东部地区及中部地区就业的农民工月均收入高于东北地区及西部地区。①

第六,社会保障方面,我国农民工群体总体社会保险参保率低,退保率高。社会保险的主要项目包括养老保险、医疗保险、失业保险、工伤保险、生育保险。农民工群体对于不同社会保险类型的需求程度不同,不同险种的参保率也有较大差异。基于上述情况,国家出台一系列帮扶措施。国家卫生健康委、全国老龄办《2021年度国家老龄事业发展公报》显示,2021年共为2354万困难人员代缴26.8亿元城乡居民基本养老保险费,5427万困难人员参加基本养老保险,参保率超过99%。

此外,在就业地的选择上,就近务工成为农民工的优先选择。受疫情影响,农民工在短期内存在"回流"现象。"回流"现象产生的原因除去劳动者主动回流外,还存在大量被动回流的因素。包括经济发达地区裁员,家乡政府在当地创造了大量的就业机会,实施引导农民工回流的举措。回流现象使得农民工的"家"与"业"分离的现象有所减少,农村留守问题得以缓和。但回流现象会带来劳动力资源在空间上的错配,回流的农民工收入水平大幅降低。农民工找工作的途径主要有熟人介绍、劳务中介、网络社群等。其中最为常见的是熟人介绍,依托原有的熟人网络进入到工作场所中,在面临劳动争议时,更易通过"人情"解决争端。②

---

① 国家统计局:《2022年农民工监测调查报告》,2023年4月28日,https://www.stats.gov.cn/sj/zxfb/202304/t20230427_1939124.html。
② 陈义媛:《劳动力密集型产业转移及内迁工厂的嵌入性劳动管理》,《江西财经大学学报》2020年第6期。

(二）乡村就业面临的突出问题

我国乡村就业主要面临以下突出问题：

第一，乡村本地产业基础薄弱，缺乏非农就业机会。乡村就业人员受教育程度较低，并且呈现女性化、老龄化特点，这加剧了其就业困难。目前，乡村老年人口主要由城乡居民养老保险兜底。该保险覆盖范围广，但是保障水平低，在全国大部分地区每个月为每个农村居民提供100～200元的养老金，远不够生活开支。所以农村老年人就业需求强烈，但是就业市场非常有限。

第二，经济增速下滑，农民工在城镇地区的就业存在压力，出现返乡潮。受各种因素影响，我国经济增长承压严重，尤其是在出口部门，大量工作岗位流失到海外。经济增速放缓导致越来越多的人挤进农民工的传统就业渠道，比如平台经济。城市找不到工作的人大量返回农村和区县乡镇，加重当地的就业压力。

第三，农民工平均年龄持续增加，引发一系列社会问题。首先，随着农民工年龄增长，劳动能力和体力逐渐衰退，用工风险较大，被雇佣机会减少，收入减少，会造成生活水平的降低。其次，农民工群体养老、就医问题凸显。农民工长期从事最累、最脏，甚至最危险的工作，却很少做体检。[1] 由于早年对身体的透支，很多农民工都不同程度地患上了职业病；随着年龄增加，对于养老、就医需求增加。然而在我国农民工养老保险、工伤保险参保率较低，老龄农民工面临"看病贵""看病难"等问题，这极大地影响了农民工晚年的生活质量。另外，有研究表明农民工个体生命周期影响其流动决策，随着农民工年龄的增加，会有回流的趋势。[2] 老年农

---

[1] 王汉超、徐驰：《农民工看病难：异地务工报销难，几乎从不做体检》，《人民日报》2016年1月15日。

[2] 张世勇、王山珊：《金融危机影响下的农民工回流：特征、机制和趋势》，《文化纵横》2019年第3期。

民工更倾向于就近就业；这种趋势将减少区域间劳动力的流动，影响劳动力的区域配置。在老龄农民工占比较高的建筑行业，随着老龄农民工逐渐"退场"，"新鲜血液"难以补充，建筑工地对新生代农民工的吸引力逐渐降低，[①]农民工的老龄化趋势造成了劳动力的结构性短缺。

第四，我国乡村就业者劳动保障水平低。农民工大部分缺乏法定的五险一金保障，尤其是平台经济领域的农民工，而且由于社保的跨地区转移存在困难，客观上增加了参保难度。而在农村，耕作自己土地的农民和个体户是就业主体。受雇农民往往因雇主不是法人或者自己超龄，或由于雇佣时间短而且不规则，甚至是非全日制的工作，从而不符合目前法律下形成劳动关系的条件，这些也造成了农民参保水平低的情形。

四、当前乡村就业政策存在的问题

接下来将从政策制定和政策执行两个方面，分析现阶段乡村就业政策存在的问题。

（一）政策制定方面

我国现有乡村就业政策内容与农村劳动者的实际需求存在出入。这导致相关的政策红利在一定程度上无法惠及大多数人，甚至出现为了解决旧问题，产生新问题的现象。我国高层次劳动就业政策对乡村就业的复杂性和多样性存在系统性的漠视。特别是，高层次的劳动就业法律主要关照城镇企事业单位职工正规的劳动就业，而乡村地区的就业往往是非正规的，导致我国目前的劳动就业

[①] 刘浏、冯圆芳等：《全省近半数建筑工人年逾五旬 "老龄化""用工荒"问题凸显——未来，谁来为我们盖高楼》，《新华日报》2022年4月28日。

政策无法有效处理乡村就业人口的需求问题。

在与农民工相关的劳动就业政策和制度中，最为突出的是农民工社会保险和户籍问题。农村劳动力社会保险参保率低、退保率高，而他们长期从事重体力劳动，对于社会保障的需求往往比普通工人更迫切。相关部门也针对此问题陆续出台了相应措施，但是较大的地区流动性影响了农民工社会保险的顺利接续。此外，社会保险的价格也是影响农民工选择的重要因素。现行的城市社会保险制度并不适合农村人口，应注重此类人群社会保障政策的顶层设计。

十八大以来，党和政府出台了一系列政策，深化户籍制度改革被提上日程。但是新一轮户籍制度改革对于农民工户籍城镇化的效果并不明显，政策设计与现实需求出现错位，新的户籍层级体系中对于落户政策的引导方式与新一代农民工群体的落户意愿存在出入，并且户籍改革的重点内容与新一代农民工落户的关注点不一致。政策放开了中小城市的落户限制，但大城市的落户仍然被严格控制。农民工普遍认为中小城市的户籍福利资源少，缺少落户动力。并且相关政策看似在制度规则上消除了某些障碍，但是仍存在隐性壁垒，落实到实践中的结果不尽如人意。[1]

此外，就业政策的制定往往滞后于快速变化的现实。例如共享经济是我国农民工就业的重要领域。这类员工的就业特征与传统全日制的用人单位的用工方式有所不同。如何界定这类员工与用人单位的关系，保障这类员工的合法利益，是当前社会关注的热点。我国的劳动法律体系仍以工业化时代的典型雇佣模式为基础，缺乏对商业化时代层出不穷的新型劳资关系的回应。另外就是疫情冲击也催生了新的用工模式，比如共享员工，即员工富余企业与劳动合同

---

[1] 张红霞、江立华：《制度与实践的错位：新生代农民工户籍城镇化的路径》，《理论月刊》2022年第11期。

制劳动者协商一致,在一定期限内将劳动者调剂到缺工企业工作,不改变员工富余企业与劳动者之间劳动关系的合作用工模式。就业政策以何种形式更加迅速地回应新用工模式,是目前的一个难点。

在这些突出问题之外,我国目前就业政策体系还存在一些深层次问题。虽然我国经济市场化程度已经相当深入,但是计划经济时期遗留的一些劳动就业实践仍在发挥影响,如国企的双轨制就业制度。我国的劳动法律体系从基于计划经济惯性的公法路径过渡到基于市场经济发展的公法私法化/社会化相结合的进程仍在继续。在市场化改革中,公法私法化/社会化与公法路径依赖相结合,有效地配合了渐进性产权改革和农村剩余劳动力转移,也在一定程度保护了改革中职工身份转化者的劳动权益,但是也存在劳动法保护范围偏窄与保护手段一刀切的问题。[①]劳动政策间也存在一定程度的冲突。例如,自从《劳动合同法》出台以来,各种司法解释与规定层出不穷,各部门、各地方也出台了大量的规章和指导意见。政策与政策间存在相互冲突,存在着"各管各"的情况,给政策的执行带来一定的困难。最后,针对违反劳动政策行为的惩处,相关规定还不够完善。最主要就体现在对于违法行为的惩罚不够严厉,无法显现出法律的威严性。这使得用人单位的违法成本极低,有些企业甚至公开违反劳动法。企业拖欠、克扣工资,漠视职工安全卫生等违法侵害农民工权益的行为屡见不鲜。

(二)政策执行方面

1. 现行政策落实尚不到位

第一,农民工就业歧视依旧存在。农民工群体十分庞大,尽管我国制定了一系列相关的保护政策与措施,但在社会、人文以

[①] 王全兴、石超:《新中国 70 年劳动法的回顾与思考》,《求索》2020 年第 3 期。

及体制等因素的影响下,该群体在日常工作生活中依旧会受到歧视。农民工往往面临户籍、性别、地域等歧视。在这些限制下农民工往往只能选择进入到收入低、不规范、保障差的低端劳动力市场,而优质岗位往往会被留给城市居民。同时,农民工群体往往面临就业待遇不公。在政策执行不到位的情况下,一些用人单位为了节约用人成本,会在待遇上做文章,农民工群体深受其害,农民工虽然从事着与城市户口员工相同的工作,仍出现了大量同工不同酬的现象。

第二,劳动职业培训滞后。随着我国产业结构的升级以及现代化建设的推进,对劳动者基本素质的要求也在不断提高,但是农民工群体的劳动技能仍无法满足时代要求。在没有经历过系统性教育培训的情况下,大部分农民工处于学历低、劳动技能匮乏进而缺乏竞争优势无法胜任优质岗位的窘境。对此,我国积极开展了农民工技能培训的相关工作,但结果仍旧不理想。这是因为现有针对农民工的职业培训具有一定滞后性,无法满足市场需求。这种现象在培训课程设置上尤为明显。目前开展的专业培训大多是政府部门按照现有规定设置的。在课程设置过程中,课程设计者对于农民工是否需要该方面培训的考虑还不充足,对培训内容是否符合农民工群体就业现实也缺乏更为深入的探索。

第三,劳动合同签订和执行不规范。由于农民工群体受自身知识水平限制,对劳动政策了解程度有限,并且缺乏法律意识,因此其对于合同内容是否平等合理缺乏相应的判断力。现实生活中有相当一部分用人单位与农民工签订的劳动合同是不规范的,例如在合同中会出现"责任自负"之类明显违反法律规定的款项。用人单位往往以这些不合理的合同条款为借口,拖欠农民工工资,甚至随意解雇开除农民工,使农民工工作稳定性受到了严重侵害。还存在通过口头承诺用工而不与农民工签合同的现象,使得农民工群体在维护自身权益时受到阻碍。这体现出在现有政策中,针对农民工群体在劳动合同的签订以及对合同执行过程中的保护仍有所欠缺,相关部门对于此类问题应进一步加强执法力度。

第四,生产安全卫生令人担忧。农民工群体的工作环境缺乏相应保障,生产安全卫生等问题十分严峻,导致其工作环境大多没有达到标准。许多用人单位为了节省成本无视相关法律规定,不提供合格的劳动保护设施。在相关的新闻报道中,多数农民工反映其工作岗位的安全防护措施不够严密。例如某些企业在生产过程中会使用严重损害人体健康的化学材料,却不提供相应的保护设备,这极大地提高了农民工发生事故以及职业病的几率。女性农民工群体处境更为严峻,劳动法规定的对女性劳动者的特殊保护在有些情况下形同虚设。由此可见,现有针对劳动环境以及生产安全的政策仍未得到有效落实。恶劣的劳动环境对农民工群体产生了极大威胁,政府部门应当及时进行监管,保障农民工群体的生命安全。

第五,农民工群体的社会保障状况也不容乐观。首先,农民工社会保险参保率低,这是由于社会保障制度不健全而造成的。在缺乏有效监管的情况下,用人单位经常会以农民工流动性太大、不容易参保为借口,很少会主动为农民工群体办理养老、医疗、失业、工伤和生育等社会保险。这使得一些农民工在受到工伤或者患上职业病等情况下得不到有效救济,并且在日后的养老问题上也得不到有效的保障。其次,针对农民工群体的社会救助工作的开展也不顺畅。农民工尽管能够进入城市就业,但是却无法得到与城市居民相同的社会救助服务。目前针对农民工群体的社会救助程度整体偏低,救助内容更为匮乏。并且针对农民工的救助政策也缺乏相应的宣传与引导,当农民工需要救助时很少会想到去寻求有关部门的帮助。最后，给予农民工群体的社会福利仍有很大的发展空间。现有社会福利制度无法切实保证农民工群体能享受到医疗、教育、养老等最基本的福利。如若能保障农民工群体得到基本的社会福利，农民工生活工作的质量与水平都可得到较大提高，但现有福利制度并不能很好地满足这一要求。①

2. 劳动监察力度不强

政策的有效落实离不开强而有力的监察系统，但目前我国保障农民工权益政策的实行并没有投入与之相匹配的监察力量。在监察方面存在的问题主要包括以下三个方面。

第一，专门负责劳动保障监察的工作人员数量存在极大的缺口。随着经济快速发展，我国愈发重视劳动保障监察体系的建设，但目前仍存在人员不足导致工作开展困难的现象。一些县级劳动保障监察机构只有一到两名监察员，甚至监察员还会出现身兼数职的情况，这显然不能保证监察工作的有效开展。

第二，劳动监察经费无法得到有效保障。部分监察机构属于自负盈亏或者差额财政拨款的事业单位，因此这些机构的经费情况并不理想。即便是全额拨款型事业单位，财政列支却仅限于人头经费，并没有专门列支出来的办案经费和设备维护费，严重制约了劳动监察工作的开展。

第三，劳动监察执法力度较低，预防机制较弱。根据现行《劳动保障监察条例》等劳动法律，损害农民工权益的用人单位违法所要付出的代价远小于损害农民工权益所获得的利润。其主要原因在于目前相关政策仍存在漏洞，导致了用人单位违法成本低，例如罚款金额小、承担的刑事责任轻等。另外，我国劳动监察多为事后介

---

① 朱凡凡：《探析我国农民工社会保障的现状、难点和出路》，《就业与保障》2022年第7期。

入，事前预防的机制较弱。与发达国家劳动法律制度中高昂的违法成本相比，我国未来修改相关劳动法律法规时，仍具有较大的提升空间。①

五、政策建议

（一）系统地考虑乡村就业特点，有针对性地制定或修改相关法律

如前所述，我国乡村地区就业与城镇就业存在较大差异。在相当长一段时期内，乡村就业将仍是我国就业格局的重要组成部分。因此，认清乡村就业特点，有针对性地制定和完善目前的劳动就业法律体系十分必要。这其中主要涉及对于乡村地区就业普遍的非正规性的考量，包括雇主身份、多元雇主、雇佣时间、雇佣合同口头化、雇工超龄等。如何基于乡村就业非正规化的现实，切实保护广大乡村就业者的合法权益，是我国下一步劳动法律体系建设不容忽视的要点。

在农民工问题上，如何进一步完善我国的户籍制度，加强不同地区和不同社保体系之间的接续性，保证农民工的自由迁徙和在流入地的体面生活，是我国下一步涉农就业政策的重点。

（二）加强乡村就业政策的落实力度

乡村就业政策难点还在于落实。一方面是劳动就业法律的落实。我国当前对于损害农民工权益行为惩处力度不足，导致某些不良企业违法成本较低，因此应加大惩处力度，加强对农民工群体的保护。另一方面是狭义的就业政策落实，比如培训政策。如何让各

---
① 赵旭：《我国劳动监察的解纷功能及其实现》，吉林大学硕士论文，2022。

种政策为农民知晓，切实回应农民生产生活中的痛点，加强政策效果反馈以改进政策，是当下应重点考虑的问题。

（三）毫不动摇地强化乡村就业促进政策

乡村就业事关脱贫攻坚成果的巩固和共同富裕目标的实现。在后疫情时代和经济转轨期，乡村就业起着我国就业的兜底和压舱石作用。在多种因素影响下，目前我国就业形势较为严峻，因此必须毫不动摇地强化乡村就业促进政策。其中发展乡村产业是根本。应推动农村产业深度融合，把握城乡发展格局发生重要变化的机遇，培育农业农村新产业新业态，打造农村产业融合发展新载体新模式，推动要素跨界配置和产业有机融合，让农村一二三产业在融合发展中同步升级、同步增值、同步受益。

（四）继续推进乡村职业技能培训政策

乡村产业转型升级是我国经济整体转型升级的重要组成部分。乡村产业转型升级的关键在于人才。除了引进外来人才之外，关键还需要开发乡村人口的潜力，培养乡村自有人才。这种人才往往有潜力，也有情怀。应基于乡村所在县域的官方教育培训资源，与社会上的培训资源相结合，广泛征求农民意见，建立完善职业指导、分类培训、技能评价、就业服务协同联动的公共服务体系。

（执笔人：宋沐轩　封小郡）

第四章
农村医疗保障体系与困境病患者医疗帮扶的政策实践

一、引言

党的十八大以来，我国组织实施了人类历史上规模最大、力度最强的脱贫攻坚战，于 2020 年如期完成了新时代脱贫攻坚目标任务，现行标准下近 1 亿贫困人口实现脱贫，贫困县全部摘帽，消除了绝对贫困和区域性整体贫困，取得了世界瞩目的重大成就。随着绝对贫困群体的消失，相对贫困问题治理成为乡村发展的焦点，也是"后扶贫时代"巩固拓展脱贫攻坚成果，防止返贫，缩小城乡发展差距，实现共同富裕的"头号任务"。

然而，由于当前脱贫人口和脱贫地区的内生发展动力和经济社会发展基础还比较脆弱，部分群体持续增收仍面临较大困难，遇到疾病等情况可能再次陷入贫困。[1] 根据国家卫健委统计，2018 年建档立卡的贫困人口中，因病致贫、因病返贫的比例在 42% 以上。[2]

---

[1] 韦艳、汤宝民：《健康冲击、社会资本与农村家庭贫困脆弱性》，《统计与信息论坛》2022 年第 10 期。
[2] 蔡熊更：《国家卫健委：解决因病致贫因病返贫问题 打赢健康脱贫攻坚战》，2018 年 4 月 25 日，http://health.people.com.cn/n1/2018/0425/c14739-29949739.html。

因罹患疾病带来医疗费用支出、劳动能力减弱等是因病致贫、因病返贫的主要成因。疾病风险并非暂时性医疗费用支出的冲击，长期也会损害家庭从事生产活动的创收能力和发展能力，进而导致家庭陷入长期贫困[①]，陷入"疾病—致贫—疾病"的恶性循环。[②]

为有效解决因病致贫、因病返贫问题，实现医疗资源的合理分配，我国先后建立了针对城镇职工的城镇职工基本医疗保险制度、针对农村居民的新型农村合作医疗制度和针对城镇居民的城镇居民医疗保险制度。[③]此外，在扶贫减贫过程中还逐步建立起以基本医保为主体，大病保险为补充，医疗救助为托底，专项扶助、商业健康保险和慈善救助为辅助的多层次医疗保障制度体系，形成了医疗保险助推贫困治理的长效运行机制，为贫困人口就医撑起"健康保护伞"，在打赢脱贫攻坚战过程中发挥了巨大作用。

在巩固拓展脱贫攻坚成果同乡村振兴有效衔接的新阶段，解决因病致贫返贫问题仍是贫困治理的重点和难点，也是新发展阶段推进共同富裕的必然要求。《"十四五"国民健康规划》明确提出要巩固拓展健康扶贫成果同乡村振兴有效衔接，健全因病返贫致贫动态监测机制，建立农村低收入人口常态化精准健康帮扶机制，在过渡期内保持现有健康帮扶政策总体稳定，调整优化支持政策。因此，推动健康扶贫与乡村振兴有机衔接、相互融入，是夯实乡村振兴健康建设的重要抓手和实施乡村振兴战略的重要路径。[④]

---

① 葛永波、陈虹宇：《贫困脆弱性及其应对策略：国外研究的新进展》，《国外理论动态》2021年第2期。
② WAGSTAFF A：Poverty and health sector inequalities. Bulletin of the World Health Organization，2002，80：97-105.
③ 2014年，新型农村合作医疗制度和城镇居民医疗保险制度合称为城乡居民基本医疗保险制度。
④ 韦艳、李美琪：《乡村振兴视域下健康扶贫战略转型及接续机制研究》，《中国特色社会主义研究》2021年第2期。

2020年5—7月，笔者所在研究团队在吉林省四个县市开展"2020年后吉林省应对相对贫困问题的长效机制"专项调研，共收集调查问卷908份，其中涉及困境病患者的有效问卷243份。此次调研还对省级部门以及各个县级执行各项扶贫政策的相关部门负责人、乡镇负责人、村级负责人、驻村干部、贫困村民代表等各类主体展开访谈，获取有关特殊困难群体和相对贫困区群体的生计状况和政策需求情况的一手资料。基于此，本章在梳理中国农村医疗保障体系发展历程的基础上，分析吉林省医疗帮扶政策体系构成，并根据问卷调查数据系统了解这些综合性政策对困境病患者的帮扶作用及其面临的新挑战，进一步结合新时代政策帮扶的变化以及农村困境病患者的需求，提出乡村振兴背景下医疗帮扶政策的优化路径。

值得说明的是，中国医疗帮扶政策体系的主体构成在全国具有较大的一致性，吉林省农村困境病患者的风险与全国其他地区无本质区别，因此，该地的医疗帮扶政策成效和挑战在很大程度上可以反映出当前我国广大农村地区医疗帮扶政策体系的基本情况。

二、农村医疗保障体系发展历程与吉林省农村医疗帮扶政策构成

（一）农村医疗保障体系发展历程

1.农村医疗保障体系的初建与繁荣时期（新中国成立—20世纪80年代初）

新中国成立后，医疗卫生工作得到党和国家领导人的重视。

1950年8月，第一届全国卫生会议召开，提出了"面向工农兵，预防为主，团结中西医"三大工作方针。1952年召开的第二届全国卫生会议增加了"卫生工作与群众运动相结合"这一重要方针。在四大方针指导下，县、区纷纷成立农村医疗机构以及卫生健康宣传机构，培训农村医疗卫生人员，农村地区开始形成医疗保障体系的雏形。1965年，毛泽东同志做出"把医疗卫生工作的重点放到农村去"的指示，推动了农村合作医疗的发展。至1980年，全国农村约有90%的行政村实行了合作医疗，形成了集体与个人相结合、互助互济的农村合作医疗保障制度。

2.农村医疗保障体系瓦解与恢复探索时期（20世纪80年代—2002年）

随着20世纪80年代初农村经济体制的改革，合作医疗赖以依存的集体经济制度不复存在，农村合作医疗制度迅速走向衰落，全国实行合作医疗的行政村比例大幅下降。20世纪90年代开始，为减轻农民日益沉重的医疗负担，国家积极推动农村合作医疗制度的恢复和重建，但总体收效甚微。农村自费医疗比例仍然很高，农民医疗负担沉重。

3.新型农村合作医疗制度建设与成熟时期（2003年—2012年）

进入21世纪，随着全球化和城市化进程的加速，农村人口逐渐向城市转移，农村土地抛荒、农业生产效益下降等问题逐渐凸显。这些问题不仅影响到农民的生计和农村的可持续发展，也威胁到国家的粮食安全和社会稳定。因此，政府开始重新审视农业的地位和作用，并加大对农业的扶持力度。为减轻农民因疾病带来的经济负担，中国政府于2003年正式开始进行新型农村合作医疗制度试点，该制度是以政府为主导，农民自愿参加，个人、集体和政府多方筹资，以大病统筹为主的农民医疗互助共济。这一制度的推行，标志着我国农村医疗保障体系进入了一个新的发展阶段。在一系列政策支持下，新型农村合作医疗制度迅速覆盖了绝大多数农村居民，为缓解农民"因病致贫、因病返贫"的困境发挥了巨大作用。与此同时，为进一步减轻农村贫困家庭的就医负担，国家还建立了农村医疗救助制度，主要救助对象为农村居民最低生活保障中未能参加医疗保险，或者参加了医疗保险后个人医疗费用负担仍然较重的困难群众。

4. 农村医疗保障体系改革与高质量发展时期（党的十八大以来）

由于基本医疗保险保障目标为保基本，而医疗救助的覆盖范围和保障力度也存在一定局限，为减轻居民的重特大疾病医疗负担，降低因病致贫返贫的风险，国家开始采取向商业保险机构购买大病保险的方式探索建立城乡居民大病保险制度，具体实现方式是从居民医保基金中划出一定比例或额度作为大病保险资金，为新农合参保人提供保障。2015年7月，国务院办公厅颁布《关于全面实施城乡居民大病保险的意见》，强调完善筹资机制、提高保障水平、加强制度衔接、规范承办服务、严格监督管理，进一步推动大病保险制度的完善与实施。2016年12月，人社部、财政部正式启动异地就医住院费用的直接结算工作，不断规范和完善直接结算工作，并且从异地就医住院费用的直接结算迈向兼顾异地门诊费用的直接结算。

近年来，国家更加重视贫困地区的健康保障问题，出台了一系列政策全方位推动落实健康保障问题。2019年6月，国务院扶贫开发领导小组印发《关于解决"两不愁三保障"突出问题的指导意见》(以下简称《指导意见》),对"贫困人口基本医疗有保障"做出明确规定,将贫困人口全部纳入基本医疗保险、大病保险和医疗救助等制度保障范围,常见病、慢性病能够在县乡村三级医疗机构获得及时诊治,得了大病、重病基本生活有保障。另外,在健康扶贫方面,《指导意见》强调建立健全基本医疗保障制度,加强县乡村医疗卫生机构建设,配备合格医务人员,消除乡村两级机构人员"空白点",做到贫困人口看病有地方、有医生、有制度保障。2019年7月,国家卫健委联合发改委等6部门印发《解决贫困人口基本医疗有保障突出问题工作方案》,以深入推进实施健康扶贫工程。2021年4月,国家医保局联合民政部等6部门印发了《关于巩固拓展医疗保障脱贫攻坚成果有效衔接乡村振兴战略的实施意见》(以下简称《实施意见》)。《实施意见》明确了医保脱贫攻坚与乡村振兴衔接的指导思想、工作思路和目标任务,并强调在过渡期内通过优化调整医保扶贫政策,健全防范因病返贫致贫长效机制,统筹完善过渡期和助力乡村振兴战略实施的常态化帮扶政策,扎实推动共同富裕。

(二)吉林省农村医疗帮扶政策构成

吉林省积极响应国家健康保障、健康扶贫的精神,吉林省委办公厅、省政府办公厅于2018年联合印发《吉林省建档立卡农村贫困人口大病兜底保障实施方案》。针对建档立卡农村贫困人口,吉林省建立了"五道防线"大病兜底综合保障机制[①],分别为新农合、大病保险、民政医疗救助、大病兜底、"一事一议"(如表4-1所示)。

---

① 从2022年开始,"五道防线"变成"三道防线"(基本医疗保险、大病保险、医疗救助),所有医疗单位实现实时联网,医疗机构实现一窗口办理、一单式结算、一站式服务。

表 4-1　吉林省建档立卡户健康保障的"五道防线"

五道防线	制度构成	保障内容
第一道防线	城乡居民基本医疗保险（新农合）	确保基本医疗保险制度100%覆盖贫困人口，继续落实"提标"政策，贫困人口新农合县域内政策范围内住院报销比例提高10个百分点、达到85%，封顶线20万元，慢病门诊报销比例提高5个百分点、达到65%，封顶线由6500元提高到7000元。重点加强"控费"工作，全面执行城乡居民基本医疗保险统一报销目录，规范县域外转诊，严格控制目录外医疗费用，大力推进单病种定额付费，加快实现乡镇卫生院与县医院用药衔接。
第二道防线	大病保险	继续执行贫困人口新农合大病保险倾斜性支付政策，分段报销比例保持在60%～90%，最高报销限额为30万元。2018年调整了大病保险起付线，由5000元降至3000元。
第三道防线	医疗救助	全面落实贫困人口新农合个人缴费补助政策，民政参合补助按照标准核算后统一拨付到新农合账户。进一步加强农村低保制度与扶贫开发政策衔接，将符合条件的贫困人口纳入医疗救助范围。
第四道防线	大病兜底	对经过新农合、大病保险、医疗救助报销后的个人负担医疗费用，通过财政出资设立的"大病兜底资金"再次给予补助，将贫困人口住院医疗费用实际报销比例提高到90%、慢病门诊医疗费用实际报销比例提高到80%，确保绝大部分贫困人口个人自付医疗费用负担控制在可承受范围内。
第五道防线	"一事一议"	适用于经新农合、大病保险、医疗救助、大病兜底报销补偿后，个人自付医疗费用额度仍然较高、确实无力承担的特殊贫困患者，由市县政府研究确定认定标准与办理程序，采取个人申报与政府主动救助相结合的方式，通过"一事一议"办法予以救助解决，所需资金可通过财政投入或者依托公益慈善组织开展社会募捐等途径进行筹集。

1. 城乡居民基本医疗保险为第一道防线

强化基本医疗保险基础性保障作用，确保基本医疗保险制度100%覆盖贫困人口。2021年度城乡居民基本医疗保险缴费标准为每人每年320元（学生、儿童200元）。城乡特困供养人员、孤儿继续执行"零缴费"政策，政府全额补贴。城乡低保对象、建档立卡贫困人口等特殊群体个人只需缴纳190元（学生、儿童70元），其余部分政府予以补贴。在保障待遇方面，继续落实"提标"政策，2016—2017年连续两年"提标"政策不调整，继续保持原有比例和水平，即贫困人口新农合县域内、政策范围内住院报销比例提高10个百分点、达到85%，封顶线20万元，慢病门诊报销比例提高5个百分点、达到65%，封顶线由6500元提高到7000元。重点加强"控费"工作，全面执行城乡居民基本医疗保险统一报销目录，进一步规范县域外转诊，严格控制目录外医疗费用，大力推进单病种定额付费，加快实现乡镇卫生院与县医院用药衔接。

2. 大病保险为第二道防线

继续执行贫困人口新农合大病保险倾斜性支付政策，分段报销比例保持在60%～90%，最高报销限额为30万元。在此基础上，2018年调整了大病保险起付线，由5000元降至3000元，进一步提高贫困人口受益水平。

3. 医疗救助为第三道防线

全面落实贫困人口新农合个人缴费补助政策，民政参合补助按照标准核算后统一拨付到新农合账户。进一步加强农村低保制度与扶贫开发政策衔接，将符合条件的贫困人口纳入医疗救助范围。各地可结合财力状况适当提高医疗救助筹资水平，合理调整医疗救助支出结构，进一步提高重特大疾病医疗救助水平。

4. 大病兜底为第四道防线

对经过新农合、大病保险、医疗救助报销后的个人负担医疗费用，通过财政出资设立的"大病兜底资金"再次给予补助，将贫困人口住院医疗费用实际报销比例提高到90%、慢病门诊医疗费用实际报销比例提高到80%，确保绝大部分贫困人口个人自付医疗费用负担控制在可承受范围内。大病兜底报销范围为基本医疗费用范围，既包括新农合报销目录内医疗费用，也包括临床必需、安全有效、无目录内可替代的目录外医疗费用。不按规定提供规范诊疗的定点医院及不接受定点医院合理诊疗方案的贫困患者，由此产生的医疗费用不予以补助，分别由定点医院和个人承担。

5. "一事一议"为第五道防线

为进一步落实市县政府主体责任，对经新农合、大病保险、医疗救助、大病兜底报销补偿后，个人自付医疗费用额度仍然较高、确实无力承担的特殊贫困患者，由市县政府研究确定认定标准与办理程序，采取个人申报与政府主动救助相结合的方式，通过"一事一议"办法予以救助解决。"一事一议"所需资金，可通过财政投入或者依托公益慈善组织开展社会募捐等途径进行筹集。

在吉林省健康保障五道防线的帮扶支持作用下，困境病患者经济压力获得了较大程度的缓解，并相继摆脱了绝对贫困。

三、困境病患者医疗政策帮扶体系执行情况及取得的成效

（一）困境病患者呈现出年老、受教育程度低、收入低、生活质量不高、家庭规模小的核心特征

本次调查反映出来的困境病患者的基本情况如表4-2所示。总体来看，调查的困境病患者具有以下基本特征。第一，老年群体占比较高，在全部困境病患者中，60岁及以上老年人口占比达

65.84%，这在一定程度上是由于年老身体机能下降，导致患病率上升。第二，受教育程度相对较低，16.87%的被调查对象从未上过学，46.91%的困境病患者仅上过小学，仅三成（36.22%）的被调查对象有初中及以上的学习经历。第三，家庭年收入偏低，大多数被调查对象（75.72%）年收入在2万元以下。第四，家庭主要支出为医疗费和日常生活等基本层次的支出，总体上反映出困境病患者的生活质量不高。第五，家庭规模相对较小，超过7成（73.25%）的被调查对象家庭成员在2人及以下，3人及以上家庭规模仅占26.75%。第六，身体状况较差，九成以上（90.54%）的被调查对象自评身体状况为"一般""比较差"或"非常差"。

表4-2 困境病患者基本情况

变量	分类	占比	变量	分类	占比
性别	男	50.62%	主要支出	医疗费	44.42%
	女	49.38%		日常生活费	33.67%
年龄	60岁以下	34.16%		其他	21.91%
	60—70岁	33.74%	家庭成员数量	1人	17.69%
	70岁以上	32.10%		2人	55.56%
受教育程度	未上过学	16.87%		3人及以上	26.75%
	小学	46.91%	身体状况	非常好	0.41%
	初中及以上	36.22%		比较好	9.05%
家庭年收入	1万元以下	28.81%		一般	25.10%
	1万~2万元	46.91%		比较差	54.32%
	2万元及以上	24.28%		非常差	11.12%

（二）困境病患者家庭致困原因主要包括疾病、缺少劳动力及子女教育压力

总体来看，被调查的困境病患者家庭致困的原因排在第一位的是疾病，占比为52.34%（见图4-1）。尽管目前吉林省已经建立起

比较完善的医疗保障"五道防线",但仍有一部分费用需要自付,同时还有部分药物没有纳入医疗保险报销目录,加之就医交通等方面的支出也相对较大,而这类群体自身的收入相对有限,导致其陷入相对困难的处境。此外,缺少劳动力(29.62%)是不少被调查的病患者家庭致困的另一重要原因。劳动力是生产生活中最基础的资源,而被调查的病患者家庭中,因为家庭规模小,而自身又面临着疾病的困扰,导致劳动力缺乏,无法通过有效的自身劳动获得相应的收入。此外,身体残疾以及子女上学等也是被调查的病患者家庭致困的其他原因。

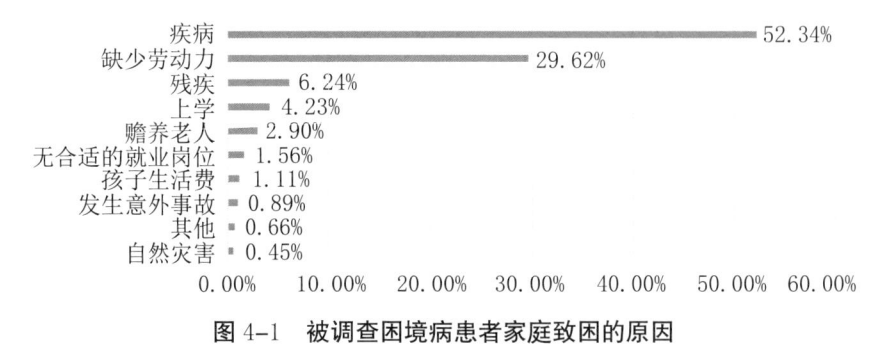

图 4-1 被调查困境病患者家庭致困的原因

(三)困境病患者对现有医疗帮扶政策享受情况和满意度呈现双高特征

1. 病患者就医习惯

近年来我国医疗卫生体系逐步完善,各级医疗卫生服务机构在保障居民医疗健康方面发挥着越来越重要的作用。本次调查结果显示,病患者的主要就医选择是县医院(54.73%),其次是乡镇卫生院(25.10%),也有部分患者选择更高级别的医院或者外地医院,只有4.12%的患者选择在村卫生室就医,此外还有2.06%的患者不去就医(见图4-2)。

能拖就拖，不去就医 ■ 2.06%
村卫生室 ■ 4.12%
乡镇卫生院 ■■■■■■■■■■ 25.10%
县医院 ■■■■■■■■■■■■■■■■■■■■■ 54.73%
市级及以上医院 ■ 6.59%
外省医院 ▎1.23%
其他 ■ 6.17%
0.00%　10.00%　20.00%　30.00%　40.00%　50.00%　60.00%

图 4-2　病患者就医选择情况

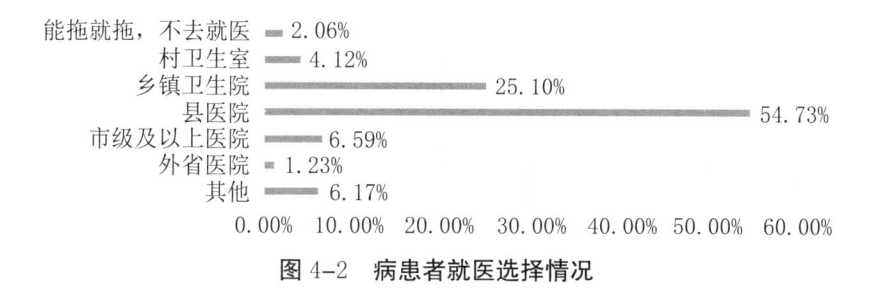

根据在当地调研的访谈内容，脱贫攻坚后当地乡村卫生健康行业存在一系列问题。一是农村卫生人才老龄化严重。近些年，虽然村医招聘在很大程度上缓解了村医缺少的状况，但仍然面临村医高龄化、村医新老交替困难等问题。二是村医缺少计算机操作和开具电子处方的能力，导致电子化办公普及难。三是村医养老问题尚未得到解决，村医养老补助金只有 300 元，退休后无法保障正常生活开销。四是部分村卫生室因房屋年久老化问题，需要进行维修改造来保障村民拥有安全舒适的就医环境。五是乡镇卫生院属于一级医院，医疗保险报销药品目录受限，有些常用药、慢性病药无法采购。基于此，村卫生室和乡镇卫生院的客观条件限制导致病患者选择更高层级的医疗机构就医。

如图 4-3 所示，从病患者就医选择的主要考虑因素来看，看得好病（医术好）和就近原则（离家近）是大多数病患者最关心的因素，同时报销也是不少病患者关心的因素。结合大多数患者就医选择县医院这一结果可以看出，目前乡镇卫生院和村卫生室这类最便捷、距离最近的基层医疗卫生机构就医人数相对较少，这一方面可能是由于病情相对复杂，另一方面也反映出乡镇卫生院和村卫生室的诊疗水平和技术仍有进一步提高的空间。

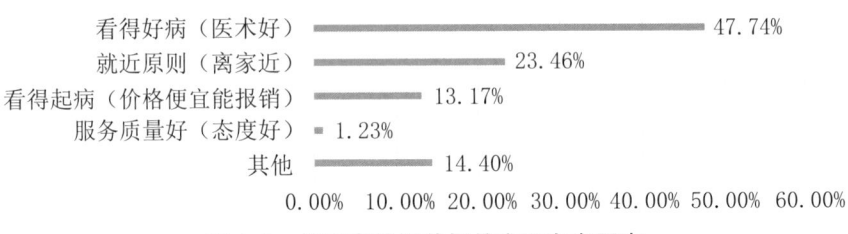

看得好病（医术好） 47.74%
就近原则（离家近） 23.46%
看得起病（价格便宜能报销） 13.17%
服务质量好（态度好） 1.23%
其他 14.40%

图 4-3　病患者就医选择的主要考虑因素

2. 社会医疗保险参与及作用认知

社会医疗保险制度旨在通过风险分散为国民提供相应的疾病风险保障，减少因疾病支出导致的生活困难等风险。调查结果显示，几乎所有的被调查病患者（99.59%）都参加了相应的社会基本医疗保险制度，对于农村居民来讲，其参加的主体是城乡居民基本医疗保险制度，如图 4-4 所示。

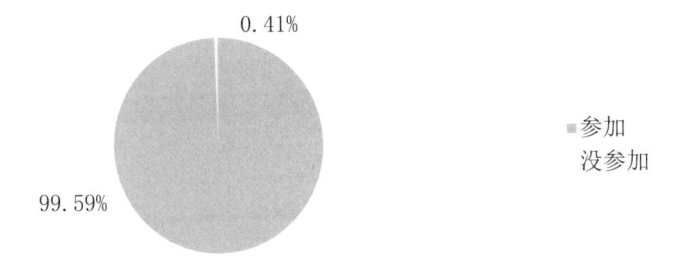

参加 99.59%
没参加 0.41%

图 4-4　被调查病患者社会医疗保险参保情况

在社会医疗保险对困境病患者的作用方面，调查结果显示，超过九成（90.13%）的病患者对社会医疗保险的帮扶作用表示了积极的态度，认为社会基本医疗保险在自己的看病就医过程中发挥了较好的作用，9.05% 的病患者因报销比例不高、报销范围偏窄以及定点就医不方便等原因表示社会医疗保险制度的作用一般，只有 0.82% 的病患者认为社会基本医疗保险没什么作用（见图 4-5）。总体来看，困境病患者对社会医疗保险的认可度相对较高，今后也需要进一步完善社会医疗保险制度，为居民提供更高水平的医疗保障服务。

第四章 农村医疗保障体系与困境病患者医疗帮扶的政策实践

图4-5 被调查病患者对社会医疗保险制度的作用认知

3. "五道防线"的享受情况及满意度

针对建档立卡农村贫困人口，吉林省建立了"五道防线"大病兜底综合保障机制，本次调查结果表明，大多数居民对"五道防线"中的第一道防线基本医疗保险的了解程度较高，但对于其他几道防线包括大病保险、医疗救助、兜底保障、"一事一议"的具体保障内容和保障方式的了解程度都非常有限（如表4-3所示）。这在一定程度上可能是由于部分帮扶保障是针对特定人群的，导致不符合相关条件或未享受相关待遇的群体对政策的具体情况了解不多，同时也反映出"五道防线"的帮扶保障政策宣传力度还有待进一步加强。

表4-3 吉林省"五道防线"大病兜底综合保障机制居民了解情况

	非常了解	比较了解	一般	不太了解	完全不了解
基本医疗保险	7.82%	53.09%	14.40%	9.47%	15.22%
大病保险	2.47%	23.46%	21.81%	27.15%	25.11%
医疗救助	0.82%	12.35%	20.58%	29.63%	36.62%
兜底保障	2.47%	17.28%	17.70%	27.57%	34.98%
"一事一议"政策	1.65%	11.52%	18.93%	30.86%	37.04%

如图4-6所示，从困境病患者医疗保障服务帮扶政策了解渠道来看，大多数患者主要是通过村委会或者政府的宣传材料了解到相关的政策。但由于不少人因文化程度不高，对政策的理解程度有限，因此各级政府部门应该进一步创新政策宣传方式，用普通老百

姓容易理解的小视频等模式加强对相关政策的介绍,同时发挥村医的作用,更详细深入地为村民介绍相关的保障服务帮扶政策。

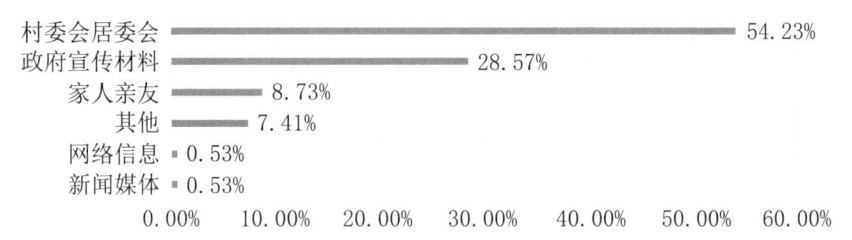

村委会居委会 54.23%
政府宣传材料 28.57%
家人亲友 8.73%
其他 7.41%
网络信息 0.53%
新闻媒体 0.53%

图 4-6　困境病患者医疗保障服务帮扶政策了解渠道

从病患者医疗保障帮扶政策的享受情况来看,如图 4-7 所示,大多数患者(93.83%)都享受过基本医疗保险的报销政策,26.74%的患者享受过大病保险报销政策,同时还有部分群体享受过兜底保障、医疗救助和"一事一议"政策。

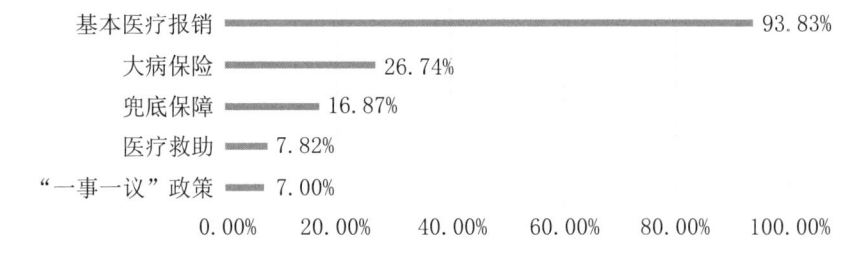

基本医疗报销 93.83%
大病保险 26.74%
兜底保障 16.87%
医疗救助 7.82%
"一事一议"政策 7.00%

图 4-7　困境病患者医疗保障帮扶政策享受情况

服务对象对医疗保障帮扶政策的满意度是反映政策成效的最有效、最直接的方式。调查数据显示,超过八成(82.30%)的病患者对医疗保障帮扶政策表现出较高的满意度,另有 16.05% 的病患者对当前的医疗保障帮扶政策的满意度一般,还有 1.65% 的病患者对当前的医疗保障帮扶服务表示不满意(如图 4-8 所示)。总体来看,当前吉林省的困境病患者医疗保障帮扶服务取得了较好的成效,未来应在进一步加强调研的基础上,延续好的政策做法,弥补政策不足。

图 4-8　被调查病患者对医疗帮扶政策的满意度

四、困境病患者面临的新挑战及相对贫困风险

（一）困境病患者在"五道防线"之外仍面临着较高的自付医疗相关费用

吉林省建立的"五道防线"大病兜底综合保障机制通过不同政策组合为建档立卡户医疗健康需求提供了系统保障，为防止其因病返贫发挥了重要作用。但也应该看到，"五道防线"的部分政策针对特殊人群，需满足一定的条件才能享受，同时部分药物和诊疗不在医疗保险的报销范围之内，加之部分群体病情需要前往更高层级的医疗机构甚至外地医疗机构就诊，还会产生较高的交通、住宿等方面的费用，因此不少病患者仍然需要自费相当一部分就医费用。调查结果显示，超过八成的病患者在 2020 年全年自费的就医相关费用超过了 1000 元，其中，30.87% 的病患者自费超过了 5000 元，17.28% 的病患者自费在 3001～5000 元，37.04% 的病患者自费在 1001～3000 元（见图 4-9）。总体来看，病患者在"五道防线"之外仍面临着较高的自付医疗相关费用。

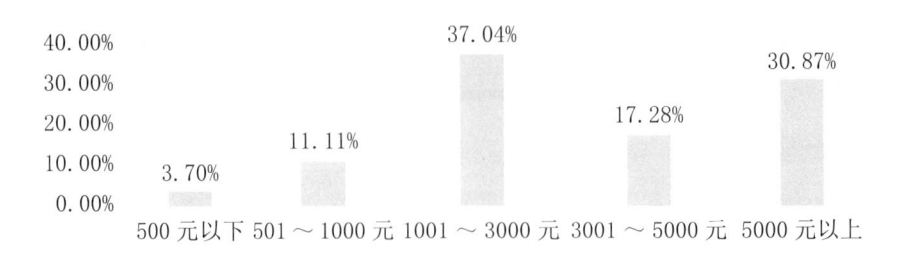

```
40.00%                37.04%
30.00%                                           30.87%
20.00%        11.11%              17.28%
10.00%  3.70%
 0.00%
       500元以下 501~1000元 1001~3000元 3001~5000元 5000元以上
```

图 4-9　2020 年病患者自付医疗相关费用情况

从被调查病患者对自付医疗相关费用的负担情况来看，如图 4-10 所示，半数以上（56.79%）的病患者表示负担仍然较重，34.57% 的被调查病患者表示负担还可以承受，8.64% 的被调查病患者表示基本没什么负担。这表明当前吉林省医疗保障帮扶体系仍有进一步完善的空间，应从报销范围、报销比例以及基层医疗卫生服务机构的服务能力等方面加以完善。

```
50.00%          44.03%
40.00%                      34.57%
30.00%
20.00% 12.76%
10.00%                              7.82%
 0.00%                                     0.82%
       非常重     较重      一般      较轻     很轻
```

图 4-10　2020 年病患者医疗费用负担情况

（二）看病贵、报销范围窄是当前困境病患者面临的主要困难

从被调查病患者看病就医面临的主要困难来看，如图 4-11 所示，近六成（59.56%）的被调查病患者认为当前看病就医仍然存在一些困难，其中看病贵（36.21%）仍然是不少病患者的第一感受，同时由于不少病患者患有慢性病等无法在村卫生室和乡镇卫生院获得较好的诊疗，需要前往县医院甚至更高级别的医院就诊，由此在交通等方面会产生一系列不便捷的问题，另有 40.44% 的病患者

认为没有明显的困难。

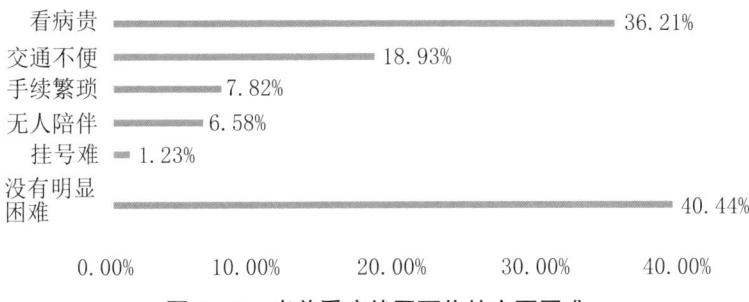

困难	比例
看病贵	36.21%
交通不便	18.93%
手续繁琐	7.82%
无人陪伴	6.58%
挂号难	1.23%
没有明显困难	40.44%

图 4-11 当前看病就医面临的主要困难

在医疗帮扶政策方面，如图 4-12 所示，超七成（74.49%）的被调查病患者认为现有的医疗帮扶政策仍存在一系列问题需要进一步完善。其中，46.91% 的患者认为报销范围应进一步扩大，当前不少药物和检查不能纳入报销范围需要自付，从而产生了较大的经济压力；20.58% 的被调查病患者认为医疗帮扶政策较为复杂，不能系统地了解相应的报销规则；15.64% 的被调查病患者认为当前的报销比例仍然偏低。有 25.51% 的被调查病患者认为当前医疗帮扶政策不存在显著的问题。

问题	比例
报销范围窄	46.91%
不了解报销政策	20.58%
报销比例太低，解决不了多大问题	15.64%
申请难度大	2.06%
报销结算方式太繁琐	1.65%
无面临问题	25.51%

图 4-12 医疗帮扶政策方面面临的主要问题

（三）扩大报销范围、提高报销比例和提升村医水平是困境病患者对未来医疗帮扶政策优化的最大期许

困境病患者当前一系列的困境会衍生出相应的需求。总体来看，如图 4-13 所示，被调查病患者认为最优先保障的需求主要体

现在扩大药品报销范围（45.27%）、提升医疗报销比例（26.34%）和提升村级医疗水平（21.81%）等方面，这些需求也是对被调查病患者反馈出来其面临的最核心的问题与挑战的回应。这在一定程度上表明，当前的医疗帮扶体系仍面临着一系列诸如报销范围偏窄、基层医疗卫生资源少和水平不高等问题，需要进一步完善。

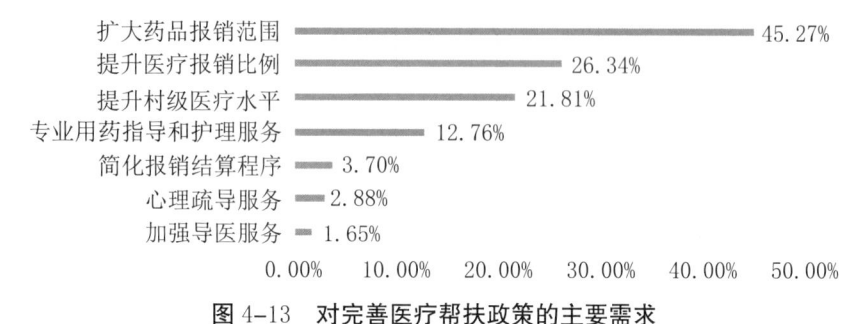

图 4-13 对完善医疗帮扶政策的主要需求

除了医疗卫生之外，近年来随着健康中国战略的推进，广大国民对于健康保障的需求也日益增加。调查结果显示，被调查病患者对于定期医疗体检、疾病早期预防、营养及健康指导和家庭医生服务等健康保障的需求都较为强烈（见图4-14）。未来应进一步丰富健康保障服务，从防未病的角度对广大居民提供更好的指导。

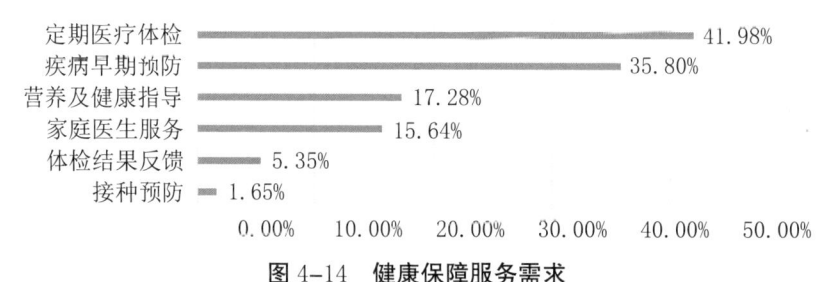

图 4-14 健康保障服务需求

大部分困境病患者对国家和当地政府的相关医疗救助帮扶、医疗保险等政策措施（82.30%）具有较高的满意度，对政府工作的总体评价较高（83.36%）。困境病患群体整体呈现出年龄偏大、学历偏低的态势，普遍对医疗保障、公共卫生及医疗服务等相关政策的关注度不高，健康管理意识也有待提升，就医行为具有跨级诊疗的现象。困境病患群体的收入偏低，主要来源于国家各项政策补贴，如"一张网政策补贴""低保补贴"和养老金等。同时，许多困境病患家庭还面临一户家庭多人患病、病人照料困难、护理服务缺乏等现象。这进一步影响了地方乡村振兴工作的可持续推进。

总体来看，医疗保障体系的"五道防线"提供了较好的保障，但仍有一部分自付费用及外地就医的交通住宿等费用给患者带来较大的经济压力。严峻的疾病问题导致许多困难家庭的消费结构是一种典型的维持生存型消费结构——除了吃饭，就是吃药。此外，疾病带来的劳动能力弱化进一步限制了其收入水平的提升。

五、困境病患者医疗帮扶政策的优化路径

（一）提升农村基层医疗服务能力

优化乡镇医疗卫生服务是乡村振兴的重要战略规划，要促进医疗卫生等资源向农村倾斜。提升基层医疗机构服务能力，需在基础设施、人才配备和医疗服务共同体建设方面同步推进，加强对基层医疗机构的硬件设施和医生队伍的建设。

在基础设施方面，应设置专项资金用于乡村卫生室的改造，解决村卫生室房屋老化问题，推进基层医疗机构标准化建设，满足村民常见病症、轻症、急症的基础问诊就医。譬如，心脑血管疾病、糖尿病等作为最常见的慢性疾病，乡镇卫生所应满足患者定期体检、买药及打胰岛素等高频需求。同时，乡镇医疗机构可借助网络问诊平台开辟远程医疗诊治服务，辅助提高基层医生的服务水平。

在医生队伍建设方面，一是要继续加大基层医疗人员培训力度，组织开展乡镇卫生院和全体村医培训工作，充分发挥紧密型医

共体"强基层"作用，促进优质医疗资源下沉；二是农村定向免费培养医学专业毕业生毕业后，结合实际情况将其分配至村卫生室；三是应进一步强调家庭医生与签约家庭的联结作用，培养基层全科医生人才。此外，在鼓励人才返乡参与乡村振兴事业的基础上，应大力引进医疗人才返乡参与基层医疗工作，通过"引进一批、下派一批、返聘一批"实现对基层医疗人员的输血，并给予配套的激励措施，全面保障基层医疗工作者的基本需求。

在强化医疗服务共同体建设方面，扎实推进县级医院对口乡镇卫生院的帮扶工作，提升基层医疗卫生服务能力，进一步扩大常用报销药品的备药，满足村民慢性病等定期开药需求。针对特殊药品需求，应打通基层医疗机构与上级医院的衔接体系，通过网络实现处方审核及用药指导，进而实现线上药物申请与基层拿药，使常见病、多发病在基层得到有效治疗，疑难病症及时转诊诊治。

（二）适当扩大药物报销范围

尽管当前吉林省"五道防线"大病兜底综合保障机制在很大程度上缓解了广大居民看病的顾虑，但从实地的调查和访谈结果来看，困境病患者群体仍有相当一部分药品不能报销、自付费用负担仍然较重。许多困境病患群体的日常服药支出占到了生活开支的主要部分，并为家庭带来较大的负担，对扩大药物报销范围、提高报销比例仍有较大需求。此外，现有的医疗兜底政策主要适用于建档立卡户，但是没有解决边缘贫困户与已脱贫的困难户再次因病致困、返贫等问题，存在最"忧"困境。一些目录外病种尚未纳入新农合、大病保险和医疗救助的报销范围，同时报销比例仍然较低，导致一般户和已脱贫户因病致贫、因病返贫的风险仍然较大。

为此，应适当扩充和更新医疗用药报销的范围，制定出针对困难群体的用药规范，进一步减轻困难群体"看病贵"的难题。具体来说，首先，应进一步推进公立医疗机构集中带量采购等方式，推动降低药价。其次，应建立基本药物、基本医疗保险联动和保障医疗保险可持续的机制，更新扩充临床诊疗常用药品报销目录，将基本药物目录内符合条件的治疗性药品按程序优先纳入医疗保险目录，满足困境病患群体的基本用药需求。再次，对于定点报销医院方，应进一步规范临床与诊疗用药规范，进一步打破医生高价药品、医药代表间的利益链条，增强医生的职业使命感与获得感。通过以上各项措施，最大程度上保障困境病患群体的基本看病需求，满足其日常用药的供应。

（三）多方位医疗帮扶政策宣传

调研过程中课题组发现，许多病患群体对于当地"五道防线"大病兜底综合保障政策并不十分了解，对帮扶政策规定也存在一定的误解。因此，针对困境病患群体，基层政府、村委会等应加强日常的舆论宣传引导，提升困境病患群体对医疗帮扶政策的知晓度和信任感。首先，在宣传手段方面，基层政府应采用多元化的宣传手段，增强政策宣传效果。比如，可将传统的宣传方式（村委宣传栏、入户宣传单、村广播、电视）与新媒体传播方式（微信、微博、抖音、新闻客户端）相结合，增强群众的关注度。其次，应进一步加强对基层医疗机构的正向宣传引导，提升村民对基层医疗机构的信任。通过建设紧密的医疗服务共同体，以人们普遍知晓的县市二甲及以上医院牵头，与基层医疗机构形成"医共体"等技术合作关系，依托大医院的权威宣传来提升农民对基层医疗机构的信任。再次，在加强基层医疗服务体系建设的同时，还应在村民间积极倡导"基层首诊"的理念，结合医疗保险报销政策和转诊制度规制，合理引导村民到基层医疗机构就诊,努力破除村民"看病只去高级医院"的传统观念。

(四)加强健康管理及知识普及工作

良好的生活习惯、掌握疾病防治知识等健康管理意识对个人健康具有十分重要的促进作用。通过调研发现,困境病患群体普遍存在多种病症并发的现象,且以心脑血管疾病为主。而此种现象的发生,很大程度上源于困境病患群体的健康管理意识较差,存在看病不及时、小病拖成大病等情况,并在疾病康复方面也缺乏专业指导,最终导致身体患多重并发症,难以医治。因此,为了进一步提高困境病患群体的身体素质,提升其生活质量,未来在全面保障困境病患群体看病报销权益的同时,也应将疾病防治的关口前移,增强健康管理手段,并积极倡导健康生活的理念,通过安排定期体检、重症疾病早期筛查等手段,帮助村民提早提前发现问题并及时介入治疗。通过此种体检筛查行为,也可进一步培养村民对自身健康的关注。其次,政府部门还应积极联合基层医疗机构,通过健康讲座、科普视频、宣传手册等多种方式,宣传健康养生知识,以提升个体对自身健康的重视程度,促进其良好生活习惯的养成。再次,基层政府还应进一步做实做好"家庭医生"制度,采取相对应的监督措施,督促"家庭医生"以定期走访检查的方式及时做好签约家庭的跟踪服务,进而引导村民理性用药、健康生活。

(五)关注适度保障与保障可持续问题

目前,吉林省对于困难群众的医疗帮扶力度日益加大,能够在相当程度上提高困境病患群体的生活水平,但也对政府的财政支出造成了一定的负担。长期来看,较高比例的医药费报销机制还会造成困境病患群体对政府的依赖性,将不利于我国救助帮扶政策的可持续性。因此,为保障当地财政资金的合理分配与经济的正常运转,政府部门必须及时扭转这一帮扶措施与政策理念间的实际偏差问题,重新定位救助帮扶政策的标准,完善保障对象的准入退出机制。首先,应在省市级层次上,尽快统一各部门对于不同类保障人群、保障方式、待遇标准的相关政策规定标准,进而在落实医疗帮扶救助政策时,及时破除"重复保障"和"保障盲点"并存的矛盾现象。其次,应持续动态更新困境病患群体的最新信息,掌握重点人群的健康信息、收入信息等,并实现各个部门之间的共享共治,以此更好地进行富有针对性的帮扶措施,提升对特困群体的帮扶工作效率,以优化配置各项帮扶资金,保障困境病患群体的健康。

(执笔人:张栋)

第五章
农村互助式养老服务的组织与实践[①]

一、引言

在全面推进乡村振兴的背景下，要加快农业农村现代化，需要加强农村基础设施和公共服务体系建设。农村养老正面临两方面的重大变化。一方面，在农村青壮年劳动力外流的背景下，家庭养老面临着诸多现实压力。在经济上，尽管进城务工有利于提高子女对留守老人的经济支持能力，但目前子女对农村老人的经济供养水平仍然较低[②]；空间距离也使子女对老人的生活照料、精神慰藉变得十分有限。在教育负担和进城压力下，农村家庭在资源分配时更多地向子代和孙代倾斜，也使家庭养老陷入困境。[③] 另一方面，乡村社会的变迁也使守望相助的农村社区养老遭遇挑战。村庄内部既有的社会关系网络、非正式社会规范等往往被看做是农村社区养老模式可以利用的资源。然而，乡村社会正在发生剧烈变迁，大量青壮年劳动力长年离村生活使乡村变成了"无主体熟人社会"，"熟人社会"

[①] 本文主体部分发表于《北京工业大学学报（社会科学版）》2023年第3期，标题为"农村社区互助养老的组织基础研究"。
[②] 叶敬忠、贺聪志：《农村劳动力外出务工对留守老人经济供养的影响研究》，《人口研究》2009年第4期。
[③] 李永萍：《家庭转型的"伦理陷阱"——当前农村老年人危机的一种阐释路径》，《中国农村观察》2018年第2期。

的生活逻辑正在发生变化,出现了舆论失灵、"面子"贬值、社会资本流散等问题;①乡村已不再是封闭半封闭的、流动性极低的生活空间,礼俗规则已经不再是乡村秩序的基础,人们的社会行动逻辑已经发生了实质性的变迁。②这意味着,被默认存在的社会联结密度在下降,社会规范的约束力在弱化。在这一背景下,从补充家庭养老的角度来说,如何调动乡村社会资源以实现低成本的农村社区养老,成为一个关键问题。近年来兴起的农村互助式养老服务是一种低成本社区养老的探索。

二、农村互助式养老的社会政策与实践探索

近年来,随着人口老龄化的程度不断加深,国家出台了一系列关于农村社区互助养老的政策,以应对日益突出的养老问题,其中,关于农村社区互助养老的政策正在不断细化。早在2011年,在国务院办公厅印发的《社会养老服务体系建设规划(2011—2015年)》(国办发〔2011〕60号)中就提到,应在城乡社区养老层面,重点建设老年人日间照料中心、托老所、老年人活动中心、互助式养老服务中心等社区养老设施。2013年,《国务院关于加快发展养老服务业的若干意见》(国发〔2013〕35号)中也强调,要依托行政村、较大自然村,充分利用农家大院等,建设日间照料中心、托老所、老年活动站等互助性养老服务设施。2016年,在民政部、国家发展改革委员会印发的《民政事业发展第十三个五年规划》(民发〔2016〕107号)中再次强调了社会互助养老的重要性。文件中提到,应大力支持农村互助型养老服务设施建设,发挥村民自

---

① 吴重庆:《从熟人社会到"无主体熟人社会"》,《读书》2011年第1期。
② 陆益龙:《乡土中国的转型与后乡土性特征的形成》,《人文杂志》2010年第5期。

治组织作用，积极动员村民和社会力量参与运营服务，为农村老年人就地提供就餐服务、生活照顾、日间休息、休闲娱乐等综合性日间照料服务。2017年，民政部等9部门发布了《关于加强农村留守老年人关爱服务工作的意见》（民发〔2017〕193号），提出要支持乡镇、村建立老年协会或其他老年人组织，鼓励留守老年人入会互助养老，并鼓励各地将农村互助幸福院等养老服务设施委托交由老年协会等社会力量运营管理。2021年，民政部、国家发展改革委员会联合印发了《"十四五"民政事业发展规划》（民发〔2021〕51号），更明确地提出了要构建乡镇牵头，村委会、老年人协会、低龄健康老年人、农村留守妇女、村干部、党员、志愿者等广泛参与的农村互助养老服务格局。同时，中共中央、国务院也在2021年发布了《关于加强新时代老龄工作的意见》，提出要结合实施乡村振兴战略，加强农村养老服务机构和设施建设，鼓励以村级邻里互助点、农村幸福院为依托发展互助式养老服务。2022年，国务院印发了《"十四五"国家老龄事业发展和养老服务体系规划》（国发〔2021〕35号），再次强调应以村级邻里互助点、农村幸福院等为依托，构建农村互助式养老服务网络，并支持乡镇级特困人员供养服务设施（敬老院）增加养老服务指导功能，将专业养老服务延伸至村级邻里互助点、农村幸福院和居家老年人。2023年中央一号文件指出，要"加快乡镇区域养老服务中心建设，推广日间照料、互助养老、探访关爱、老年食堂等养老服务"。从这些年的诸多文件中可以看到，国家对农村社区互助养老高度重视，农村互助养老不仅是解决农村养老问题的重要方式，更是促进乡村社会治理和文化振兴实践的重要路径。

对低成本的社会养老模式的探索也日益受到各界关注。其中，河北省肥乡县（现为肥乡区）前屯村于2008年探索创立的农村互助"幸福院"是创办较早、影响较广的一个典型案例,被概括为以"集体建院、集中居住、自我保障、互助服务"为特点的养老模式[①],是"村集体办得起,老人住得起,政府支持得起"的低成本互助养老[②],这一模式很快在全国推广。

学界对互助养老也开展了诸多讨论,这些讨论主要从三个方面展开。

一是讨论农村互助养老面临的实践形式及困境。有研究将农村互助养老分为互助型社区居家养老和互助型机构养老[③],指出当前互助养老存在"重设施轻培育"、忽视资金互助的基础等问题[④]。也有研究认为当前互助养老还存在政府的资金和法规供给短缺、村集体责任不明[⑤]、社会力量参与不足[⑥]、志愿者队伍不稳定等问题[⑦]。

二是讨论不同主体在互助养老中所发挥的作用。不少研究讨论了政府在互助养老中的作用。有研究认为在农村互助养老的实践中,政府的介入逐渐加深,互助养老逐渐走向了规范化;[⑧]政府的强力介入所提供的正式支持,还有利于引致朋辈群体、家庭和社会慈

[①] 李运强、周丽婷:《河北肥乡的低成本互助养老模式》,《中国妇女报》2011年7月17日。

[②] 金华宝:《农村社区互助养老的发展瓶颈与完善路径》,《探索》2014年第6期。

[③] 刘妮娜:《互助与合作:中国农村互助型社会养老模式研究》,《人口研究》2017年第4期。

[④] 刘妮娜:《中国农村互助型社会养老的类型与运行机制探析》,《人口研究》2019年第2期。

[⑤] 袁书华:《供需视角下农村幸福院可持续发展对策探究——以山东省LY县幸福院调研为例》,《山东师范大学学报(人文社会科学版)》2019年第1期。

[⑥] 刘晓梅、乌晓琳:《农村互助养老的实践经验与政策指向》,《江汉论坛》2018年第1期。

[⑦] 钟仁耀、王建云、张继元:《我国农村互助养老的制度化演进及完善》,《四川大学学报(哲学社会科学版)》2020年第1期。

[⑧] 杜鹏、安瑞霞:《政府治理与村民自治下的中国农村互助养老》,《中国农业大学学报(社会科学版)》2019年第3期。

善方面的非正式支持的增加。[1]但在压力型体制下,一些地方政府用造假或敷衍的形式来应对上级对农村幸福院工程的检查,影响了幸福院的正常运转。[2]也有研究者强调家庭和社区组织的作用,认为在农村互助养老中,前者是不可替代的基础[3],社区内部的公共服务和成员之间的互惠网络是重要保障[4]。还有研究者强调互助养老的根本在于村庄社会建设,尤其是村庄文化建设。[5]

三是从互助技术层面来讨论互助养老,例如一些关于"时间储蓄""时间银行"的研究发现,在实践中,这种互助养老方式存在计量问题、可转移性、通传通兑等问题[6],同时,承接机构的公信力[7]、人口的可持续性、覆盖区域的范围等也影响着其运行,因此在实践中可能发生变异[8]。

这些研究展现了农村社区互助养老的丰富实践,以及不同主体在其中发挥的作用。不过,在这些讨论中,"熟人社会"的变迁很少被纳入,"村庄社会"往往被当做一种给定的变量,但不同村庄

---

[1] 王辉:《农村养老中正式支持何以连带非正式支持?——基于川北S村农村互助养老的实证研究》,《南京社会科学》2017年第12期。

[2] 赵志强:《农村互助养老模式的发展困境与策略》,《河北大学学报(哲学社会科学版)》2015年第1期。

[3] 张云英、张紫薇:《农村互助养老模式的历史嬗变与现实审思》,《湘潭大学学报(哲学社会科学版)》2017年第4期。

[4] 陈际华、黄健元:《农村空巢老人互助养老:社会资本的缺失与补偿——基于苏北S县"老年关爱之家"的经验分析》,《学海》2018年第6期。

[5] 贺雪峰:《互助养老:中国农村养老的出路》,《南京农业大学学报(社会科学版)》2020年第5期。

[6] 陈功、杜鹏、陈谊:《关于养老"时间储蓄"的问题与思考》,《人口与经济》2001年第6期。

[7] 彭炎辉:《代际双重绑定时间银行:农村养老服务新模式》,《西北人口》2017年第6期。

[8] 陈友华、施旖旎:《时间银行:缘起、问题与前景》,《人文杂志》2015年第12期。

的组织基础是有差异且变动的，因此有必要在考察社区互助养老实践时将组织基础纳入讨论中。农村社区互助养老需要依托于村庄而实现，无论是对互助技术的应用，对各类资源的动员还是与老人家庭的对接，村庄社会的组织能力都是重要的前提。已有少数研究开始讨论村级组织[①]、村庄内部的自组织在农村养老中的作用[②]，这些都是有重要参考意义的探索。本章将进一步讨论村庄社会既有的组织基础对互助养老实践的影响。

笔者于2016年、2020年和2021年分别在山西省常县安宁村、陕西省里县黄山村、浙江省吴县木桥村[③]开展了农村互助养老调研，所呈现的3个案例都涉及老年幸福食堂的运作，且分别代表了不同类型的社区互助养老实践。本章拟将互助养老放在村庄共同体重建的背景下进行讨论，通过对这三类互助养老实践的对比分析，一方面讨论村庄自组织发起的内生型社区互助养老实践的组织机制，另一方面讨论外生型社区互助养老实践的特征和困境，并探讨发展低成本社区互助养老要处理的几组辩证关系。

三、内生型农村社区互助养老的组织机制

在农村社区互助养老实践中，有多元主体的参与。根据主导主体的不同，可以区分为内生型和外生型农村社区互助养老两类。前者主要指由村级组织或村庄内的自组织牵头建立的互助养老模

[①] 李永萍：《"多元一体"：集体主导的村社养老模式——基于闽南乡村敬老院的个案考察》，《求实》2020年第5期。
[②] 甘颖：《农村养老与养老自组织发展》，《南京农业大学学报（社会科学版）》2020年第2期。
[③] 感谢严海蓉、徐思远、郭琳、林芳菲、余慧芳、任守云等师友在山西省常县安宁村调研中的帮助，文责自负。依照学术惯例，文中所涉的地名、人名、机构名称等都已作匿名处理。

式,后者主要是指由政府主导建立或由市场主体承担的社区互助养老实践。由于国家近年来对农村养老问题的重视,在外生力量推动下发展起来的社区互助养老比较常见,由村庄内生组织自发开展的互助养老相对较少。河北省肥乡县前屯村的幸福院是前者的典型代表。此外,一些研究中也提到了由村集体或村内的老年人协会自发组织的养老服务。[①] 这种内生型的互助养老模式有鲜明的组织化特征,村集体或村内自组织在其中发挥了关键作用,其突出意义在于,通过对村庄内生资源的动员,在没有外力支援的情况下,互助养老得以低成本地实现;与此同时,依托互助养老,村庄的社会关联也得到重建,村庄的组织化程度得到提升。也就是说,互助养老并不只是一个为老服务问题,也是一个组织问题。山西省常县安宁村的案例为讨论这种内生型互助养老提供了参考。

安宁村从2013年开始建设老年学堂,最初学堂解决的主要是老年人的吃饭问题。根据当地的劳作习惯,村民往往每天很早就要去做农活,所以老人最需要的是解决早饭和午饭问题。因此,老年学堂供应的是早餐和午餐,开放时间是早上七点半到下午六点。由于全天开放,因此该老年学堂除了是集体食堂外,更是老人的社会交往空间,老人可以一整天都在学堂休闲娱乐。同时,学堂的活动空间比较大,因此即便不在学堂用餐的老人,也会每天在学堂休闲活动。学堂通常在上午安排晨练和学习活动,学习活动包括书法练习、阅读、剪纸、绘画等,在下午则主要安排舞蹈练习、戏剧排演等活动,丰富老人的精神生活。这种内生型互助养老实践建立在以下三方面的组织基础上。

[①] 李永萍:《"多元一体":集体主导的村社养老模式——基于闽南乡村敬老院的个案考察》,《求实》2020年第5期。甘颖:《农村养老与养老自组织发展》,《南京农业大学学报(社会科学版)》2020年第2期。

(一）组织主体：村庄自组织发起的养老服务

创建老年学堂的是安宁村的妇女协会（其开展的活动此后逐渐扩展到养老、经济合作等其他领域）。协会起初只是一个组织妇女跳广场舞的组织，但当妇女们自我组织起来以后，妇女协会开展的活动逐渐扩展到其他领域，例如村庄环境卫生清理、农业生产合作、养老服务等。本章将重点聚焦在考察妇女协会对村庄互助养老的组织上。

内生型社区互助养老的核心在于，提供养老服务的组织主体是村庄内生的组织。这种内生型组织可以为社区互助养老提供两方面的基础。一是组织骨干基础。以安宁村为例，妇女协会通过跳广场舞而发掘出的积极分子正是在互助养老中发挥主要作用的组织骨干。在跳广场舞的过程中，妇女们遇到了不少困难，例如来自丈夫、婆婆的反对，妇女内部的矛盾等。为了化解这些矛盾，发起人宋女士逐步发掘了一些有能力的妇女骨干，通过不断组织妇女开会、学习、开展辩论，矛盾逐渐化解，这些妇女骨干也成为推动社区互助养老的基础性力量。二是组织经验基础，即通过民主集中的开会讨论来共同商讨面临的挑战。在化解因跳广场舞而引发的家庭纠纷时，妇女协会主要是通过开会、开展辩论来实现的，让大家各抒己见、充分表达，很多问题就越辩越明。这成为妇女协会后期将活动范围拓展到其他领域时的主要工作方式。这一组织经验体现在后来的互助养老中，就是老年学堂通过定期开展老人与子女的座谈会，解决老人之间、老人与子女之间的矛盾。

组织主体的内生性是这种社区互助养老模式不同于政府主导型和市场供给型模式的关键。这种组织主体既可以是村民自发形成的互助组织，也可以是村两委这类村民自治组织。这种内生型组织可以在日常活动中持续积累人力资源和组织经验,这些资源都可以迁移到社区互助养老的组织中。安宁村的妇女协会有一个特殊之处,就是协会在后来开展了经济合作,成立了长平合作社,鼓励村民在自愿的基础上以土地入股,开展多元化的经济作物种植,并逐渐有了一些盈利。老年学堂的活动场所最初的改造费用2万多元就是由合作社提供的,但这个特殊性并不具有决定性的影响。在国家持续重视农村养老问题的情况下,小额的资金投入并不是主要的难题,通过组织捐款也可以部分解决资金问题。就安宁村的老年学堂而言,妇女协会提供的组织基础才是更根本的,这也是内生型农村社区互助养老的基础。

(二) 动员机制:基于村庄动员的低成本互助养老

在村庄自组织发展的基础上,内生型互助养老模式的一个基本特征是运营成本极低,从而老人加入互助养老的成本也很低。该老年学堂之所以能低成本运营,主要是因为村内的自组织最大限度地动员了村庄内部的各种资源。由于这类组织本身嵌入村庄社会内部,组织成员也是村庄内部成员,在长期共同生活中形成的对村庄的熟悉感,可以使他们最大限度地动员村庄内部的社会资源,包括有形资源和无形资源。

一方面,村庄自组织通过调用村庄内部的闲置资源,可以获得低成本的互助养老场所,这可以看做对村庄内有形资源的动员。安宁村的老年学堂是用村里的民居改建的,一年的租金是2000元左右。在用作老年学堂前,长平合作社提供了2万多元的资金对其进行了装修。相较于动辄几十万、上百万的老年活动中心建设,安宁村的老年学堂场地成本是极低的。对于长期生活在村庄中的人来说,找出村内合适的闲置房屋并不困难。尽管老年学堂的活动场所设施、设备都相对简单，但并不影响老人在此处活动。对村内闲置资源的低成本利用，使内生型农村社区互助养老与政府主导下的"标准化"幸福院运营模式有明显的差异。

另一方面，村庄自组织还可以通过对村民志愿者的动员，既使社区互助养老深度嵌入村庄社会中，也让互助养老的运营成本降到最低。对志愿者的动员可以看做村庄自组织对村庄中无形资源的动员。在安宁村的老年学堂运营中，妇女协会最大限度地动员了村民。学堂由村里的一名固定志愿者和两名护工来管理，志愿者无偿为老人服务，护工每人每月有300元补贴，主要负责给老人做饭，老人早饭和午饭一般在学堂吃。除此之外，学堂还动员了村里的30名志愿者来为老人服务，这30名志愿者绝大多数是农村留守妇女。对志愿者的动员不仅减少了学堂的运作成本，也让老人有被关心的幸福感。由于运营成本低，因此在没有外力支持的情况下，老年学堂只需要有12位老人加入，就能自负盈亏。尽管农村青壮年劳动力大量外出，但在村庄中有不少因为种种原因而无法外出务工的妇女，她们是有一定闲暇时间的。不过，在没有组织的情况下，这些闲暇时间无法产生公共性。当村庄自组织，如妇女协会，将妇女们动员起来，参与农村社区互助养老中时，妇女们的闲暇时间就具有了公共意义。同时，作为互助养老的志愿者对妇女们的时间要求并不高，只需要每月贡献一天，来学堂帮忙就可以，这也不会对妇女们造成太大的压力。在这个意义上，一旦村庄自组织将留守妇女们组织起来，她们就可以通过轮流做志愿者的方式，成为农村互助养老中重要的社会力量。

对村庄志愿者的动员和组织，还可以使农村社区互助养老从服务自理老人拓展到服务失能、半失能老人。在安宁村，对失能、半失能老人的服务方式有两种。一种是缴费服务，由老人子女每月向妇女协会缴纳600元,协会派两名护工(从本村招募)到老人家中,为老人提供日间的照料,例如为老人做饭、陪老人聊天等。两个护工按周进行轮岗。另一种是免费服务,由协会就近寻找7名村民志愿者,以"七对一"的模式轮流陪护老人。志愿者每天下午轮流到老人家里陪护两小时,主要是陪老人聊天、帮老人锻炼等。妇女协会的发起人宋女士说,协会推动的养老服务主要是为了补充家庭养老的不足,而不是替代家庭照料。在这一原则下,对社区志愿者的组织就很灵活,每周花两个小时陪失能、半失能老人聊天,对志愿者来说并不是太高的要求,但可以使老人获得低成本的照料和陪伴。对失能、半失能老人的照料可能会是乡村社会即将面临的重大挑战,安宁村的探索有重要的参考意义。

(三)监督机制:基于公共监督的风险控制

在任何养老服务中,风险控制都是敏感问题。在外生型农村社区互助养老实践中,无论是地方政府还是市场服务主体,都通过签署正式协议来规避照料过程中可能出现的风险。而安宁村的案例展现了内生型社区互助养老的另一种风险控制方式,即通过公共监督来防控风险。这种公共监督建立在两种基础上。

第一,村庄社会本身不仅是一个物理空间,也是一个社会空间,村民之间的社会关系错综复杂地交织在一起,这使内生型农村社区互助养老的提供方——村庄自组织——本身就嵌入在村庄社会关系中,也时刻处于"自己人"的监督之下。这种公共监督有两层含义。一方面,它在很大程度上建立在对"自己人"的信任基础上。以安宁村的老年学堂为例,由于该老年学堂的组织者和运营者都是本村人,她们也都是前期组织同村妇女跳广场舞的骨干,因此,与大部分村民都比较熟悉,这种信任基础大大减少了老人家属与老年学堂之间的潜在冲突。在老年学堂的负责人宋女士看来,即便与老人家属签署了合同,那也只是诉讼时的依据,真正在日常运转中发挥作用的是村庄内部的信任关系。更重要的是,大家都清楚学堂不以营利为目的,因此即便有突发状况也不会归罪于学堂。另一方面,这种公共监督源于对村民志愿者的动员,学堂里每天都有志愿者为村民义务服务。也就是说,安宁村老人学堂的运转始终处于志愿者们的"公共监督"之下,尽管志愿者自己未必会意识到自己的监督功能。

第二,内生型农村社区互助养老服务的组织方也通过组织座谈会的方式,主动搭建了公共监督的平台。在安宁村,老年学堂每月都会举办一次座谈会,邀请老人、子女共同参加。座谈会上的沟通既可以让学堂了解老人在家的情况,也可以让子女了解老人在学堂的生活和变化,同时为老人和子女提供交流的机会。这种座谈会本身也发挥了公共监督作用。在安宁村,这类座谈会的组织也是在运营老年学堂过程中逐渐探索出来的。在学堂刚成立的前三个月,几位运营者发现,老人聚在一起后,容易家长里短地谈论,导致老人之间、老人与子女之间出现了很多矛盾,负责做饭的护工承担了大量的协调矛盾的工作。为了解决这些矛盾,学堂一方面通过组织各类兴趣小组,转移老人们的注意力;另一方面,学堂也开始组织老人与子女的座谈会,既让子女了解老人在学堂的活动情况,也为老人和子女提供交流机会,促进双方的互相体谅。同时,在座谈会上,妇女协会也会听取子女对学堂运营的建议。这种座谈会实际上将老年学堂的运营完全公开化了,使老年学堂的运营处于老人家属的公共监督下,这种主动的公开也增强了学堂与老人家属之间的信任感。

在这个意义上,安宁村老年学堂的运营是建立在学堂运营者、老人、家属等多方信任基础上的，且通过座谈会和对志愿者的动员，学堂的运营始终是在村庄内部的公共监督之下，这也降低了学堂可能面临的风险。

可以看到，内生型农村社区互助养老实践建立在三个基础上。第一，以村庄自组织为组织主体。嵌入在村庄社会中的自组织可以在日常活动中培养组织骨干、积累组织经验，这些人力资源、组织经验可以在村庄社会内部持续积累，并在条件成熟的情况下低成本地迁移至社区互助养老的组织中。第二，对村庄内部的有形资源和无形资源进行动员。无论是对村庄中的闲置房屋这种有形资源的发掘和利用，还是对村民志愿者的动员和组织，都有利于最大限度地降低社区互助养老的运营成本。第三，公共监督机制的建立。这种监督既依托于村庄社会中已有的社会关系基础，也依托于互助养老服务的组织方所搭建的公共监督平台，它使互助养老服务的风险防控建立在社会信任、而非正式的书面协议基础上。上述三个基础共同推动了低成本的农村社区互助养老的实现。同时，老年学堂不仅实现了对老人的组织，使老人仅缴纳极低的费用就能享受老年助餐服务；也重建了村庄社会，这种重建不仅通过定期的老人、子女座谈会来实现，也通过对志愿者的动员来实现。对本村志愿者的动员和组织，还可以将互助养老从老年助餐服务中拓展出去，走向对失能、半失能老人的服务。这种内生型农村社区互助养老实践展现了一种不同于外力推动的互助养老逻辑，它是在村庄自组织的既有组织基础上开始发展的，又在实践互助养老的过程中，进一步推动了对留守村民的组织。这使农村社区互助养老嵌入村庄社会的发展中，二者可以相互强化，从而使农村社区互助养老具有可持续的动力。

四、外生型农村社区互助养老：实践与困境

在外生型互助养老实践中，尽管村级组织也发挥着管理和运营作用，但推动者主要是政府，且相关实践需要受到政府的监督和考核。各地社区互助养老的具体实施形式有一些差异，但相似之处在于，其都开展了老年助餐服务，因此不同类型的互助养老实践就有了可对比的基础。

（一）政府主导型农村社区互助养老："标准化"运营的困境

陕西省在2013年出台了《关于推进农村幸福院建设的意见》，明确了幸福院的主要服务对象是70周岁以上孤寡老人、空巢老人和散居的五保老人等，提供的服务主要包括日间照料、就餐、文化娱乐、精神慰藉等。幸福院由村民委员会进行管理，幸福院建设也由村委会多渠道筹集资金，各级福彩公益金给予一定补助。到2020年，陕西省已建立农村互助幸福院12132个，覆盖了71.29%的行政村。[1]尽管官方文件中明确说明，幸福院建设的基本原则之一就是村级组织主办，政府的角色是提供资金支持和进行指导，但在实际运行中，政府的介入更多，政府主导的特征十分鲜明。在陕西省的幸福院建设和管理中，政府主导的优势和短板都十分清晰。

以笔者所调研的里县情况来看，这种幸福院有两方面的优势。一方面，省政府的大力推动和资金支持使幸福院在全省范围内得到推广，非一村一社的零星实践，覆盖面较广。当地幸福院是由民政部门牵头、村委自建/自营的非营利机构，建设幸福院所需的资金、土地皆由村两委协调。对于达到标准的幸福院，民政部门会给一定

---

[1] 曹天刚：《陕西省居家和社区养老服务改革全面提速》，《中国社会报》2020年9月10日。

的建设补贴；同时，民政部门还承担了幸福院的人员开支和水、电等运营成本。由于有政府的大力资助和村集体无偿供给的土地，老人付出的成本并不高。以笔者所调研的里县黄山村为例，该村每个老人每月交260元的伙食费，院方提供一日三餐，每个老人每天的伙食费不到10元。另一方面，由于幸福院由村委会管理，村两委也动员村民捐款捐物。在黄山村，每年中秋、重阳、腊八等节日时都会有村民、村干部主动捐赠财物，用于幸福院的老人改善伙食；村里的理发店免费给老人理发；还有村民给幸福院捐赠了电视、麻将桌等物。不过，这种政府主导的互助养老模式也存在局限，主要在于政府主导下的"标准化"提高了幸福院的运营成本，一定程度上消解了互助养老的"互助"优势。

首先，幸福院建设的"标准化"使其建设成本高，服务人数却十分有限，甚至对不参与老年助餐项目的老人有一定的排斥性，限制了互助养老内容的拓展。以黄山村为例，该村幸福院是与村委办公楼同时建成的，幸福院的建设成本大约为150多万元（达到标准后民政局补贴了42万元），是全市的标准化幸福院。其"标准化"主要是指硬件设施上的标准化设置，例如应配备活动室、厨房、餐厅、午休床位、卫生室等。标准化幸福院的重要指标之一就是幸福院应配备村卫生室和村医，这主要是为了应对老人的突发健康状况。黄山村的幸福院紧邻该村卫生室，因此可以达标；但受到土地的限制，当地很多村的幸福院没有邻近村卫生室而建，达不到标准化的要求。黄山村幸福院共有15张床位，主要供老人午休，老人日间也可以在这些房间活动；有一间厨房、一间棋牌室、一间餐厅，不过棋牌室能容纳的人数大约只有20人左右。该幸福院是2018年9月18日（重阳节）开始运营的，2018、2019年服务人次分别为47人次、48人次（全村60岁以上的老人共403人），长期在幸福院吃饭的人数为 25 人左右。从结果来看，投资 100 多万元建成的标准化幸福院，目前仅能服务几十位老人，效率是偏低的。同时，幸福院的标准化客观上也造成了对其他老人的排斥，由于幸福院的设施较好，有空调、地暖，且能容纳的人数有限，因此不去幸福院吃饭的老人也不好意思去幸福院休闲。尽管幸福院的设施十分现代化，但在这种情况下，幸福院只是一种物理空间，而缺失了社会交往的功能，未能发展成一个社会空间。在这种情况下，互助养老被简约化为老年助餐，而失去了更丰富的社会含义，尤其是在互助养老的过程中来重建村庄社会的意义。

其次，人员配置的标准化也使幸福院的运营成本偏高，且没能有效调动村庄内部的资源，使幸福院的运作与村庄社会相疏离。按照民政部门的设置，一个幸福院的运营必须配置厨师 1 名、保洁员 1 名、院长 1 名，院长主要负责安排伙食和采购，3 人的工资均为 1800 元/月/人，由地方财政支付，这部分成本每年 6 万多元。此外，民政部门每季度还为每个幸福院拨付 2500 元的办公经费，采取实报实销的形式报账支出。也就是说，民政部门每年为每个幸福院支出的成本是 7 万元左右。正因为运营成本有刚性，因此幸福院的服务人数要达到一定规模才有效率。在里县，服务人数达 15 人以上的幸福院才能获得民政局的运营补贴。黄山村所在的镇一共有 30 多家幸福院，大约有十多个没能达标，面临被关闭的窘境，这些幸福院大多处在山区，部分老人的步行距离较远，因此用餐人数逐渐减少。如果村集体能动员村庄中的志愿者参与为老服务，降低成本，可以更灵活地推进互助养老，同时也可以使互助养老嵌入村庄社会，而不是脱嵌于村庄。

最后，管理方式的标准化和规范化，使政府成为这种养老服务的供给主体和监督主体，压缩了村庄社会发挥作用的空间。一方面，幸福院是在民政部门推动下建立的,其主要的运营成本也由民政部门承担,因此地方民政部门——而不是村级组织——也承担了监督职能。以里县为例,如果运营情况不佳(用餐老人不到15人,或被抽查时发现没有营业),每季度扣一个月的人员工资。由于地方政府介入过多,村级组织在幸福院管理中反而处于边缘地位。另一方面,政府的深度介入也消解了村庄社会内部基于信任的风险化解机制,地方民政部门不得不通过限制服务范围、建立正式契约来规避风险。老人到幸福院用餐,需要所有子女与村两委签订协议,议定如果老人在往返幸福院路途中发生意外,幸福院不承担责任。此外,当地民政部门规定,幸福院仅提供餐饮服务,不提供夜间住宿服务,也是为了避免风险。这种风险规避方式虽然从管理角度来说有一定效果,却因过于正式化而无法激活或重建村庄中的非正式社会网络,也使幸福院的服务范围仅限于老人就餐服务,难以进一步拓展。

(二)市场供给型农村社区互助养老:"专业化"运营的局限

2014年,《浙江省人民政府关于加快发展养老服务业的实施意见》(浙政发〔2014〕13号)颁布,该文件将发展居家养老服务作为重点,鼓励"大力发展居家养老服务组织。通过政府补助、购买服务、协调指导、评估认证等方式,鼓励社会力量举办居家养老服务专业机构和企业"。在浙江省吴县,居家养老服务的一个重要依托就是老年食堂,各村的运作模式不同,既有村集体集中供应,也有将老年食堂外包给第三方运营的模式。其中,后者尤为值得探讨。

以吴县木桥村为例,该村居家养老服务点设在村里的老年活动中心,该活动中心由木桥村集体投资建设,民政部门提供了50多万元补贴,从2020年5月正式开始运营。木桥村共有133位75岁以上老人享受老年助餐服务，老人每人每天只需交2元即可享受餐饮服务，每位老人每天的餐饮标准是9元，老人缴费以外的部分由村集体、民政局提供补贴。木桥村将老年食堂的运营外包给了一家名为"乐养"的养老服务公司，这家公司的母公司为一家私立医疗集团。依托于这家医疗集团，乐养公司在吴县所在的市共建了16个居家养老"服务点"——每个村的老年食堂为一个服务点。这些服务点都如木桥村的老年食堂一样，采取"公建民营"的方式运营。

尽管乐养公司在为老服务方面具有一定的"专业性"，但这种"专业性"的服务是以盈利为依托的，其盈利性使这种专业化的第三方机构在提供社区互助养老服务时面临着一些局限。第一，老年助餐服务本身就是在政府补贴下开展的，几乎没有利润可言；因此，当专业化的市场服务主体来承接这项服务时，如果没有其他的利润来源，这类服务就不具有可持续性。木桥村服务点的负责人小梁说，每个月公司需要补贴2000元左右才能维系老年食堂的运转。为了降低成本、提高收益，乐养公司在木桥村的服务点不仅提供老年助餐服务，还提供老年人的"全托"服务。在全托服务方面，乐养公司使用的是木桥村老年活动中心的场所，目前共有9张床位，已经住满，入住的9位老人都是木桥村的空巢老人，年龄在84—95岁之间。这些老人中有4位能自理、2位半自理、3位不能自理，他们每月的入住费用分别是2200元/人、2600元/人、3600元/人。即在全托服务方面，有6—7名老人就可以达到收支平衡。因此，总体来看，乐养公司在木桥村的服务点虽然在老年助餐服务方面略有亏损，但在老年人全托方面有一定的盈余，可以保证运转。即便如此，乐养公司无论是提供助餐服务还是全托服务，都是为了"创口碑"，也就是为了给其所属的私立医院做宣传，因为上述各项服务的利润目前是有限的。在这种情况下，让专业化的第三方机构来承接老年助餐这类具有强公益性的项目,需要考虑其可持续性的问题。第二,由外来的第三方机构承接社区互助养老服务,很难在村庄内部形成内生动力,从而也可能使社区互助养老被局限为老年助餐服务,而无法扩展到其他服务,也无法借此推动村庄社会的重建。由于第三方机构对于村庄社会而言是外来者,难以调动村庄社会资源;村级组织将服务外包后,也仅对助餐服务进行了有限的监督,未能发挥更多作用。在这种情况下,老年助餐服务仅解决了老人的吃饭问题——这固然十分重要,但互助养老还应该有更丰富的内容。在熟人社会变迁的背景下,村庄内部的社会关联在弱化,依托养老服务,村庄内部的社会关联是有可能得到重建的。但在服务外包的模式下,由脱嵌于村庄的第三方机构来提供老年助餐服务,村庄内部的自组织建设难以得到推动,也少有其他村民参与其中,农村社区互助养老被简化为老年助餐服务。从这个意义上说,尽管村集体、民政部门都投入了不少资源和经费,但只解决了较小的问题。

从外生型农村社区互助养老的两类实践来看,二者虽然各有优势,但也存在相似的短板。外部资源的输入、外部力量的引入没能激活村庄内部的自组织能力。不仅村级组织发挥的作用有限,村庄内生组织,例如老年人协会,也没能依托外部资源而发展起来。这使互助养老对外部资源的依赖过高,内生基础相对薄弱。一旦外部资源的输入减少,其可持续性就会受到挑战。

五、农村社区互助养老中的辩证关系

从本章的三个案例来看,内生型和外生型农村社区互助养老实践依托的主体和资源各不相同,但也各具特点。在国家对农村养老问题日益重视的背景下,政府的介入和资源投入可能会持续增加,因此需要考虑来自外部的资源投入如何更高效地发挥作用。要探讨这个问题，有两组关系需要辩证地处理。

（一）外部资源输入与村庄内生动力之间的关系

这一组关系在形式上表现为服务标准化与村庄自主性之间的关系。要推动农村社区互助养老，政府的资源输入是必要的，尤其是在起步阶段。

本章所展示的安宁村案例有一定的特殊性，主要就是该村妇女协会在不断发展的过程中还推动了经济合作，从而有了自己的资金基础，为改造老年学堂提供了资金。有老年人协会、妇女协会等自组织的村庄并不少见，只是这些组织通常比较难有足够的资金，当然，小额的资金需求可以通过国家资源输入来解决。

不过，国家的资源输入往往也会带来一些问题。近年来，伴随着国家向农村资源的转移，各类规则也不断输入乡村，基层治理日益规范化、标准化、程序化，导致出现了基层组织服务的主体性和积极性丧失的问题。[1]这一问题同样表现在养老服务资源的输入中。服务标准化就是政府介入后的典型表现，在陕西里县的案例中，这一点表现得比较明显。养老服务的标准化一方面表现为养老设施的标准化建设，例如，社区养老服务中心需要配置村医、村卫生院等，另一方面表现为管理方式上的标准化，例如人员设置、工资标准、风险管理等方面。这种标准化设置既有治理体系本身的问题，也是政府为了降低管理风险所设。这种标准化牺牲了灵活性和村庄的自主性，也增加了成本。

相较而言，内生型的农村社区互助养老则在最大化地利用本村

---

[1] 贺雪峰：《规则下乡与治理内卷化：农村基层治理的辩证法》，《社会科学》2019年第4期。

资源基础上，通过对闲置屋舍的简单改造、对志愿者的组织动员，以极低的成本推动了村庄内的互助养老。这种实践自主性一方面表现在硬件设施的配置上，另一方面表现在风险管理上，安宁村的老年学堂并没有通过标准化、正规化的协议签署来规避风险，而是在村庄社会内部的信任基础和公共监督的基础上来规避风险。这种自主性很大程度上建立在村庄自组织对村庄社会各类资源的动员基础上。农村社区互助养老的一个基本原则应是低成本，因此外部资源的输入应发挥"四两拨千斤"的作用，而不是投入了大量资源，但只达成小部分的目标。因此，从互助养老服务的管理运作角度来说，应避免外部资源输入对村庄内生动力的消解。

（二）老年助餐目标与互助养老目标之间的关系

在各地的农村互助养老实践中，创办老年食堂是最常见的，也是各地政府大力鼓励的。它既可以回应农村老人因为做饭困难而出现的用餐需求，也相对简单易行。尽管对这一需求的满足也十分重要，但老年助餐服务只是互助养老的内容之一，老人的精神慰藉、失能老人的照料等也是需要探索解决的问题。在很多地区的实践中，出于风险控制的考虑和运营能力的限制，对农村互助养老的探索仅止步于解决老年助餐问题。一些地区将老年助餐服务外包给外来的市场主体，脱嵌于村庄的市场主体就更将老年助餐服务仅限于助餐本身，难以动用村庄社会资源，也难以将这类服务进一步拓展出去。实际上，老年食堂的建立和运营应当是互助养老实践的抓手，而不是唯一目标。通过运营老年食堂，将村庄有余力的留守人口最大限度地动员和组织起来，实现低成本的村庄互助养老，使互助养老的参与对象可以从能自理的老人扩大到失能、半失能老人，并在此过程中重建村庄内部的社会关联。这也是安宁村的案例提供的启示。

这里也有一个前提，即社区互助养老只是对家庭养老的补充，而不是替代，因此村民志愿者并不需要付出过多的劳动，这确保了这一实践路径的可行性和可持续性。将留守村民吸纳进助老服务志愿者队伍中，实际上是对留守村民的碎片化时间的重组和利用。在这个过程中，不仅互助养老可以低成本地运转，而且村民可以被重新组织起来，进而推动村庄社会的重建。在这个意义上，老年食堂的运营应是起步，而不是终点。因此在老年助餐和互助养老的关系上，应避免出现目标替代，将互助养老简化为老年助餐服务。

六、农村互助式养老的政策建议

在城镇化的压力下，农村家庭养老面临不少困境，同时，乡村社会的变迁也使守望相助的农村社区养老面临挑战。在讨论农村社区互助养老时，不应将养老问题从村庄的整体生活中割裂开来。农村社区互助养老需要动员和利用村庄社会资源，同时，社区互助养老本身也会推动村庄社会的重建，二者之间的关系不应是单向的，而应是双向的。在这一背景下，本研究重点关注了如何调动乡村社会资源，以实现低成本的农村社区养老的问题。本章将农村互助养老放在村庄共同体重建的背景下进行讨论，通过三个案例对农村互助养老的不同实践方式进行了考察，这三个案例都是围绕老年助餐服务展开的。通过对三种不同的互助养老实践的对比分析，本章一方面讨论了村庄自组织发起的内生型互助养老实践的组织机制，另一方面讨论了外生型社区互助养老实践的特征和困境，并探讨了发展低成本社区互助养老要处理的两组辩证关系。

根据本章的分析结果，在全面推进乡村振兴的背景下，为了积极应对人口老龄化,农村互助养老服务相关政策的制定可以从以下几方面进一步推进。

第一,要处理好政府提供财政支持和发挥村集体自主性之间的关系。政府需给予村集体或村庄自组织一定的自主空间,避免以标准化建设、标准化管理的方式消解了村集体和自组织的自主性。地方政府为农村社区互助养老提供的财政支持十分重要,但由于各地在经济发展程度、村庄社会结构、老年人观念等方面存在差异,因此互助养老的形式也应因地制宜。在政策制定方面,应给予地方自主发展的空间,使各地可以根据当地农村的发展程度、产业特征、村庄社会结构特征等,创新农村社区互助养老的形式,使这种互助养老实践发展出内生动力。只有激活了村庄内生动力,农村社区互助养老才可以长期持续下去。

第二,要处理好村集体搭建互助养老平台和农民家庭养老责任之间的关系。农村互助养老的定位目前仍主要是日常照料,即对未完全失能老人的照料,包括提供餐饮、协助个人卫生清洁、精神慰藉等。重病、重残老人的照料目前还难以靠互助养老来解决。同时,农村社区互助养老是家庭养老的补充,而不是替代。家庭养老责任不应该完全被消解掉,应避免农民对集体的过度依赖,这种依赖很容易使村集体在发展互助养老中承担过多责任,而导致运营失败。

第三,在政策制定和宣传上,需避免将农村社区互助养老简化为幸福食堂、老年助餐等活动。农村高龄老人的确存在用餐方面的困难,但老人的精神慰藉、失能老人的照料等也是需要解决的问题。从本章的研究来看,农村社区通过开展老年助餐服务,可以发掘村庄中为老服务的积极分子,从而使社区互助养老从老年助餐服务中扩展出更丰富的服务内容,尤其是对失能老人的精神慰藉和日常照料方面。政府可以通过"以奖代补"的形式为提供助老服务的村集体、村庄志愿者提供补贴，强化他们的积极性，使互助养老能惠及更多老人。在政策宣传方面，可以动员村庄中低龄老人都义务加入到为高龄老人服务的志愿者队伍，尤其鼓励参与了互助养老的老人家庭成员加入志愿者队伍。

（执笔人：陈义媛）

第六章
农村宅基地管理与住房建设及福利保障政策

一、引言

住房,无论在哪个时代,都是人类生存和社会发展最基本的需求之一。党的十九大将"住有所居"作为改善民生的重要标准和目标之一,党的二十大报告也提出"坚持房子是用来住的、不是用来炒的定位,加快建立多主体供给、多渠道保障、租购并举的住房制度"。住房保障问题是住房民生中的核心问题,关乎到经济发展和社会和谐。[1]

住房政策是国家为解决住房供需矛盾、保障城乡居民基本住房权,运用立法、行政等综合手段制定的制度、方针或行动准则。近年来,党和国家研究和制定了一系列住房政策来保障城乡居民"住有所居"。针对城市住房问题,国家通过经济适用房、廉租住房、公共租赁住房、限价房、住房公积金、银行住房按揭抵押贷款等一系列政策,推动了我国中低收入人群住房问题的解决,建立了较为完善的城市住房保障政策体系。而农村住房政策是基于生产资料的劳

---

[1] 陈峰:《我国住房保障体系的优化重构——基于体系顶层设计视角的探讨》,《华中师范大学学报(人文社会科学版)》2012年第5期。

动群众集体所有制形成的农村土地集体所有和管理，内容以宅基地政策为主，还包括村庄规划、住房安全、住房改造、住房福利保障等管理政策。从历史上看，以农村宅基地政策为主的农村住房政策为农民提供了基本的住房保障，使农村住房问题得到了解决。但随着社会经济的发展和乡村振兴战略的实施，农民日益增长的住房需求和城乡人口流动带来了一系列农村住房问题。而与城市住房政策相比，农村住房政策存在供给不足和缺位，在一定程度上已经影响了乡村高质量发展。本章对农村住房政策发展和现状进行了梳理，并在分析农村住房现状及面临问题的基础上，从社会政策的角度对农村住房政策存在的问题进行了分析，并提出了政策建议。

二、农村住房政策的发展和现状

为优化农村土地资源分配方式，保障农民住房权，推动解决农村住房的一系列问题，党和国家针对农村住房推出了一系列政策，主要围绕宅基地、农村住房建设和农村住房福利保障三个方面展开。

（一）农村宅基地政策

宅基地制度是中国特色的土地制度之一，脱胎于计划经济时期，对乡村社会产生了深远影响。

新中国成立以后，农村地主、富农、资本家被打倒，政府通过土地改革，将田地、房屋等都分给了贫苦农民。1949年《中国人民政治协商会议共同纲领》规定实施农民的土地所有制，实现耕者有其田。新中国的农民无需缴纳租金便能够实现长期居住，且农村土地较多，农民住房面积较大。1962年实施的《农村人民公社工作条例（修正草案）》规定了生产队范围内的土地归生产队所有，社员的房屋永远归社员所有的"土地公有，房屋私有"的所有制框架。1963年，《中共中央关于各地对社员宅基地问题作一些补充规定的通知》确定了农村宅基地所有权归生产队、使用权归农户的"两权分离"模式，逐渐形成了中国农村独有的宅基地政策，并逐渐成为国家解决农村住房问题的主要政策。

国家对宅基地申请和使用的管理制度逐步严格。为遏制农村无序建房、乱占耕地的现象，1982年《村镇建房用地管理条例》对农村土地利用和宅基地申请面积进行了限额，明确了宅基地建房的相关数据指标，一定程度上推动了农村土地的优化利用。1986年《中华人民共和国土地管理法》放开了申请宅基地的户口限制，明确非农户口也可申请宅基地，但很快在1990年国家土地管理局《关于加强农村宅基地管理工作的请示》文件中再次对非农户口人群申请宅基地进行了禁止。同时，1995年《中华人民共和国担保法》也对宅基地抵押权进行了相关限制，2004年《关于加强农村宅基地管理的意见》禁止了城镇居民购买农村宅基地。

为进一步提高农村土地利用效率，2013年《中共中央关于全面深化改革若干重大问题的决定》提出要开展宅基地制度改革试点，2015年第十二届全国人大常委会第十三次会议决定在全国33个试点县（市、区）开展宅基地制度改革试点。2017年《加快推进农垦国有土地使用权确权登记发证工作方案》明确开展国有土地使用权确权登记工作，进一步明晰农村土地产权，向农民发放产权证书。2018年中央一号文件提出宅基地"三权分置"改革，探索宅基地所有权、资格权、使用权"三权分置"，落实宅基地集体所有权，保障宅基地农户资格权，适度放活宅基地和农民房屋使用权，强化了宅基地财产和资产功能。2019年8月26日，第十三届全国人民代表大会常务委员会第十二次会议通过《全国人民代表大会常务委员会关于修改〈中华人民共和国土地管理法〉、〈中华人民共和国城市房地产管理法〉的决定》，此次修改坚持土地公有制不动摇、坚持农民利益不受损、坚持最严格的耕地保护制度和最严格的节约集约用地制度，在土地征收制度、集体经营性建设用地入市、宅基地管理等方面做出多项重大突破，并将多年来土地制度改革成果上升为法律规定。2019年修订的《中华人民共和国土地管理法》明确了农村宅基地面积的相关申请标准：农村村民建新房宅基地面积审批标准为每户面积不得超过166平方米；平原地区的村庄，每户面积不得超过200平方米。村庄建在盐碱地、荒滩地上的，可适当放宽，但每户不得超过264平方米；人均占有耕地666平方米以下的，每户宅基地面积可低于前款规定限额。宅基地超出的面积需要进行征税，宅基地买卖也只能在村集体成员范围内进行。此外，国家实行宅基地有偿退出政策，对农户退出的宅基地进行补偿。

2022年中央一号文件《中共中央 国务院关于做好2022年全面推进乡村振兴重点工作的意见》强调："稳慎推进农村宅基地制度改革试点，规范开展房地一体宅基地确权登记。"强调了宅基地确权登记的重要性，进一步体现出国家对农民财产权的维护和保障。我国对宅基地的一系列政策设计规范了农村土地使用的程序和原则，有效推动了农村土地资源的高效利用。

（二）农村住房建设政策

我国农村住房建设政策主要针对农村住房建设的整体规划、建设的安全和质量等内容展开。从新中国成立至今，党和国家针对农村住房建设的规划、安全和质量问题出台了一系列政策，呼应了不同时期农村建设的总体方针。

新中国成立后，国家建设的重点在城市，对农村住房建设的相关政策较少。改革开放后，随着农村地区经济社会发展水平不断提高，农民收入提升，农村自建房不断增加。为规范农房建设，2000年《国务院办公厅关于加强和改进城乡规划工作的通知》强调要加强和改进城乡规划编制工作，严格规范审批和修改程序。2004年《关于加强村镇建设工程质量安全管理的若干意见》则将关注点放在农村房屋建设安全上。这一时期的农村住房在政策上较为宏观，且将城乡、村镇放在一起进行政策设计，缺少对农村住房问题的针对性解决方案。

2005年党的十六届五中全会提出"社会主义新农村建设"，标志着国家对农村建设步入全新阶段。这一时期，国家对农村住房建设的政策文件逐渐增多，基本围绕农房建设的质量、安全及规划等问题展开。2006年《关于加强农民住房建设技术服务和管理的通知》对农民住房建设的技术服务和管理提出了五个方面的意见，旨在为农村住房建设提供帮助和指导。2013年《国务院办公厅关于转发发展改革委住房城乡建设部绿色建筑行动方案的通知》首次提出"绿色农房建设"，要求农村住房建设符合绿色建筑标准。随后，《住房城乡建设部工业和信息化部关于开展绿色农房建设的通知》明确了"绿色农房建设"的方法和技术等内容。2013年《村庄整治规划编制办法》、2014年《村庄规划用地分类指南》、2016年《住房城乡建设部关于切实加强农房建设质量安全管理的通知》等文件也基本围绕农村用地规划、村庄建设整体规划以及农村住房建设与改造质量展开。

随着党的十九大提出的乡村振兴战略的不断深入贯彻和实施，国家对农村住房建设的政策引导与规范力度不断加大，集中于村庄规划编制和设计、美丽乡村建设和人居环境整治等方面。旨在通过一定的政策干预，推动农村住房建设整体布局更加科学、房屋安全和质量不断提升、住房配套设施进一步完善。2018年《住房城乡建设部关于进一步加强村庄建设规划工作的通知》强调要坚持因地制宜和科学原则，进一步开展村庄规划编制工作。2019年《住房和城乡建设部关于在城乡人居环境建设和整治中开展美好环境与幸福生活共同缔造活动的指导意见》，决定在城乡人居环境建设和整治中精心组织开展"共同缔造"活动，优化城乡人居环境，打造共建共治共享的社会治理格局。2021年，住房和城乡建设部、农业农村部、国家乡村振兴局联合印发《关于加快农房和村庄建设现代化的指导意见》，阐述了加快农房和村庄建设现代化的重要意义，并从12个方面提出了农房和村庄建设现代化的具体政策措施。2022年《国务院办公厅关于印发全国自建房安全专项整治工作方案的通知》要求在继续推进农村房屋安全隐患排查整治工作的基础上，扎实推进全国自建房安全专项整治工作，进一步加大了对农民住房的安全保障工作。这些政策在一定程度上提升了农村住房建设质量和农村土地集约化利用程度，有利于改善农民的居住条件，提高农民生活水平。

我国农村住房建设政策与城镇化、新农村建设以及乡村振兴等大的宏观政策互相呼应，在宏观政策框架内不断寻找和丰富自身内容，有效提升了村民住房建设的质量和水平，改善了农村居住环境，有效保障了村民的居住权。在国家住房建设政策的引导和规范下，农村住房建设的整体规划、用材用料、修建技术、配套设施以及房屋的总体质量和水平都在不断提升。

（三）农村住房福利保障政策

农村住房福利保障政策主要针对农村人民群众住房权的保障

问题，目的在于使农村人民群众能够平等地享有住房权。在脱贫攻坚战略和乡村振兴战略提出之前，政府主要通过相关政策不断优化农村公共设施，保障农村住房福利；在脱贫攻坚战略和乡村振兴战略提出后，政府加大了对农村困难群体的住房保障支持力度。有关部门在农村危房改造政策的基础上采取了保障性租赁住房政策、移民安置房政策等来协调推进农民群众的住房福利保障工作。当前，我国农村住房福利保障政策主要以危房改造、保障性租赁住房和移民安置房为主，同时通过相关政策引入农村住房改造的新技术、不断完善农村公共设施来综合保障农民的住房福利。

相较于宅基地政策的久远历史，我国农村住房福利保障相关政策的起步时间则较晚。2008年，我国开始实施农村危房改造的试点工作，2009年住房和城乡建设部印发《农村危险房屋鉴定技术导则（试行）》，将农村危房划分为不同等级，明确了相关改造标准。同年5月，《关于2009年扩大农村危房改造试点的指导意见》进一步明确了试点范围、补贴标准和改造原则等内容。此后的每一年国家基本都会有农村危房改造的相关政策出台，如2010年《关于做好2010年扩大农村危房改造试点工作的通知》、2011年《关于做好2011年扩大农村危房改造试点工作的通知》、2012年《关于加快推进棚户区（危旧房）改造的通知》等，2013年《农村危房改造最低建设要求（试行）》针对农村危房改造提出了18条细则，再次明确了农村危房改造的标准、基本要求等内容。这标志着农村危房改造已经成为一项标准化、常态化的工作，并且不断走向深入。

2015年，《中共中央 国务院关于打赢脱贫攻坚战的决定》发布，在这一政策背景下，农村住房福利保障政策进一步丰富。2015年国家发展改革委、扶贫办、财政部、国土资源部、中国人民银行等5部门联合印发《"十三五"时期易地扶贫搬迁工作方案》，明确用

5年时间对"一方水土养不起一方人"地方的建档立卡贫困人口实施易地扶贫搬迁，建设大量移民安置房，给予农村贫困群体巨大的住房补偿，最大限度保障贫困群体的住房福利。2017年，党的十九大提出乡村振兴战略，国家对"三农"工作的关注度空前提升。这一时期，国家针对乡村住房问题的相关政策与脱贫攻坚、乡村振兴的目标高度相关，即农村住房相关政策基本服务于脱贫攻坚，为脱贫攻坚和乡村振兴提供基础和保障。2017年《住房城乡建设部 财政部 国务院扶贫办关于加强和完善建档立卡贫困户等重点对象农村危房改造若干问题的通知》、2018年《住房城乡建设部 财政部关于印发农村危房改造脱贫攻坚三年行动方案的通知》、2019年《住房和城乡建设部 财政部 国务院扶贫办关于决战决胜脱贫攻坚 进一步做好农村危房改造工作的通知》、2020年《住房和城乡建设部关于开展脱贫攻坚农村危房改造挂牌督战工作的通知》以及2021年《住房和城乡建设部 财政部 民政部 国家乡村振兴局关于做好农村低收入群体等重点对象住房安全保障工作的实施意见》等政策文件都是围绕农村低收入群体的危房改造展开，指出了农村危房改造相关问题，进一步明确了农村危房改造的相关标准和基本举措，目的在于为脱贫攻坚和乡村振兴提供重要保障，确保农村贫困群体"住有所居"。

与此同时，国家也通过相关政策不断完善住房保障体系，以帮助解决包括进城务工人员在内的新市民住房问题。2021年《国务院办公厅关于加快发展保障性租赁住房的意见》指出要加快完善以公租房、保障性租赁住房和共有产权住房为主体的住房保障体系。同时通过《财政部 税务总局 住房城乡建设部关于完善住房租赁有关税收政策的公告》《中国银保监会 住房和城乡建设部关于银行保险机构支持保障性租赁住房发展的指导意见》《住房和城乡建设部办

公厅 国家发展改革委办公厅 财政部办公厅关于做好发展保障性租赁住房情况年度监测评价工作的通知》等政策,不断完善住房保障体系的税收、金融以及监督评价支持机制。此外,我国还实施了抗震安居、住房改造技术引入、游牧民定居、自然灾害损坏农房恢复重建等住房福利保障政策,旨在全方位保障农民住房福利。

相较于城市较为完备的住房保障政策体系,农村住房福利保障主要依靠危房改造、移民安置房以及保障性租赁住房相关政策,且这几类政策往往与扶贫相关政策高度捆绑,目的是保障农村困难群体的基本住房权利,如针对农村贫困人口的"两不愁三保障"政策、易地扶贫搬迁政策等都是通过政策手段使农村贫困人口的住房权利得到最基本的保障和一定程度的改善。

三、农村住房现状及面临的问题

(一)农村住房现状

新中国成立以来,我国农村住房经历了土地改革、集体化时代、农村改革、城乡融合发展四个阶段,建立了以村集体所有和管理为基础,县乡政府审批建设的农村住房基本制度,农民的住房条件得到持续改善,取得了长足的进步和发展。全国范围内农村住房的楼层和面积都在不断增加,农民的住房消费支出在其总消费支出中的占比不断增加。

目前我国农村住房数量和建筑面积基数较大。根据住建部2022年1月公布的数据,目前我国房屋总数为6亿栋,其中,全国的50多万个行政村中有2亿多户村民自建房,农民自建房占我国房屋总数的33.3%。住建部《中国城乡建设统计年鉴2021》的数据显示,截至2021年年末,我国农村住宅实有建筑面积约为267.3亿平方米，其中，混合结构及以上的建筑面积约为207.4亿平方米；年度竣工住宅建筑面积约为5.5亿平方米，其中，混合结构及以上的建筑面积约为4.4亿平方米，房地产开发住宅面积约为0.4亿平方米。人均住宅建筑面积约为34.6平方米。

近年来我国农村居民住房条件得到一定程度的提升。2016年《第三次全国农业普查主要数据公报》显示，截至2016年末，99.5%的农户拥有自己的住房，比2006年提高了0.2个百分点。住房为砖混结构的为13182万户，占57.2%，比10年前提高17.8个百分点；砖（石）木结构的为5993万户，占26.0%，比10年前下降18.3个百分点；钢筋混凝土结构的为2884万户，占12.5%，比10年前提高6.5个百分点；竹草土坯结构的为640万户，占2.8%，比10年前下降6.8个百分点；其他结构的为329万户，占1.4%，比10年前提高0.7个百分点。

（二）农村住房面临的突出问题

城市化进程的推进以及城乡融合的加速发展为农村住房发展带来了一系列突出问题，主要有以下几个方面。

1. 农村住房建设缺少规划，公共服务配套设施较为缺乏

我国农村地区长期缺乏科学的村庄规划，造成了农村住房建设的混乱，浪费了耕地资源和农民财力，影响了农民的居住环境和村容村貌。[1]由于农民建设房屋的选址往往是"个人完美主义"的，不会兼顾整个村庄建筑布局的美观性，因此易造成村庄房屋布局的无序性，影响整个村庄布局的美观性。近年来，虽然国家不断出台村庄规划相关政策，但大多较为宏观，无论是村两委还是村级集体

---

[1] 涂宁静：《从乡村治理看农村住房规划》，《企业家天地下半月刊（理论版）》2007年第7期。

经济，都无法负担村庄的整体规划费用和聘请专业建筑设计团队的费用，因此无法精准、根本性地解决村庄房屋建设的无序与低质问题。同时，当前农村住房依旧存在许多历史遗留问题，包括一户多宅问题、陈旧祖宅的去与留问题、住房建设与文化保护的冲突问题等等，这些问题都关乎到农村社会的稳定与发展。因此，村庄规划的制订与实施应成为农村住房改革的重点工作之一。[1]

此外，当前农民住房的基础公共配套设施较为缺乏。由于村庄基础设施建设缺乏稳定的财政保障，使农村住房的公共服务设施建设滞后、配套性差、共享性低，影响了农村的生活环境。[2]《第三次全国农业普查主要数据公报》的数据显示，仅有11.9%的村通了天然气，17.4%的村生活污水集中处理或部分集中处理，53.5%的村完成或部分完成改厕，47.7%的农民使用经过净化处理的自来水，36.2%的农户使用水冲式卫生厕所。这些数据都表明了农村住房配套设施缺乏的问题，因此下一步需要建立相应机制，加大财政投入，进一步完善农村住房的服务配套设施。

2. 农村住房建设存在空心化以及外扩现象

随着我国农村的不断发展和国家住房改造力度的加大，农民的传统老旧住房逐渐被淘汰，大量农民修建了自己的新住房，却不愿意拆除旧的房屋，因此出现了乡村聚落转型与扩张过程中在原来的村落外新建住宅，却不拆除旧住宅的"建新不拆旧""外扩内空"的现象。[3]加之我国城镇化、工业化的迅速发展，城乡间的人口流

---

[1] 梁爽：《农村住房制度特征与未来改革重点》，《建筑经济》2010年第5期。
[2] 廖长峰、杨继瑞：《我国农村住房存在的问题与对策》，《经济纵横》2013年第11期。
[3] 刘彦随、刘玉、翟荣新：《中国农村空心化的地理学研究与整治实践》，《地理学报》2009年第10期。

动不断加剧,大量农村剩余劳动力转移到城市,农村住房开始出现长期闲置的现象。此外,与农村户籍相关联的福利权利使农民不愿放弃集体成员身份,政策也限制了农村住房的自由转让,更加加剧了农村住房的闲置问题,[①]使农村住房建设日趋空心化。农村大量老旧房屋和新建房屋的闲置,占用了农村的耕地资源,影响了土地资源的集约化利用。

同时,农村住房建设还存在外扩问题。随着乡村振兴的深入推进,农村不断发展,新业态正在兴起,很多农村居民由于经营场所需求,擅自对农村住房进行了改建、扩建。同时,农民工外出打工收入提高后,为了改善农村住房条件,满足子女的住房需要,选择在农村扩建或者重新建造房屋。一些违规乱占、多占、扩占的情况也开始出现,很多村民往往在没有获批的情况下私自扩建房屋,造成了村庄公共土地资源紧张。《国家新型城镇化规划(2014—2020年)》显示,在2000—2011年,农村人口减少了1.33亿人,农村住房用地却增加了3045万亩,这充分说明了农村住房建设外扩问题较为严重。

3. 农村住房建设容易存在建筑质量问题

我国农村住房建设具有自主、自行、自力的特征,农村居民根据自身的经济水平进行建筑材料和建筑工人的选择,亲力亲为。[②]新中国成立以来,农民自住房建设长期处于自建、自管、自改、自毁状态。早期农民缺乏专业的住房建设和相关建筑学知识,又没有资金聘请专业建筑团队帮助建设,加之国家和地方政府针对农民自住房建设、改造的引导和帮助较为有限,因此农民在建设和改造

---

① 夏正智:《空心村现象的成因及治理对策》,《农业经济》2016年第5期。
② 顾玉阁:《乡村振兴背景下我国农村住房问题研究》,《市场周刊》2022年第8期。

自建房过程中往往自行挑选建筑材料，依靠自身经验建设和改造房屋。在缺乏专业建筑学、工程学知识指导下建设和改造的房屋无法达到科学的建筑标准，经不起时间的考验，因此农村住房往往容易存在质量问题，最终形成危房，增加了农村的安全隐患。据住建部统计，到2022年年底，全国完成农村危房改造2300多万户，这说明了我国农村住房建设容易存在建筑质量问题，对农民群众的生命财产安全构成了一定威胁。

4.农村宅基地管理审批流程复杂，某些群体无法获得建房资格

审批管理是我国农村宅基地管理的核心，其性质属于行政许可。[①]对宅基地的审批管理有利于规范农民用地行为，明确宅基地使用程序，优化利用农村土地资源。但当前农村宅基地的管理审批流程较为复杂，《农业农村部 自然资源部关于规范农村宅基地审批管理的通知》规定，农村宅基地申请审批包括农户书面申请、村组公示、村级组织审查、乡镇受理审核（需到场审查）、乡镇政府审批、批后到场丈量确认、县级政府备案、竣工到场验收、申请不动产登记等流程。可见，申请宅基地的审批程序较为繁琐，加之农民文化水平一般较低，因此在获取宅基地建房资格时往往需要"东奔西跑"，消耗大量的时间和精力。同时，当前宅基地的审批管理的宣传力度依旧不足，导致大部分农民对于农村建房的认识依旧停留在过去的"随意建设"层面，往往直接开工建设，等到村委会工作人员发现后才补齐相关手续，易出现违建现象，浪费土地资源的同时易造成农民经济利益受损，加大村干部与村民间的矛盾。

---

① 刘震宇、王崇敏：《我国农村宅基地管理的法治化构造》，《当代法学》2016年第5期。

此外，当前农村在建房资格界定和确认方面还存在一定的不公平现象。一些特殊群体如外嫁女、大学生、退伍军人回村时难以获得建房资格，这一类人群的集体资格认定一直是农村的一大难题，容易造成宅基地资源分配的不公平现象，损害这一类人群的利益。2019年中央一号文件指出，要指导农村集体经济组织在民主协商的基础上做好成员身份确认，注重保护外嫁女等特殊人群的合法权利。说明这一问题已经引起了党和政府的高度重视，需要通过基层民主协商方式来积极推动特殊人群的成员身份确认，以保障他们的建房资格，推动宅基地分配的公平。

5.农村住房交易范围局限于村集体内，资产保值增值和收益功能弱

《中华人民共和国土地管理法》第62条规定，农村宅基地属农民集体经济组织所有，只有该组织成员才享有宅基地使用权；农村村民一户只能拥有一处宅基地；农村村民出卖、出租住房后，再申请宅基地的不予批准。可见，我国农村住房的买卖存在一定风险，农民在住房买卖后可能会面临申请不到宅基地的困境。农村住房买卖主要是以土地为基础，而不是以地上的住房为主，农村宅基地的所有权属于村集体，不属于农民私有财产。在当前农村地区，农民住房可以买卖，但仅限于同村集体成员之间范围内进行，或者是转手之间进行，而城市居民则不能私自购买，但可以以出租的形式进行。所以，农村住房的交易范围被严格限制在村集体之内，没有农村户口的人是不能买卖和转让宅基地的。这就导致农村住房买卖处于极其有限的市场中，农民的住房资产保值增值和收益功能较弱。

随着乡村振兴的深入推进和城乡人口的双向流动，农村经济发展不断加速，农村的有限市场和住房羸弱的资产保值、收益功能

与这种发展格局极不相衬,不利于农民利益的保障和经济收入的增加。而在这样的背景下,一些城郊住房资产增值巨大,很多农民"一夜暴富",造成了住房资产增殖的农民内部差异,一定程度上不利于农村经济的发展。此外,当前农村还存在村民住房的自发交易,容易存在交易风险、损害农民利益。大量农村住房交易因处于法律的"灰色地带"而不受政府管制,存在着较大的交易风险,极易对交易双方的合法利益产生威胁,同时还会导致农村住房市场难以在正常轨道上健康发展。[1]

四、农村住房政策存在的问题

随着城乡融合的进一步发展,我国农村住房在规划建设、服务配套、管理审批、流通交易等方面出现了一系列问题,这些问题在一定程度上反映出住房政策在其深度和广度以及精细化等方面存在不足。

(一)农村宅基地政策

在我国近 70 年的宅基地政策探索过程中,宅基地的政策设计虽一定程度上规范了农村土地审批和使用流程,提高了农村土地资源的利用效率,改善了农民住房条件,但也还存在宅基地闲置、一户多宅、取得困难及财产权难实现等系列问题。[2] 由于农村宅基地制度已有相当久远的历史,宅基地改革必然会触及围绕宅基地制度形成的农村社会错综复杂的利益关系网络,农村住房的历史遗留问

---

[1] 吕萍、陈卫华、陈泓冰:《农村住宅市场建设:理论意义和现实路径》,《经济体制改革》2017 年第 2 期。
[2] 徐忠国、卓跃飞、吴次芳、李冠:《农村宅基地问题研究综述》,《农业经济问题》2019 年第 4 期。

题较难解决。此外，乡村振兴战略的实施使农村产业结构，农民生活水平以及城乡要素流动方式都发生了巨大变化，新的农村住房问题开始产生，迫切需要相应的住房政策设计予以调适。

第一，宅基地制度改革相关政策设计虽明确了农民房屋产权，保护了农民财产权，但改革政策设计的深入程度较为不足，农民宅基地流转、退出的有效机制尚未建立，农村房屋闲置的现象依旧存在，无法有针对性地解决农村空心化造成的土地浪费问题。第二，随着乡村振兴战略的深入推进，各种资本、人才要素不断流向农村，农村的产业结构、人口结构均发生了较大变化。城乡之间的要素流动已不再是过去农村到城市的单向流动，而是呈现出城乡要素双向、多元流动的新趋势。资源下乡在缓解农村资源匮乏困境、改善农村生产生活的同时，也带来了一系列挑战。[1] 城市的资本、人才等要素流入农村的同时，也会产生大量新的住房需求，而当前的宅基地政策在宅基地买卖、流转方面较为严格，程序繁杂，无法满足返乡创业人群以及向往农村生活人群长期留居农村的需求，且这类人群在农村的住房安全和保障问题，国家当前也缺乏相应的政策设计。这一定程度上会阻碍人才、资本等要素进入并常驻农村，不利于推动农村经济社会发展。第三，虽近年来国家出台了一系列鼓励农民有偿退出和流转宅基地的政策，但影响农民宅基地退出和流转的因素往往是双向的、多样的，[2] 这便使农民宅基地退出和流转形势复杂化，具有较高的不确定性。因此，如何在保护农民根本利益的前提下处理空心化造成的农房闲置问题，仍是当前的宅基地政策

---

[1] 王海娟:《乡村振兴背景下农村基层民主治理转型：制度空间、实现路径与当代价值》，《求实》2021年第5期。

[2] 陈霄:《农民宅基地退出意愿的影响因素——基于重庆市"两翼"地区1012户农户的实证分析》，《中国农村观察》2012年第3期。

需要着重考虑的。

（二）农村住房建设政策

由于我国农村住房建设政策往往是带有问题导向的，即问题出现后，才会针对问题进行政策设计，以改善农村住房的建设问题，稳定持久的制度安排较为缺乏。[1]这就导致农村住房建设政策从总体来看缺乏一定的层次性，无法形成科学的体系。第一，我国农村住房建设的历史较为久远，由于缺乏专业化的设计与有保障的施工，导致农村自建房质量无法得到保证。[2]农民对住房长期的自建、自管、自改、自毁状态也造成了农村住房建设的大量历史遗留问题，需要住房政策进行回应和解决。第二，早在2000年国家就出台了相关政策来加强对农村住房建设的总体规划，但当前很多农村住房建设和布局依旧较为凌乱，缺乏科学的规划，说明农村住房政策在规划层面的设计和实施深度都还不足。第三，当前农村住房建设政策设计过程中的农民主体性发挥依旧不够，这就导致很多农村住房政策无法准确把握农民对住房建设的真正需求，最终悬浮于农村社会，无力推动农村住房质量和水平的提升。

（三）农村住房福利保障政策

我国农村住房福利保障相关政策有效保障了农村人民群众的住房权，解决了农村贫困群体等的一系列住房问题，有利于推动农民群体公平地享有住房权，提高农民的生活水平，实现农村社会的稳定发展。但当前我国农村住房福利保障相关政策依旧存在一些不

---

[1] 叶佩娣：《城乡统筹发展背景下中国农村住房保障政策研究》，《农业经济》2016年第11期。
[2] 廖锶禾：《浅析农村自建房建筑结构设计中存在的安全性问题及解决策略》，《城市建设理论研究》（电子版）2022年第28期。

足之处，需要进一步根据农村社会发展状况进行不断完善。

第一，随着我国经济社会的不断发展以及国家对农村地区的大力支持，城乡之间人口流动不断加快，现有的住房制度供给已无法适应农民住房需求。[①]农民的生活水平和收入水平极大提升，职业选择多元化，对住房的需求已不仅仅停留在过去满足生存需要的阶段，而是有着更高层次的经营、社交、享受、精神层面的需要，而当前的农村住房福利保障政策对农村住房的改造、安置和租赁保障皆基于最基本的生存层次展开，缺乏对农民新的发展层次需求的政策关怀。第二，当前的农村住房福利保障政策虽极大解决了农村贫困群体的住房问题，但即使是安置房、租赁房随着时间的推移也会出现一些质量问题。当前我国农村空心化依旧较为严重，城乡市场一体化、农村贫富分化加剧背景下，农村困难群体的住房问题急需解决。[②]农村弱势群体如空巢老人、残疾人大量存在，由于缺乏劳动力和资金，面对工程量较大的住房修缮和改造，邻里以及村两委的支持都是极为有限的，因此他们的住房修缮、改造需求依旧较难得到持续满足，这就对当前住房福利保障政策的可持续性提出了挑战。第三，农村住房福利保障政策的全面性也面临着一定挑战。一方面，农村青年成家时需要改造、扩建原有住房作为婚房；另一方面，三孩政策放开导致农村住房改造、扩建需求随之不断增加。由于"一户一宅"的住房占有原则，当前对于农村住房扩建限制较为严格，这便与农村各类群体的建房需求形成了矛盾。因此当前的农村住房福利保障政策针对农村新增人口的住房福利保障缺少一定

---

① 吕萍、林馨：《从农民住房权益视角审视农村宅基地和住房制度》，《农业现代化研究》2022 年第 2 期。

② 胡建坤：《中国农村住房制度：面临挑战与改革思路》，《城市发展研究》2011 年第 10 期。

的设计，政策的扩展性、全面性以及与宅基地政策的协调程度都有待进一步提升。

相较于城市较为完备的住房供应和保障政策体系，农村地区在这方面则显得较为单薄。自中华人民共和国建立以来，我国对农村住房的关注度较为不足，农村住房政策呈现出分散性特征，缺乏较为体系化、多层次的能够较好解决农村历史遗留问题、满足不同群体需求的住房政策。这一方面是因为很长一段时期内我国发展的重心都在城市，工业化、城市化的不断加快使城市出现了很多住房问题，这些问题往往是急需解决的显性问题，因此国家将政策关注点放在城市住房问题上。而相较于城市住房问题，农村住房问题则显得不那么急迫，属于隐性问题，且未造成较为严重的社会后果，因此国家对农村住房问题的关注较为缺乏。另一方面，我国农村长期实行的宅基地政策使农民能够自主建房，从而解决住房问题。也正是因为这一住房供给的福利性政策长期存在，使国家和社会看到了农村住房问题形式上的解决，忽视了宅基地政策带来的一系列问题以及随着经济社会发展农村住房出现的新形势。

五、农村住房政策案例分析

随着乡村振兴的深入推进和农村宅基地改革的有序进行，全国各地围绕解决农村住房、宅基地等方面展开了实践探索，通过瞄准农村住房和宅基地的痛点问题，不断创新政策设计，有效推动了农村住房建设和管理水平。本章在我国东、中、西部地区分别选取浙江省诸暨市、山西省泽州县、四川省泸县三县市进行政策实践的分析考察，以把握当前农村住房政策的实践走向。

（一）浙江省诸暨市[①]：建立全方位政策保障体系，畅通宅基地流动和转换机制

浙江省诸暨市针对农村住房相关政策的实践探索主要包括四个方面：

第一，实施农民公寓和保障房政策。诸暨市利用集体土地，主要在市郊、中心镇村等人口较为集中的村庄建设农民公寓房。由村集体作为实施主体申请，市政府批准同意后实施。村集体承担项目选址、方案编制、用地审批、实施建设、房屋分配及费用结算等具体工作。土地性质仍为集体建设用地，指标一般来自农户退出的闲置宅基地或其他集体建设用地，也可以是累积的年度建房指标，资金由村级自筹，政府负责配套基础设施。同时，诸暨市积极探索以国资公司为实施主体，通过划拨国有建设用地建设农民保障房，拓宽农民住房保障渠道。国资公司作为出资方，承担保障房所有费用，政府对建设成本进行补贴，资金从廉租房保障资金中列支。国资公司遵循收支平衡原则，与农户的结算价格接近成本价。农户需在开工后一个月内缴纳购房款的50%作为意向保证金，余款在房屋交付前缴清。在确权登记上，不动产登记权证由属地镇乡（街道）统一代办，证书上注明房屋种类为农村保障性住房。

第二，探索实施地票政策。诸暨市在农民自愿前提下，将退出的宅基地复垦为水田或旱地并进行验收，对通过验收的宅基地核发具有相应权利的凭证，建立起地票制度。地票制度主要面向有改善居住需求、拟进城购房和拟利用闲置宅基地变现等的农户。诸暨市探索的地票政策主要发挥四种功能：（1）通过流转交易或政府回购兑现。允许地票在市域内集体经济组织成员之间交易，农民也可以

[①] 资料来源：中华人民共和国农业农村部官方网站，http://www.moa.gov.cn。

选择被政府回购,主要用于城市建设、重大项目建设等。(2)置换年度建房指标。农村集体经济组织成员在符合"一户一宅、限定面积"的情况下,均可购买地票置换年度建房指标,改善居住条件。(3)抵扣商品房购房款项。允许农民使用初始核发的地票,在指定的楼盘购买商品房时抵扣购房款项,但二次交易取得的地票不允许用于抵扣商品房购房款项。(4)用于抵押贷款。允许农民使用地票进行质押贷款。此外,还有一种集体地票,即村集体将其所有的存量非住宅建设用地退出复垦后所得到的凭证。此种地票由村集体持有,可用于流转交易兑现,也可置换年度建房指标,但不能用于抵扣商品房购房款、政府回购和抵押。

第三,实施危旧房权益保全政策。该政策主要面向已在城市定居,目前对农房无居住需求,但未来可能有居住需求的农户。凡是被鉴定为C级或D级的农村危房及无保留价值的老旧农房,且权利人清晰、无物权纠纷的,户主都可申请权益保全。按照农户自愿申请、政府组织测绘、发放《农村危旧房权益保全证明》(经公证处公证)、拆除及拆后利用四步进行,公证费用及拆除费用由政府承担。保全证明作为补偿计算依据,未来可优先享受地票交易、宅基地分配、公寓房保障等政策。拆除后的土地主要用于产业发展、农民建房、复垦等用途。这项政策破解了大量空倒房农户"住不了、用不了",村集体"管不了、收不了"的难题,实质是留权不留地、向时间要空间。

第四,资格权置换安置政策。主要是面向房屋经鉴定确认为C级或D级危房的经济困难农户,包括五保户、低保户、低保边缘户等。在农户自愿退出宅基地或放弃宅基地资格权的基础上,将其无偿安置在村集体所有的农房或镇村养老院、福利院,所需日常生活费用由政府和村集体承担,退出的宅基地和农房由村集体收回。

浙江省诸暨市探索建立了相对完备的农村住房保障政策体系，覆盖面广，内容多元，能够满足农村不同群体的住房需求，畅通了农村宅基地流动和转换机制，灵活高效，有利于提升农民住房质量，促进城乡融合，进一步提升城镇化水平。

（二）山西省泽州县[①]：信息赋能宅基地管理，创新利用农村住房

山西省泽州县针对农村住房相关政策的实践探索主要包括两个方面。

第一，运用信息技术搭建相关平台，出台相关配套政策。泽州县制定了宅基地基础数据标准，建立了集宅基地改革数据成果入库、申请审批、管理应用、数据维护和信息共享等功能于一体的宅基地管理应用平台，通过建立基础数据库，对宅基地资格权、使用权人信息、四至范围、宗地面积、住房面积、使用情况等进行准确登记，坚持分类建档、内容全面、部门共享、实时更新，充分发挥大数据作用，实现农村宅基地审批、使用、退出、流转、监管等信息实时跟进、互通共享，推动了宅基地基础信息可视化、数字化。同时，泽州县制定了《泽州县农村宅基地制度改革试点实施方案》《泽州县农村宅基地制度改革管理办法（试行）》《泽州县农村宅基地使用权流转办法（试行）》《泽州县农村宅基地有偿使用办法（试行）》等十余项制度方案，确保改革更加完善、权益更有保障、管理更加规范。

第二，创新农村住房使用模式。（1）建立闲置宅基地"点状入市"模式。在农民自愿前提下，村集体将零星分散的闲置宅基地、废弃的集体公益性建设用地转变为集体经营性建设用地入市，由村集

---

① 资料来源：中华人民共和国农业农村部官方网站，http://www.moa.gov.cn。

体作为入市主体,实施集体经营性建设用地入市,出让给投资方。(2)建立以宅换房模式,实行房票制度。农民在自愿有偿退出宅基地后,不从政府直接获得现金补偿,而是通过领取房票,获得在全县范围内购买住房的优惠凭证。泽州县探索通过房票制度,解决人口流失、土地利用效率不高、宅基地闲置浪费问题,使农户以较低成本实现以宅换房,改善了居住环境。(3)实施以宅养老模式。针对孤寡老人和愿意放弃宅基地的年老人群,由村集体收回宅基地,集中安置养老,实现老有所养。(4)"以宅换钱"模式。针对愿意与子女共同居住的老人,村集体回收宅基地后,每月给付老人相应养老金。

山西省泽州县通过出台相关配套政策,利用数字化平台优化了对宅基地的管理和利用。同时,通过创新农村住宅的使用模式,提高了土地利用效率,畅通了农民城市安家落户的渠道,有利于降低农民落户城镇的压力,进一步推进城镇化。

(三)四川省泸县[①]:优化配置土地资源,适应农村新发展变化

四川省泸县针对农村住房相关政策的实践探索主要包括三个方面。

第一,明确产权,整合资源。泸县通过成立以县、镇、村、组四级干部为主体的调查组,逐户调查摸底,明晰农村宅基地相关数据,并依据相关数据精准开展土地确权颁证,登记产权。同时,依托农村宅基地信息化管理平台,组织编制"多规合一"的村规划,确保土地利用、村庄建设、生态保护、产业发展。

第二,完善宅基地审批和退出政策。首先,建立宅基地法定无

---

① 资料来源:中华人民共和国农业农村部官方网站,http://www.moa.gov.cn。

偿、预置有偿、超占有偿、节约有奖制度，推动公平节约用地。允许农户按每人30平方米居住面积、20平方米附属设施面积的标准在本集体申请无偿配置用地；户不足3人预先按3人标准审批，超出实有人口部分，向集体缴纳有偿使用费，在新增人口后给予核减核除；农户新建用地超过法定部分，向集体缴纳超占有偿使用费；农户在法定面积内有节余且不再使用的，给予一次性奖励。其次，建立宅基地县内统筹配置制度，允许宅基地资格权人跨镇跨村到条件较好的地方有偿取得宅基地。本村跨组的，按先退再获的程序，由村集体经济组织平衡组别之间的地利问题。跨镇跨村的，须有偿退出原宅，经接纳地民主同意，报村审查、镇或县政府批准，在缴纳一次性有偿使用费后，接纳地为申请人配置宅基地，实现了农民对居住地的自由选择。再次，建立宅基地保权退出制度，允许农民在保留宅基地资格权的情况下自愿退出宅基地，享受宅基地和房屋残值补偿。农户重回集体安居时，经过申报和审批，有偿获得新的宅基地，由集体参照集体经营性建设用地入市价格向其收取有偿使用费。激励农民在保留宅基地资格权的情况下，到城镇落户。最后，建立宅基地有偿退出制度，设计"部分退出、整体退出、永久退出、保权退出"等路径，集体经济组织根据不同退出方式给予不同补偿。宅基地腾退后形成的建设用地指标，集体在留足自身需求后，允许节余指标在市内各区域调剂使用。

第三，适应农村新发展变化。为适应资本下乡、满足农户经营住房的意愿，泸县通过建立共建共享、置产经营、抵押融资制度，允许农户以宅基地使用权与第三方共建共享，解决农民借力改善居住条件、第三方借地创业的问题；允许农户以宅基地使用权入股新型经营主体，解决农民借资、业主借地创业的问题；允许农户以宅基地使用权及房屋所有权向银行抵押融资，解决资产变资金的问题。此外，镇、村针对贫困户等特殊困难群体，动员农户自愿退出现有宅基地；镇、村利用节余建设用地指标，叠加脱贫攻坚项目，统规统建安康公寓，给予就近务工安置等扶助；农户保留宅基地资格权，获得房屋残值补偿，仅以宅基地使用权置换房屋居住权，房屋所有权归属集体经济组织，切实帮助弱势群体解决了安居、养老问题。

四川省泸县通过一系列政策设计和制度建设，保障了农民的住房财产权，推动了农村住房闲置、布局、扩建等一系列问题的有效解决，优化了农村土地资源的配置。同时，适应了资本下乡给农村住房带来的变化，满足了农民经营住房的需求，有利于进一步推动农民生活水平的提升和乡村振兴。

综上所述，上述农村住房政策改革都基本遵循"用地—保障"的逻辑，即先解决农村宅基地相关问题，在此基础上嵌入农村住房保障相关措施，重点都在宅基地政策设立上，宅基地政策的独特性决定了其相关问题的研究和解决必然要遵循不同于城市的政策和路径。通过创新宅基地管理、审批、退出等政策，一些地区改善了农村住房闲置问题，提高了土地利用效率。而在农村住房保障方面，当前的种种政策实践也体现出对农民进城安家落户的强引导。无论是地票政策、农民公寓政策、农村保障房政策，还是信息化的管理平台、高效的农村住房使用模式，都体现了与城市住房政策的衔接和融合。这表明，住房建设的城乡融合已成为当前理论研究和政策实践的重要导向和最终目标。

六、农村住房政策建议

随着乡村振兴的深入推进和城镇化水平的不断提高，农村住房政策也会与城市住房政策不断衔接、融合,形成城乡一体的住房政策体系。在当前阶段,农村住房政策既要适应农村社会的新变化、保护农村优秀传统文化,又要有利于农村社会发展、乡村振兴和城乡融合,最终与城市住房政策相融。为此,要以城乡融合为主线、以文化融合为保障、以社会融合为支撑、以发展融合为基础和目的进行政策设计,推动农村住房政策不断完善,不断提升农村住房质量和水平,满足农民对住房的各类需求,为乡村振兴提供坚实的物质基础保障。

第一,以城乡融合为主线。城乡融合发展是城乡现代化的内在要求和生产力高度发展的必然结果,[①]随着我国经济社会的高速发展和城镇化水平的不断提升,城乡二元的体制将逐渐被打破,城乡间的要素流动机制也将向多元化发展。社会政策的制定要注重其运行中的供需机制,立足现实需求。[②]因此农村住房政策设计要立足城乡融合发展的现实,以城乡融合为主线来进行政策设计。一方面,要积极借鉴城市住房管理和改革相关政策经验,结合农村发展实际深入优化农村宅基地政策,继续实施农村保障房政策、退出和审批政策、宅基地抵押贷款政策、地票政策等多项创新政策,推动农村土地利用效率的提高;另一方面,要注重与城市住房政策相衔接,要在政策层面促进城乡住宅统一规划管理、统一市场化、统一信息平台,适应城乡要素多元、双向流动的新趋势,通过政策设计来推动城乡住房体系一体化进程。

第二,以文化融合为保障。我国有着悠久的历史和深厚的文化

---

① 许彩玲、李建建:《城乡融合发展的科学内涵与实现路径——基于马克思主义城乡关系理论的思考》,《经济学家》2019年第1期。
② 刘娜:《我国社会政策运行机制存在的问题及其对策》,《理论学刊》2012年第2期。

底蕴，农村作为传统性保留较高的地区，承载了大量的传统文化。农村文化一方面通过方言、风俗、价值观等非实体形式体现，另一方面也通过农村保留的大量传统民居、传统建筑、街道布局等实体形式体现，这些传统民居、街道和建筑布局是我国丰富多彩的民族文化和深厚历史底蕴的重要载体，具有极高的保护和研究价值。因此，农村住房政策设计必须与农村文化载体的保护相融合，必须注重保护传统的民居与特色的街道、建筑布局，以合理的规划和政策安排将农村文化载体的保护与农村住房管理和建设相结合，并注重发挥农村文化载体的特色，在打造文化载体和弘扬农村文化的过程中兼顾农村住房的保障和优化。同时，农村住房政策设计要与农村文化环境相融合，政策目标的实现有赖于政策与政策所处社会环境尤其是文化环境的耦合。[1]因此要结合不同的地域文化，同时把握村庄内部文化走向和氛围，在政策设计过程中要规避文化敏感点，注重对农村祠堂、农民祖宅等文化建筑的保护，以此获得农民支持，降低政策实施阻力，保障农村住房政策的顺利推行。

第三，以社会融合为支撑。费孝通指出，中国传统乡村社会是人们彼此熟悉、知根知底的"熟人社会"。[2]不同于城市社区相对原子化的社会关系，农村的居民彼此相熟，具有"熟人社会"的特点，且这种"熟人社会"拥有深厚的历史底蕴，是地缘关系和区域文化共同作用的结果。在这种"熟人社会"背景下，农村往往会形成错综复杂的社会关系网，并由此生成更加复杂的利益关系网。加之土地、住宅对农民来说极为重要，因此在进行农村住房政策设计时，必须综合考虑农村社会关系和利益关系，确保相关政策措施不对农

---

[1] 丁东铭、魏永艳、麻宝斌：《新发展格局背景下优化经济与社会政策集群耦合机制的基本路径》，《云南社会科学》2021年第6期。
[2] 费孝通：《乡土中国 生育制度》，北京大学出版社，1998，第9页。

村社会关系和利益关系造成较大的影响，维护农村社会的安全和稳定。同时，农村住房政策也要善于利用农村社会关系，把握农村社会关系的规律，一方面要注重收集广大农民的意见建议，另一方面也要积极听取村支书、乡贤能人的意见，并让他们帮助解释和宣传政策，使政策更加适应农村社会，从而与农村社会相融合。

第四，以发展融合为基础和目的。随着乡村振兴的深入推进，城乡之间的要素流动开始向多元和双向发展，资本和人才要素不断流入农村，对农村住房提出了新要求。同时，农民自身对住房的需求也早已超出了满足基本需要的阶段，拥有更加高层次的社交、享受和经营需求。社会政策要遵循共享社会发展成果的目标价值取向。[1]因此，在乡村振兴背景下，农村住房政策所追求的目标价值取向也不能仅仅停留在保障和改善农民住房状况的基本阶段，而是要能够适应当前农村发生的新变化、满足不同农民的需求，最终实现推动农村经济发展、生产力水平提高、社会安全稳定的目标。为此，农村住房政策一方面要注重调整农村住房的现实状况，为人才、资本的入驻提供优良的环境，避免其"无处容身"现象的发生，以发挥其带动村庄发展的正外部效应。另一方面，农村住房政策要兼顾农民需求和利益，适当放宽住房改建、扩建的政策标准，鼓励农民自营房屋或与社会资本合营，确保在资本、人才等要素入村过程中农民宅基地财产权不受侵害。通过一系列调整，使农村住房政策有效适应当前农村社会的新变化，充分发挥各类入村要素的带动作用，同时满足农民各类住房使用需求，提高农民生产积极性，最终推动农村社会生产力发展和经济水平提升。

（执笔人：马豪豪　饶静）

---

[1] 王芝华：《构建包容性社会政策价值取向的四个维度》，《求实》2016年第9期。

第七章
农村低收入群体帮扶政策的发展与创新

一、引言

大规模的减贫是中国进入新时代的重要指标之一,也是人类在 20 世纪、21 世纪的发展进程中取得的最为重要的文明成果之一。党的十八大以来,精准扶贫战略的提出和实施拓展了中国特色脱贫攻坚道路。2020 年 11 月 23 日,贵州宣布最后 9 个贫困县退出贫困县序列,标志着国务院扶贫办确定的全国 832 个贫困县全部脱贫摘帽,全国脱贫攻坚目标任务已经完成。中国数亿贫困人口摆脱了贫困,体现了具有广泛而深刻意义的中国智慧和中国方案。

然而,反贫困具有长期性和持久性的特征,2020 年后现行标准下绝对贫困的消除不等于扶贫工作的终结。脱贫攻坚战取得全面胜利,意味着我国的贫困治理议程由绝对贫困转向相对贫困。[①] 当以基本需求短缺为特征的绝对贫困被消除后,随着城乡差距居高不下,以及农村居民内部的收入差距不断扩大,以发展差距为特征的相对贫困问题便凸显出来。从绝对贫困到相对贫困的议题转换不是简单

[①] 叶敬忠、陈诺:《脱贫攻坚与乡村振兴的有效衔接:顶层谋划、基层实践与学理诠释》,《中国农业大学学报(社会科学版)》2021 年第 5 期。

地在技术层面上重新进行贫困瞄准和贫困线划定,而是从根本上关涉中国社会不同发展阶段的政策重心与战略方向。[1]党的十九大报告提出了"乡村振兴战略",巩固脱贫攻坚成果并防止贫困再产生对于乡村振兴至关重要。十九届四中全会提出"坚决打赢脱贫攻坚战,建立解决相对贫困的长效机制",指出2020年后中国将进入全面建成小康社会后的相对减贫时期,反贫困的重心将转向解决"相对贫困"问题。十九届五中全会提出"实现巩固拓展脱贫攻坚成果同乡村振兴有效衔接""建立农村低收入人口和欠发达地区帮扶机制"以及"持续提高低收入群体收入,扩大中等收入群体"。一系列的政策部署为2020年后中国反贫困问题指明方向,中国贫困问题的重点已然成为农村相对贫困问题,作为相对贫困人口主体的农村低收入人口将成为相当长一段时期内的扶贫工作常态化帮扶对象。

在向全体人民共同富裕伟大目标迈进过程中,让低收入人口和欠发达地区在现代化进程中不掉队、赶上来,共享国家发展成果,将成为今后相当长一段历史时期我国农村社会治理的主要任务。共同富裕的短板可被视为有人不富裕或有人(相对)贫穷、有地方不富裕或有地方(相对)贫穷[2],最突出的短板之一则是规模较大的农村低收入群体[3]。农村低收入问题是我国迈向共同富裕的重大挑战,聚焦于农村低收入人口帮扶问题,对农村低收入群体开展差异化、持续性帮扶,是扎实推进共同富裕的重要抓手。积极研究与探索农村低收入人口现状及帮扶政策和路径将成为巩固脱贫攻坚成果、促进乡村振兴以及实现共同富裕的关键性举措。因此,本章聚焦乡村

---

[1] 叶敬忠:《中国贫困治理的路径转向——从绝对贫困消除的政府主导到相对贫困治理的社会政策》,《社会发展研究》2020年第3期。

[2] 叶敬忠:《共同富裕研究的问题导向与短板视角》,《社会科学辑刊》2022年第6期。

[3] 左停、李颖、李世雄:《农村低收入人口识别问题探析》,《中国农村经济》2023年第9期。

振兴背景下农村低收入群体帮扶政策,将对农村低收入群体帮扶政策的发展、农村低收入群体的现状及面临的突出问题、帮扶政策的实践创新等方面逐一考察。

二、贫困转型与低收入人口帮扶

(一)农村贫困转型

在后"精准扶贫"时代,我国农村贫困出现转型的特点。①

1. 农村绝对贫困向相对贫困转型

所谓绝对贫困更加聚焦个体维持生命和生存,相应的概念界定围绕如何准确把握最低基本生活所需。在国内最广泛接受的绝对贫困概念为"在一定的社会环境和生存方式下,个人(家庭)依靠其劳动所得和其他合法收入不能维持其基本生存需求的状况"②。在中国农村,贫困标准也是采用绝对贫困的定义方法,并先后采用了"1978 年标准""2008 年标准"和"2010 年标准"三个标准。而伴随着经济社会的发展与进步,越来越多的人意识到,衡量个人(家庭)的富裕程度取决于社会上其他人(家庭)的福祉,故提出用"相对贫困"来界定贫困线。相对贫困即是指在当时、当地条件下,不能满足被大众所认为的发展性生活需求的状态,具有相对性、发展性、多维性、结构性和特殊群体性等特征。③

随着 2020 年中国消除绝对贫困,资源绝对稀缺型的物质贫困转

---

① 李小云、许汉泽:《2020 年后扶贫工作的若干思考》,《国家行政学院学报》2018 年第 1 期。
② 汪三贵、刘明月:《从绝对贫困到相对贫困:理论关系、战略转变与政策重点》,华南师范大学学报(社会科学版)》2020 年第 6 期。
③ 邢成举、李小云:《相对贫困与新时代贫困治理机制的构建》,《改革》2019 年第 12 期。

变为对贫困主观理解的相对贫困上,实际上反映的是整个社会收入分配的差距。中国特色社会主义进入新时代,社会主要矛盾已经转化为"人民日益增长的美好生活需要和不平衡不充分的发展之间的矛盾",农村贫富差距不断加大,收入分配的不平等,决定了后精准扶贫时代相对贫困将会长期存在[①],脱贫治理的关键难题已经由原先的"显性的绝对贫困"转向目前的"隐形的低收入人口帮扶"。

2. 一维贫困视角向多维贫困视角转型

随着经济增长与个体对福利需求的增加,传统的以单一经济维度衡量贫困已不能满足对贫困人口的测量,多维度视角已逐渐成为学界共识。阿马蒂亚·森的"可行能力"理论被公认为是多维贫困的理论基础,并提出"能力贫困"的概念。他认为贫困对应的是功能性福利的缺失,而功能性福利缺失的背后则是实现功能性福利的可行能力的缺失。基本可行能力由一系列功能构成,如免受饥饿、疾病的功能,满足营养需求、接受教育、参与社区社会活动的功能等,如果缺少这些功能或者其中的某一项,则意味处于贫困状态。[②]

2020年以经济贫困为主要形式的绝对贫困消除后,随着现行标准下单一经济维度贫困的消除,人民不仅对物质文化生活质量和精神文化的追求提出了更高要求,而且在民主、法治、公平、正义、安全、环境等方面的要求日益增长,一维收入贫困将转型为多维福利贫困。中国农村许多非贫困或已脱贫家庭仍然处于多维贫困状态,并且大多数收入贫困的家庭也被困在多维贫困状态中,即使脱

---

① 邢成举:《政策衔接、扶贫转型与相对贫困长效治理机制的政策方向》,《南京农业大学学报(社会科学版)》2020年第4期。
② 丁建军:《多维贫困的理论基础、测度方法及实践进展》,《西部论坛》2014年第1期。

贫未来有可能继续返贫。[1] 全国仍存在一定数量的人口在教育、健康、生活条件方面处于多维贫困状态之中，尤其是西部地区多维贫困程度更为严重[2]，各省之间以及城市和农村地区之间存在着巨大的差异，农村和欠发达省份的教育匮乏程度上升[3]。

3. 生存性贫困向发展性贫困转型

生活资料匮乏、难以满足基本生存需要的生存型贫困实现全部脱贫，生存和温饱已经不是衡量是否贫困的绝对标准，持续发展成为衡量贫困与否的重要准则。

4. 收入型贫困向消费型贫困转型

绝对贫困的生成大多是因为无固定收入来源，缺少劳动力、因病、因学等原因，全面建成小康社会后，农村居民的收入大幅提升，基本生存问题解决，对生活品质和生活质量的追求更高，使得消费型贫困现象凸显[4]，也有学者称之为"支出性贫困"[5]，支出性贫困多源于医疗、教育等方面的刚性支出，以及与当地风俗习惯相联系的人情支出等。

5. 原发性贫困向次生性贫困转型

原发性贫困是最初的、最早的贫困，次生性贫困则是二次生成

---

[1] Su, J., Tang, L., Xiao, P. & Wang, E.（2022），"Multidimensional poverty vulnerability in rural China," *Empirical Economics*, 64（2），897–930.

[2] 冯怡琳、邸建亮：《对中国多维贫困状况的初步测算——基于全球多维贫困指数方法》，《调研世界》2017年第12期。

[3] Yu, J.（2013），"Multidimensional Poverty in China: Findings Based on the CHNS," *Social Indicators Research*, 112（2），315–336.

[4] 刘伟、王灿、赵晓军等：《中国收入分配差距：现状、原因和对策研究》，《中国人民大学学报》2018年第5期。

[5] 左停、李世雄：《2020年后中国农村贫困的类型、表现与应对路径》，《南京农业大学学报（社会科学版）》2020年第4期。

的、派生的贫困。次生性贫困成为原发性贫困解决后衍生出的一些新型贫困,具有隐蔽性等特点[①],给后精准扶贫时代的贫困治理带来新的挑战。

(二)面向共同富裕的农村低收入人口帮扶

中国农村贫困转型要求构建适应新贫困格局的扶贫战略,实现脱贫攻坚战略帮扶对象及其治理目标从绝对贫困人口到低收入人口的转变。[②] 随着全面脱贫攻坚任务如期完成,我国正式进入扎实推动共同富裕新阶段。相较之前阶段,农村社会治理重心发生转变——绝对贫困问题让位于具有相对性和多维性的农村低收入问题。我国农村地区仍存在大量低收入人口,低收入问题作为我国发展不均衡、不充分的重要表现,将成为我国当前以及未来很长一段时期内治理的关键。

在消除绝对贫困以前,我国关于低收入人口的政策话语大多指向低于现行标准的贫困人口。2020年全面打赢脱贫攻坚战后,主流话语体系认为绝对贫困已经终结,开始转向有关农村低收入问题的讨论。农村低收入人口作为政策话语首次在2020年党的十九届五中全会报告《中共中央关于制定国民经济和社会发展第十四个五年规划和二〇三五年远景目标的建议》中被提出:"实现巩固拓展脱贫攻坚成果同乡村振兴有效衔接,建立完善农村低收入人口和欠发达地区帮扶机制。"同年,《中共中央 国务院关于实现巩固拓展脱贫攻坚成果同乡村振兴有效衔接的意见》再次强调将"健全农村低收入人口常态化帮扶机制"作为进一步巩固

---

① 王晓燕:《后扶贫时代有效帮困机制及措施研究》,《黔南民族师范学院学报》2021年第2期。
② 李卓、王旭慧:《乡村振兴进程中农村低收入人口常态化帮扶机制研究》,《长白学刊》2023年第5期。

拓展脱贫攻坚成果、接续推动脱贫地区发展和推进实现乡村全面振兴的重要举措,这为我国面向共同富裕的低收入问题治理新阶段指明了方向。

随着实现共同富裕成为新阶段的治理目标,治理对象也由绝对贫困人口转向农村低收入人口[①],低收入人口帮扶议题已然上升为常态化社会治理的现实基本样态。低收入人口帮扶议题的生成主要包括三个缘由。一是多维需求保障的非均衡性供给。在绝对贫困治理时期,中国实现了"两不愁三保障"等基本生活保障全覆盖,解决了绝对贫困问题,但在此之后的教育、医疗、住房以及发展机会上,低收入群体仍处于相对匮乏之窘境状态,教育、医疗、健康、社会保障等多维资源的区域不平衡配置可能再次诱致低收入人口返贫困境的产生。二是社会转型的过渡性与不适应性。随着经济与社会发展的加快,低收入群体在社会转型过程中出现主体发展滞后现象,以及因社会结构转型超前而形成低收入人口返贫。一旦社会保障制度缺位、制度的兜底效应不足以支撑低收入人口生活生产的社会风险、公共支出与人口实际支付能力之间超越偏差阈值,势必会造成低收入人口返贫现象的发生。三是日常生计流动性风险。随着城市化进程不断加快,原先的贫困户易地搬迁或者脱贫后,仍有可能继续以转移性劳动力流向城市区域,迁移至城市空间的农村劳动力会变成新的低收入人口。与此同时,迁移后会衍生附带效应——比在原生地支付更高的租房、医疗和教育等成本,同时存在获取长期的就业收入与社会保障上的不稳定性风险,进一步增加了低收入

---

① 高杨、徐加玉、柴恭静:《面向共同富裕的农村低收入人口帮扶:治理转型与路径选择》,《南京农业大学学报(社会科学版)》2023年第3期。

人口返贫的可能性。[①]

三、农村低收入群体相关社会政策的发展

（一）分层分类社会救助体系的构建

分层分类社会救助政策体系在农村的构建可追溯至1978年第五届全国人大第一次会议批准恢复设立民政部，其中农村社会救济司主管农村社会救济工作，这一时期社会救助发挥配合社会主义市场经济改革发展的基础性作用。1992年在山西省阳泉市率先开展农村居民最低生活保障制度试点工作。1996年12月民政部办公厅印发《关于加快农村社会保障体系建设的意见》和《农村社会保障体系建设指导方案》，要求全国须将建立农村最低生活保障制度作为农村社会保障体系建设的重点来推进。

新世纪以来，城乡居民最低生活保障制度和各专项救助制度迅速发展，社会救助体系基础地位得到确立。为解决农村地区贫困农民看病就医问题，民政部、原卫生部、财政部在2003年联合下发《关于实施农村医疗救助的意见》。次年，财政部和民政部联合下发了《农村医疗救助基金管理试行办法》。同年，农村最低生活保障制度进入加快建设阶段。2007年7月11日印发的《国务院关于在全国建立农村最低生活保障制度的通知》标志着农村居民最低生活保障制度的确立。

2014年《社会救助暂行办法》和《国务院关于全面建立临时救助制度的通知》的出台标志着我国多层次社会救助体系正式在全国范围内建立，社会救助体系的临时救助短板得以补足。2014年的

[①] 唐文浩、张震:《共同富裕导向下低收入人口帮扶的长效治理：理论逻辑与实践路径》,《江苏社会科学》2022年第1期。

《社会救助暂行办法》整合了之前许多年分散发展的专项救助,确立了中国社会救助体系基本框架:"8+1"社会救助体系。"8"即包括最低生活保障、特困人员供养、受灾人员救助、医疗救助、教育救助、住房救助、就业救助、临时救助在内的8种专项救助,"1"即社会力量的参与。正是上述"8+1"社会救助体系为"十三五"期间打赢脱贫攻坚战提供了坚强支撑[1],中国通过社会救助兜底使2000万特别贫困人口脱贫,也为农村低收入群体帮扶提供了重要依据。

2020年后,随着反贫困工作进入崭新阶段,农村的社会救助政策体系由"8+1"演变为"分层分类"。2020年8月,中共中央办公厅和国务院办公厅联合印发了《关于改革完善社会救助制度的意见》,该文件强化分类救助管理,根据救助对象的困难程度和致贫原因划分为低保对象和特困人员、低保边缘家庭和支出型困难家庭、全体居民三个救助圈层,分别给予相应的基本生活救助、专项救助、急难社会救助。分层分类社会救助体系的形成将农村低收入群体帮扶带入了新局面。2020年后的《中共中央国务院关于实现巩固拓展脱贫攻坚成果同乡村振兴有效衔接的意见》与《中共中央国务院关于全面推进乡村振兴加快农业农村现代化的意见》明确要求对农村低收入群体实行分层分类帮扶。从建成"8+1"社会救助体系到分层分类社会救助体系,社会救助体系以项目救助分层次、对象帮扶分类管理为特征,形成了广覆盖、全纵深的新格局。[2] 分层分类社会救助体系使得各专项救助向低保边缘家庭和支出型贫困家庭延伸,实现了社会救助重点从低保人群向低收入人群的扩展,为中国农村低收入群体帮扶提供了重要的政策支持。

---

[1] 左停:《乡村振兴战略背景下农村社会救助的统筹谋划》,《人民论坛·学术前沿》2021年第20期。
[2] 林闽钢:《分层分类社会救助体系的发展现状和健全思路》,《行政管理改革》2023年第1期。

(二)新时代"弱有所扶"政策的确立和发展

在新时代乡村振兴的背景下,党的十九大确立了"弱有所扶"的民生政策供给目标。十九大报告中提出了构成新时代坚持和发展中国特色社会主义的十四条基本方略,第八条"坚持在发展中保障和改善民生"中将"弱有所扶"纳入了民生"七有"[1]。随着后精准扶贫时代的到来,转型贫困群体和潜在贫困群体成为新的扶贫工作的目标群体[2],"弱有所扶"在农村低收入群体帮扶方面发挥了重要作用。

在2020年后的新扶贫形势下,"扶"的对象发生从"绝对贫困"到"相对贫困"的转变以及从"贫"至"弱"的延伸。[3]新的贫困形势对扶贫的要求不仅停留在经济层面的扶贫,不再是"温饱问题"或"两不愁三保障",而是具有多维意涵的贫困评价指标。[4]在2020年开启的"后扶贫时代",社会救助将加入反贫困的主战场,其抓手正是"弱有所扶"。[5]

"弱有所扶"的提出推动了我国反贫困的目标从绝对贫困群体转向更大规模的相对贫困群体,不仅扩大了保障和改善民生的范围,而且将全面促进中国反贫困目标的提升,推动从多维贫困的视角对弱势群体进行政策干预,重点解决发展性贫困和贫困的代际传递等主要问题。

---

[1] 民生"七有"即幼有所育、学有所教、劳有所得、病有所医、老有所养、住有所居、弱有所扶。
[2] 李小云、许汉泽:《2020年后扶贫工作的若干思考》,《国家行政学院学报》2018年第1期。
[3] 左停、金菁:《"弱有所扶"的国际经验比较及其对我国社会帮扶政策的启示》,《山东社会科学》2018年第8期。
[4] 左停、苏武峥:《乡村振兴背景下中国相对贫困治理的战略指向与政策选择》,《新疆师范大学学报(哲学社会科学版)》2020年第4期。
[5] 林闽钢:《新时代我国社会救助发展方向》,《中国民政》2019年第3期。

四、当前农村低收入群体的现状

(一) 低收入群体的概念界定与内涵

由于我国并未划定官方统计口径意义上的低收入线,国内对于低收入群体的界定尚不明确。第一,低收入群体与贫困群体的范围既有重叠也有差异。低收入群体可以包括贫困群体,贫困群体也可以包括低收入群体。就前者而言,低收入群体是大概念,包含贫困群体,也包括贫困边缘群体,以及特困群体;就后者而言,贫困是大概念,贫困群体包含低收入群体,也包含支出型贫困群体和健康贫困群体、能力贫困群体等。第二,政府部门和学界对低收入标准的理解尚有差异。政府层面的主管部门侧重于强调低收入标准的绝对性。民政部于 2021 年印发的《低收入群体动态监测和常态化救助帮扶工作指南》和《全国低收入群体动态监测信息平台总体建设方案》都明确提出了低收入群体概念,其指导原则是把低收入标准界定为最低生活保障标准的 1.5 倍。而学界则多基于相对贫困的概念,强调借鉴发达国家经验,一般从人均可支配收入中位数的 30%～60% 范围内划定低收入标准[①]。

低收入是一个内涵丰富并且外延不断拓展的学术概念,既表征群体的低收入现象,也指代收入较低的特定群体,同时,低收入也是一个建构性、抽象性和多维性概念。首先,低收入可视为绝对贫困和相对贫困的延伸。低收入作为从绝对贫困特别是极端贫困问题解决后拓展而来的概念外延,是绝对贫困概念的渐进延伸。有学者提出,2020 年脱贫后可以不使用"绝对贫困"而采用"低收入"

[①] 吴奕潇、王强:《低收入群体实现共同富裕的社会救助支持路径研究》,《南京财经大学学报》2023 年第 5 期。

"欠发达"等概念。① 低收入是与社会中间群体收入水平相比较的结果,其概念内涵与相对贫困相联系。不同于与基本需求难以维持相联系的绝对贫困,低收入主要表现为与中间群体相比较的收入不充分状况,具有相对贫困的性质。其次,低收入可视为"不平等"的问题端。解决低收入问题是解决不平等问题的先导端。无论是绝对贫困中的低收入问题,还是相对贫困中的低收入问题,最终指向并非止步于消除贫困,而是致力于减少不平等现象,从而实现社会公平正义。不平等主要表现为低收入群体与高收入群体之间收入的过大差距。学界普遍关注的收入不平等问题,实质上是财富或收入在不同社会阶层、社会群体间的分配问题。最后,低收入是多维贫困的重要维度。贫困的概念历经从收入和消费水平方面经济短缺的经济贫困,到侧重不同群体间相对收入或生活水平比较的相对贫困。随着对贫困研究不断深化,对贫困的测量方法也超越单一维度,逐渐成为一个涉及收入、福利水平与家庭脆弱性等复杂问题的多维指标测量体系。对贫困测量的内容也日渐扩充并愈加精细,其中收入仍是反映多维贫困的一个重要维度,在多维贫困的测量中发挥着基础性作用。②

(二)农村低收入群体的现状

在政府发布的政策文件以及学界研究中,对于低收入主要有两类理解。第一类为社会政策定义,即实施社会政策时所界定的人群范围,采用"城乡低收入家庭/群体"概念,并将其界定为人均收入高于低保标准、低于低保标准的一定倍数(通常为1.5倍)的

---

① 汪三贵、曾小溪:《后2020贫困问题初探》,《河海大学学报(哲学社会科学版)》2018年第2期。
② 左停、李颖、李世雄:《农村低收入人口识别问题探析》,《中国农村经济》2023年第9期。

群体,或者将低收入界定为低保标准的一定倍数以下的所有群体。第二类为统计调查定义,包括居民家庭收入五等分口径、日人均收支口径、收入中位数区间口径、国际收入中位数区间口径、家庭年收入三分法口径等。具体而言,居民家庭收入五等分口径将所有家庭收入按五等份划分,处于底层20%的家庭为低收入户;日人均收支口径将人均支出或收入在2~9.9美元区间者界定为低收入群体;收入中位数区间口径将家庭收入中位数一定比例(比如75%、50%)之下者划分为低收入群体;国际收入中位数区间口径将世界当年人均收入中位数67%以下者定义为低收入群体;家庭年收入三分法口径将中国典型的三口之家年收入在10万~50万元之间定义为中等收入群体,相应的,年收入低于10万元的家庭为低收入群体。[①]有不少学者依据不同口径对我国农村低收入群体现状进行量化分析,总结来说有以下两个方面的结论。

其一,农村地区的低收入家庭比重远高于城镇地区,其收入与社会平均水平差距较大。有学者利用"中国社会状况综合调查"(CSS2021)数据,并根据家庭年收入三分法口径对中国低收入群体进行分析,研究指出2021年农村地区的低收入家庭比例有77.8%,而城镇地区的低收入家庭所占比例为56%,两者数值相差21.8%,这在一定程度上反映了低收入群体的占比与区域经济发达程度和城乡贫富差距有密切关联。[②]另有学者分析了我国低收入群体的长期变动趋势,指出1995—2018年我国低收入人群占比不断下降,然

[①] 杨立雄:《低收入群体共同富裕问题研究》,《社会保障评论》2021年第4期。李炜、王卡:《共同富裕目标下的"提低"之道——低收入群体迈入中等收入群体的途径研究》,《社会发展研究》2022年第9期。

[②] 李炜、王卡:《共同富裕目标下的"提低"之道——低收入群体迈入中等收入群体的途径研究》,《社会发展研究》2022年第9期。

而在此期间农村地区低收入人群占比下降幅度远远低于城镇。[①] 此外，农村低收入群体收入较低，与社会平均水平存在较大差距。根据国家统计局发布的数据，2021年全国低收入人口人均可支配收入为8333元，其中，农村低收入人口的人均可支配收入为4856元，与农村居民人均可支配收入（18931元）、农村居民人均可支配收入中位数（16902元）差距显著。

其二，农村低收入人口收入增速明显较慢，收入来源较少，与农村其他人口相比具有独特的群体特征和就业特征。有学者根据居民家庭收入五等分口径对农村低收入人口收入增速、收入结构与群体特征进行分析。研究指出，农村低收入人口的收入增长明显慢于农村地区其他群体，对劳动收入、务农收入和转移性收入有明显依赖，占家庭收入比例超过95%，缺乏经营性收入和财产性收入。农村低收入人口群体特征包括：平均年龄更小，为38.08岁；16岁及以下人口占比更大，为20.95%；男性占比更低，为51.67%；户主平均受教育年限更低，为6.69年；就业人口占比更低，为82.84%。农村人口就业特征主要表现为其工作更加缺乏稳定性，就业身份为雇主或自营劳动者的比例更低，就业单位属于党政机关团体、事业单位或国有企业的占比明显较低。[②]

（三）农村低收入群体面临的突出问题

随着脱贫攻坚的持续推进，有劳动能力和发展潜力的贫困人口在大力度的开发式扶贫中逐渐摆脱贫困，以生理性贫困为主体的特殊贫困人口逐渐成为剩余贫困群体的重要组成部分。我国低收入群

[①] 李实、史新杰、陶彦君、于书恒：《以农村低收入人口增收为抓手促进共同富裕：重点、难点与政策建议》，《农业经济问题》2023年第2期。

[②] 李实、史新杰、陶彦君、于书恒：《以农村低收入人口增收为抓手促进共同富裕：重点、难点与政策建议》，《农业经济问题》2023年第2期。

体的生活仍然较为艰难,与社会平均水平存在较大差距,脱贫后也极易返贫,是实现共同富裕的短板所在。在低收入群体中,兜底保障人群(如最低生活保障、特困人员供养、其他社会救助对象)、临时救助对象、支出性贫困以及贫困风险等人群组成是重点关注对象。低收入贫困群体通常具有"贫""困""弱"三种特征,"困"为其本质特征,"贫"可理解为表征经济的不足,"困"和"弱"则侧重于更深层的服务不足、人力资本薄弱和抗逆力低下等问题。①

目前,农村低收入群体面临的突出问题有以下几点:

1.多维需求得不到满足

农村贫困群体在基本解决了"两不愁三保障"的绝对贫困问题后,其在教育、医疗、住房、社会地位、发展机会等方面仍处于相对匮乏的状态。有学者对农村老年群体的多维贫困特征加以研究,发现社交参与、慢性病和抑郁情况是农村老年人口多维贫困的主要构成要素,农村老年群体的医疗保险和养老保险基本实现全覆盖,自来水、资产拥有等基本生存需求已经得到解决,但清洁燃料、洗澡设施等满足农村老年人群美好生态环境、美好生活需要的维度仍有进一步改善的空间,改善农村老年群体的健康、社会参与和发展需求将是今后治理农村老年多维贫困工作的重点。②

2.社会结构性障碍难以克服

农村贫困群体的相对贫困是因社会转型滞后或部分社会结构转型超前而带来的。长期存在的二元社会结构尚未完全打破,快速的城镇化和工业化进程催生出大量的相对贫困人口。从贫困特

---

① 左停、李世雄:《2020年后中国农村贫困的类型、表现与应对路径》,《南京农业大学学报(社会科学版)》2020年第4期。
② 周云波、王莹、沈扬扬:《中国农村老年多维贫困特征与动态变化》,《南开学报(哲学社会科学版)》2022年第6期。

性上看,可将这种相对贫困称之为"转型中的贫困",或短期性贫困和过渡性贫困。这类贫困群体在脱贫后并没有实现社会结构上的跃升,其在多维社会结构中的劣势并没能得到根本性的改变。贫困人口具有社会资本、经济资本、政治资本和人力资本等四方面的结构性贫困特征,这些结构性贫困要素构成了钳制和制约贫困户跨越贫困陷阱的主要障碍,结构性贫困的出现也使得代际间的脱贫行动异常艰难。①

3.日常生计面临流动性和不确定性的风险

在城镇化快速推进过程中,农村劳动力大量流入城市,由此导致特定空间内的非贫困人口在迁移进入新的空间后变成新生贫困人口。受到文化水平和工作技能的限制,城乡二元制度的惯性硬约束以及转移人口自身思维、意识等方面的软约束,导致农民工难以真正融入城市的主流。有学者总结了劳动力流动与贫困的时空动态特征,分析了劳动力流动对城乡贫困的影响,研究发现劳动力流动显著降低城市贫困程度,但导致农村贫困程度加深,在2010年以后更是加剧了城乡贫困。②

4.社会融入困难

有研究者通过市场、服务和空间三个维度测量了社会融入指标,由此评估了农村低收入家庭社会融入状况。研究结果显示,农村低收入家庭面临着如下两大问题:(1)低收入家庭面临就业困难和社会排斥的双重困境。从无劳动能力家庭到正式就业家庭,家庭类型的排列反映着这一家庭的就业状况,因此,对于低收入家庭来

---

① 邢成举:《结构性贫困对贫困代际传递的影响及其破解——基于豫西元村的研究》,《中州学刊》2017年第2期。
② 樊士德、金童谣:《中国劳动力流动对城乡贫困影响的异质性研究》,《中国人口科学》2021年第4期。

说，不能仅看到其就业困难的一面，还应注意到其面临着社会排斥的困境。（2）低收入家庭被边缘化严重。老年困难家庭、残疾困难家庭被边缘化程度更深。特别是，与城市相比，农村低收入家庭的社会融入程度会更低，被更严重地边缘化。[1]

五、新时代对农村低收入群体帮扶实践创新案例分析

接下来将以两个地区对农村低收入群体的帮扶实践作为典型案例，分析现阶段农村低收入群体帮扶政策实践创新。

（一）江苏省H县：分层分类帮扶及"党建+返贫治理"模式

本部分将结合陈水生等学者在江苏省H县的调研资料。[2]江苏省H县2015年就已成功"摘帽"，但返贫现象及其治理成为当地不得不高度重视的新问题。为帮扶低收入人口、精准治理返贫问题，H县将防止返贫当作重大任务，在返贫阻断机制、资源下乡、组织下沉等方面积极创新，H县因此荣获2019年全国脱贫攻坚奖组织创新奖。截至2018年底，H县全县累计脱贫率达84.11%，贫困发生率从2016年初的11.8%降至2018年底的1.82%，20个"省定经济薄弱村"、91个"市定经济薄弱村"全部达到退出"省重点帮扶县"的标准。H县在返贫阻断机制方面的创新为后精准扶贫时代低收入人口帮扶和返贫治理机制的构建提供了新思路，从返贫阻断、资源下乡和组织下沉三方面创新了返贫治理机制，有助于在后精准

---

[1] 安超:《低收入群体社会融入状况及政策回应》，《中国民政》2021年第6期。
[2] 陈水生、叶小梦、侯德志:《后精准扶贫时代的返贫治理机制创新——基于江苏省H县的实证调查》，《江苏行政学院学报》2021年第3期。

扶贫时代促进资源、人才、组织和制度的优化整合，全面提升了返贫治理绩效。

在后精准扶贫时代分层分类社会救助体系逐步健全的背景下，H县在返贫治理机制中融入了分层分类帮扶的思想。具体来说，H县的返贫阻断机制由三层防护网组成。第一层是规范退出程序，H县对脱贫对象实施分层分类帮扶。H县从家庭收入、生产条件、健康状况、劳力状况和家庭支出五个方面设计60个指标进行综合评判，生成"贫困指数"，分为A、B、C、D四个等级，并依据等级采取不同帮扶政策。第二层是"后扶持"制度，对部分发展能力不够稳定的低收入农户，H县在其办理贫困注销登记后的3~5年内，仍进行跟踪观察，防止其短时间再次返贫，真正实现可持续脱贫的目标。第三层是政府托底保障，H县通过加大政府兜底支付力度以及健全分层分类的社会救助体系等方法强化政府托底在返贫治理中的作用。

H县还创新了"党建+返贫治理"的模式，注重党建引领治理返贫新模式。H县首先通过成立返贫治理领导小组提高了返贫治理监管力度，又在此基础上实行了将阳光扶贫纳入年度绩效考核等一系列"强激励"措施，最终将"强监管—强激励"方式从政府组织延伸至农村基层自治组织，促进了组织下沉。组织下沉的关键是要发挥党建引领作用，以激活基层党组织力量。因此，H县通过精准选派各级干部奔赴贫困村和基层党组织软弱涣散的村庄担任"第一书记"以及推广"党支部+合作社""党建+合作社+贫困户"等新模式，强化了组织下沉的统合治理，让国家治理力量嵌入基层组织中，发挥了人才在基层工作中的主体作用，全面提高了低收入人口帮扶和返贫治理绩效。

（二）浙江省构建三级救助体系和帮扶共同体的实践创新

1. 构建"县—乡—村"三级救助体系

浙江省台州市三门县是浙江高质量发展建设共同富裕示范区首批试点地区之一。2020年8月5日上午，三门县联合帮扶中心揭牌仪式举行，标志着全国首个民生保障服务中心成立。三门县以三门湾公益谷为枢纽，用项目建设引进县域外社会资源，最终形成了"县—乡—村"三级救助站，并在农村中设置爱心驿站，在乡镇（街道）的便民服务中心设立社会救助站，在农村低收入群体反贫困治理中起到了不可忽视的积极作用。①

三门县联合帮扶中心自运行以来，中心干部深入农村，开展了许多彰显"弱有所扶"理念的活动，切实改善了农村低收入群体的生活质量和生活幸福感。三门县联合帮扶中心通过三门湾公益谷在全县范围内组织村级协理员、网格员等开展探访关爱行动，惠及全县9000余名群众。中心在亭旁镇刘家村建设"圣奥老年之家"，引进资金20万元，还通过组织"暖暖助学"活动和发放价值3万余元的"新春爱心礼包"帮助低收入家庭的困境儿童。三门县联合帮扶中心通过项目建设引进县域外各种社会资源，将社会救助事业"系列化""规模化"。三门县联合帮扶中心面向社会爱心企业和人士发布帮扶意愿，以"微心愿"认领等方式，确保困难群众政策外服务"能享多享"。运行以来，中心已开展7期微心愿集中送达活动，完成微心愿600多个，链接帮扶资金20万余元。②

2. 探索从"贫有所救"到"弱有众扶"的社会救助共同体

基于《杭州市人民政府关于印发杭州市"弱有所扶"社会救助

---
① 资料来源：浙江省民政厅，https://mzt.zj.gov.cn。
② 资料来源：澎湃新闻网，https://www.thepaper.cn。

综合改革试点实施方案（2022—2024年）的通知》（杭政函〔2022〕69号），杭州市立足于2020年这一社会救助体系发展的新起点以及反贫困形势的新变化，以"社会救助共同体"改革推进社会救助高质量发展。"社会救助共同体"建设的内涵是："在发挥政府主导作用基础上，动员社会力量参与救助，形成多元救助主体，不断探索政府救助公共服务与社会关爱援助服务相结合的救助模式，建立社会救助共同体的长效运行机制，面向贫困群体以及弱势群体提供更精准更优质更有温度的救助服务，从而在'贫有所救'的基础上进一步实现'弱有众扶'。"①

社会救助共同体有效帮扶了农村低收入群体。例如，余杭区、临安区通过在乡镇（街道）村社完善多主体多层次的探访机制，将民政助理员、驻村干部、村级网格员、村党员干部、社工志愿者纳入探访工作中，进一步整合了乡镇村社、党建群团共同体。余杭区依托三级社会救助对接平台，组建了一支"专职人员＋社工＋志愿者"的区、镇（街）、村（社）三级"家庭救助顾问"团队，并完善了探访制度。

3."共富结对"推动城乡共同富裕

"共富结对"出现在《杭州市人民政府关于印发杭州市"弱有所扶"社会救助综合改革试点实施方案（2022—2024年）的通知》（杭政函〔2022〕69号）中，但实际上该词汇是"民生共富"和"结对共建"的并称，主要是指以淳安县、建德市和桐庐县三县（市）为典型，开展的一系列有关弱势群体的民生服务。"一老一小一困"主要是指"老有所养，少有所保"以及"困有所扶"，可以说这是"弱有所扶"政策理念在杭州市落实过程中的呈现。杭州市确立了三个

---

① 资料来源：杭州市春风行动网，https://hzcfxd.org.cn。

共建团队，分别是：（1）由西湖区民政局牵头，上城区民政局、钱塘区社发局、临安区民政局共同组成的一团队，该团队的结对单位是淳安县民政局。（2）由萧山区民政局牵头，余杭区民政局、临平区民政局共同组成的二团队，该团队的结对单位是建德市民政局。（3）由拱墅区民政局牵头，滨江区民政局、富阳区民政局共同组成的三个团队，该团队的结对单位是桐庐县民政局。三个团队结对共建为期3年，主要围绕加大民生项目资金支持、提升改造硬件设施、加强人才培养合作、整合区域服务资源等四个方面开展合作。"共富结对"的过程中，农村低收入人群正是"一老一小一困"的重点关注对象之一，通过共富结对的方式，城区帮助农村地区对低收入人群进行反贫困治理。[1]

六、政策建议与启示

2020年后，中国已全面消除绝对贫困现象，包括低收入群体在内的全体人口迈入全面小康阶段，但是，低收入群体的生活仍然较为艰难，与社会平均水平存在较大差距。在推动低收入群体的共同富裕过程中，应注意协调城乡发展，缩小城乡差距。低收入群体存在明显城乡差异，农村低收入群体在经济收入、受教育程度、就业状况、身体健康状况等诸多方面相较城市低收入群体都存在明显弱势。故而，农村低收入群体是社会中最边缘化的群体之一，这一群体会面临就业困难和社会排斥的双重困境，二者互相影响形成恶性循环。所以，需要针对农村低收入群体的困境，制定和实施相应的帮扶政策，并提供相应的救助服务。

对低收入群体的帮扶政策供给应结合我国现阶段已逐步健全

---

[1] 资料来源：澎湃新闻网，https://www.thepaper.cn。

的分层分类社会救助体系,即在低收入群体帮扶过程中落实分层次的项目救助和分类管理的帮扶对象。有学者从精准管理视角,提出了三条健全分层分类社会救助体系的路径,为分层分类帮扶农村低收入群体带来启示。三条路径分别是:强化以需求为导向的社会救助管理改革;聚焦提升低收入群体需求和供给相匹配的政策设计;重点推动社会救助体系的供给侧创新。在结合分层分类社会救助体系的基础上,需从多维贫困的视角对弱势群体进行政策干预,加强低收入群体能力建设,重点解决发展性贫困和贫困的代际传递等主要问题。为此,需要建立健全多维贫困瞄准机制、分群分级干预机制、救助服务清单制、智慧化救助机制、低收入家庭能力建设机制和救助帮扶共同体等长效机制。①

江苏省H县的例子启示了返贫治理过程中制度创新的重要性,不论是返贫阻断的三层防护网机制还是诸如"党建+返贫治理"的机制,这些创新制度启示我们,返贫治理需要注意,倒逼基层的压力型减贫任务容易造成地方政府的短期行为,强调脱贫的政绩考核机制容易导致短期效益与扶贫工作的长期目标之间存在矛盾。部分镇、村热衷于将有限的资源集中投放到重点地区,以期在短期内看到明显效益;或者一味强调自身困难,重视向上级帮扶单位争取帮扶支持,忽视了人力资本培育、脱贫自主意识塑造以及农村改革等方面的投入,导致基层治理能力弱化,不利于返贫治理工作的长远发展。

浙江省基于"弱有所扶"理念所开展的一系列低收入群体帮扶实践启示了构建救助帮扶共同体的重要性,值得各地在对低收入群体治理时参考与借鉴。值得借鉴的至少有以下几点:(1)全省上

---

① 林闽钢:《分层分类社会救助体系的发展现状和健全思路》,《行政管理改革》2023年第1期。

下,从市到区县再到乡镇同步政策进程,积极将"弱有所扶"等低收入群体治理理念纳入行政法规中,积极推动适应2020年后反贫困新形势的政策。(2)积极推动具有资源和经验优势的城区对农村提供帮助,尤其是在改善低收入群体现状过程中,在多个维度实现互帮互助,强调共同富裕的实现。(3)在发挥政府主导作用基础上,动员社会力量参与救助,形成多元救助主体。与社会救助相结合,将"弱有所扶"落实到更广泛的社会群体上。成立类似于杭州市的社会救助共同体,积极调动社会力量参与农村低收入群体治理。再比如南浔区的"全民化"参与"六无六有"综合救助体系,让更多的力量参与到农村低收入群体治理当中去。(4)通过成立相关专门机构,实现更高效的资金链接,使得农村低收入群体治理的资金"活"起来。比如三门县联合帮扶中心整合部门、乡镇(街道)力量,社区、社会组织联动协同,有效链接县域内社会资金,让公益事业"系列化"和"规模化"。

脱贫攻坚与乡村振兴在重点目标、体制机制、政策措施、成效认定等多方面、全方位的有机衔接,为贫困地区创造了益贫式的发展环境,同时也促进了乡村治理体系的完善和创新,为贫困地区的发展打下了坚实基础。[1]而从脱贫攻坚走向民生保障,推动低收入群体帮扶政策的发展和路径创新,满足低收入群体的多维需求,是实现共同富裕与美好生活的内在要求。

(执笔人:张艳霞 王佳嫒 文正心)

---

[1] 汪三贵、冯紫曦:《脱贫攻坚与乡村振兴有机衔接:逻辑关系、内涵与重点内容》,《南京农业大学学报(社会科学版)》2019年第5期。

下 篇

第八章
再生产价值的发现与乡村性别平等政策

一、引言

受惠于我国社会发展、国民经济的多重宏观利好政策,近年来我国农村地区和农村人口正在日益呈现出活跃的发展态势。党的十八大以来,以习近平同志为核心的党中央把脱贫攻坚作为实现第一个百年奋斗目标的底线任务和标志性指标,举全党全国之力向绝对贫困宣战,最终实现现行标准下农村贫困人口全部脱贫,提前10年完成联合国2030年可持续发展议程的减贫目标。在脱贫攻坚成果逐步巩固的基础上,我国进一步制定与推动乡村振兴战略,在守住不发生规模性返贫底线的同时,进一步提升农村地区的发展水平与农村人口的生活水平,2021年脱贫地区农村居民人均可支配收入14051元、同比增长11.6%,高于全国农村居民人均可支配收入10.5%的增速。脱贫地区农村居民人均可支配收入占全国农村居民人均可支配收入的比例为74.2%,同比提高0.7%。中央财政衔接推进乡村振兴补助资金投入1561亿元,助推脱贫地区产业发展,产业帮扶策略开始向区域产业整体发展转变。[①]2018年到2022年是

---

① 于乐荣、张亮华:《脱贫攻坚战全面胜利,中国开启乡村振兴新篇章》,2022年10月23日,https://baijiahao.baidu.com/s?id=1747405734006983325&wfr=spider&for=pc。

实施乡村振兴战略的第一个 5 年，开创了全面推进乡村振兴的新局面。在乡村振兴的宏观战略下，多年来人才政策、财政政策等大力向农村地区倾斜，党和政府着眼国家重大战略需要，稳住农业基本盘、做好"三农"工作，接续全面推进乡村振兴，确保农业稳产增产、农民稳步增收、农村稳定安宁。

从文件精神和实践经验等方面来看，妇女在农村发展和乡村振兴中的角色不容忽视，据国家统计局发布《2021 年国民经济和社会发展统计公报》，截至 2021 年年末，我国总人口为 141260 万人，其中全国农村人口 49835 万人，占全国总人口 35.3%；男性 72311 万人，占 51.2%，女性 68949 万人，占 48.8%。作为农业农村发展过程中的重要主体，农村地区的女性也同样受惠于宏观政策和地区发展过程中的发展成果，广大农村地区妇女在教育、医疗卫生、参与社区治理等方面都取得了长足的进步。

然而受限于长期以来的文化传统因素和地区社会经济发展不均衡，与农村女性发展相关的政策法规，在具体领域的政策导向和政策实施方面仍存在一定调整完善的空间。本章意在对现有相关政策的性别理念、实践等方面进行概要梳理，继而从男女平等基本国策和既有农村地区性别理念与性别分工的视角，提出在乡村振兴过程中具有性别平等和推动妇女发展视角的政策决策和实践的适切性与必要性。

二、基于男女平等基本国策的妇女发展政策概况

（一）男女平等基本国策与具体政策实践

男女平等是妇女运动的核心目标，也是经济社会发展和人类可持续发展的重要目标。我国男女平等政策的制定与实施，是妇女权

益的切实保障,也是中国社会主义制度的本质体现。新中国成立以来,党和政府率先于1949年9月在中国人民政治协商会议上通过的具有临时宪法性质的共同纲领中即提出和明确了男女平等原则,在其后的相关法律法规中也逐一贯彻了这一原则。1954年新中国第一部宪法明确男女平等原则,规定"妇女在政治的、经济的、文化的、社会的和家庭的生活等各方面享有同男子平等的权利"。1995年,中国政府在第四次世界妇女大会上提出"把男女平等作为促进我国社会发展的一项基本国策",使宪法规定的男女平等原则进入国家政策体系的最高层次。

基于以上法律和政策层面的国家宏观框架,我国分别形成了在法律层面的以《妇女权益保障法》为核心的妇女权益保障法律体系,以及在政策领域的先后四期《中国妇女发展纲要》。《中国妇女发展纲要》从我国基本国情和妇女群体发展需求出发,因应当期国民经济和发展计划纲要的总体要求,确定相应阶段妇女发展的主要目标,以便强化政府相关职能,动员全社会力量,为妇女的发展提供更好的环境和资源支持。党的十八大将"坚持男女平等基本国策,保障妇女儿童合法权益"首次写入全国党代会大会报告,十九大、二十大再次予以重申,彰显了中国共产党对推进男女平等基本国策的态度与决心。[1]

在具体政策实践方面,国务院要求各级政府在出台行政法规、制定政策措施、编制发展规划、安排财政预算时,要切实落实男女平等基本国策,通过有力的政策支持和资金保障,使妇女与经济社会发展同步同频。

在机制机构方面,1990年国务院妇女儿童工作协调委员会成

---

[1] 姜秀花:《男女平等70年:宪法原则·基本国策·施政纲领》,《中国妇运》2019年第11期。

立（于 1993 年更名为国务院妇女儿童工作委员会），建立完善各级妇女儿童工作委员会目标责任制和监测评估机制，将妇女发展纲要目标纳入各成员单位责任目标和考核体系，真正实现了将妇女发展融入于各级各项政策的核心框架之中。特别是党的十八大以来，国民经济和社会发展"十三五"规划纲要专列章节陈述促进妇女全面发展工作规划，其示范性和促进性效果明显。在评估机制方面，全国绝大部分省（自治区、直辖市）建立了法规政策性别平等评估机制，将男女平等价值理念引入法规政策的制定、实施和监督各环节。

总体而言，男女平等从宪法原则到基本国策、再到党的施政纲领的发展脉络及实施框架，反映了我国政府在推动妇女发展方面的决心和努力。[①] 在此完善的顶层框架设计下，我国男女平等基本国策的推行框架是扎实的，政策体系是较为完善的，包括农村地区妇女在内的广大中国妇女群体广泛受益于此，这是宏观政策层层设计操作化的优势所在。

（二）农村相关政策性别平等的落实与挑战

而具体到我国农村妇女的发展问题，相关政策的制定与执行情况则稍显复杂。主要原因在于我国一直以来城乡之间发展模式和发展成效之间的差异性，正如农村地区整体政策推进一样，农村妇女发展政策也同时存在独特性问题和滞后性问题。由于我国农村一直以来实行的集体经济和土地承包经营等生产制度，以及城乡发展不平衡不协调所导致的农村基础设施和公共服务的局限性，使得农村妇女发展所面临的挑战和政策需求呈现出复杂性的特点。本章认为相关政策从男女性别平等的政策理念与政策执行两个维度来看存

---

① 姜秀花：《男女平等 70 年：宪法原则·基本国策·施政纲领》，《中国妇运》2019 年第 11 期。

在三种类型。

1. 均衡发展型

这一类型的政策在政策理念和政策执行双方面都较好地体现出男女平等原则。以医疗卫生、教育等政策为例，这类政策在农村地区已经形成了普惠性的公共福利基础，与此同时，在政策的框架制定和实施过程中又会考虑到妇女的群体特征与现实需求，为广大女性群体提供适切的资源与服务。例如，在全面推进农村地区基本医疗保障的同时，也为提升农村女性身体健康水平推动落实基本公共卫生服务，如农村妇女宫颈癌和乳腺癌检查项目，以及强化县、乡、村三级妇幼卫生服务网络建设，完善基层网络和转诊网络，提升农村妇女的生殖健康水平。在教育政策的制定与执行方面，在广泛推动提升农村地区基础教育水平、加快城乡义务教育一体化发展、均衡配置教育资源的同时，确保女童平等接受公平优质的义务教育，并保障欠发达地区和农村低收入家庭女性平等接受普通高中教育的权利和机会。这类政策在执行过程中也许会因为资源不足等现实原因的限制而对女性发展的支持不够，但在各个层级之间的理念和实践意识等方面是存在着较为一致的性别平等共识的。因此，在这类政策类型中体现出了政策理念和政策执行在男女性别平等原则方面的内在一致性。

2. 实践挑战型

这一类型的政策在政策理念方面基本体现出了男女平等的制度设计，但在政策执行方面存在明显挑战。以农村地区的土地承包经营权为例，在政策法规层面已规定女性与男性在土地使用权方面享有平等的权利，充分体现了对男女平等原则的落实理念。但在实践层面由于传统观念和现实利益的影响，农村妇女在土地流转过程中的决策权遭到不同程度的限制。因婚姻而流动时，女性的土地承包经营权常常受到剥夺，在父辈将土地承包经营权转让给子女的过程中，女性的继承权也时常得不到保障。[①]因此，这类政策在政策法规等宏观理念和框架方面虽然已经将男女平等原则融入，但由于在执行过程中政策理念的先进性与具体地域性别观念的传统性、保守性无法协调，使得现实中农村妇女的此类权益仍然面临较大程度和较广泛范围的损害。这类政策类型中体现出了政策理念与政策执行之间的内在矛盾，主要实施阻力来源于实践层面的传统观念。

3.双重局限型

这一类型的政策体现出对男女平等原则在理念理解阐释方面的局限性和在具体执行方面的局限性。这一类政策类型的问题并非是某个具体政策本身缺乏性别视角所造成的，而是政策间的联系也即政策框架体系建构时缺乏对性别议题的整体考虑造成的。这一特征突出地体现在针对农村妇女群体的就业/创业和家庭建设两个方面。从政策的导向看，现有政策一方面积极从农村妇女的经济参与维度推动其参与到公共就业、创业的领域中来，以此促进妇女自身能力、技术的发展且缩小男女两性的经济收入差距。另一方面，现有政策则在家庭建设、维系领域强调妇女的独特作用，推动妇女成为幸福安康家庭的建设者、倡导者。此处就业与家庭政策单独看基本符合当下的现实情况与发展趋势，但张力则在于二者推动参与的主体同是农村女性，此两类重担同时落在同一类型个体身上将会造成明显且深刻的家庭-工作双重角色冲突。与此同时，政策虽然倡导男性对家庭生活的分担责任，但主要停留在理念倡导阶段而鲜有

[①] 狄金华、钟涨宝：《土地流转中农村女性权益状况的实证分析——以河北省米村和湖北省石村为例》，《中国农村观察》2012年第3期。

实质推进机制。因此政策之间的交叉反而给本就处于较为弱势社会位置的农村女性带来额外的发展压力。

类似农村女性所面临的此种情况，实际上也是城市就业女性群体长期以来所经历的困难，但鉴于城市女性面临问题的可见性和政策资源的可及性都更高，相关问题在近年来正在逐步探索解决。例如，城市就业女性一度面临着一边是政府鼓励生育而一再延长产假，另一边企业不愿承担日益高昂的女性职工多胎生育的物质成本和机会成本而偏向于雇佣男性的性别歧视用工。政府理念层面的倡导虽然推行多年，但难以撼动以经济为主要目的的企业主体行为。最终此种情况的扭转发生在对家庭责任男女两性分工的再认识的基础上，即也认识到男性在家庭照料方面的责任，从而在产假的安排方面开始采用夫妻双方的承担分享方案，虽然男性的假期比例相对于女性时间仍然较少，但这至少表明城市相关政策制定者已经意识到政策间的张力与男女平等原则之间的深刻关联。反观农村地区的情况，笔者认为无论是出于缩小城乡发展差距，抑或是出于推动较为弱势结构位置的农村女性更平等地分享发展成果，城市女性曾经面临的双重挑战和先进政策经验应该成为当前推动农村女性发展相关政策制定的有益参考，而不是再次重复城市妇女发展的曲折路径。也就是说，应该有必要在相关政策中采用一种更系统和深入的男女两性平等发展的理念，打破政策框架方面在理念和执行双方面的性别平等意识局限性。

笔者认为，针对以上政策具体领域所体现出的不同问题，基于落实男女平等基本国策，促进我国妇女特别是广大农村妇女与国家现代化进程同发展共分享目标的实现，需要进一步做出有针对性的调整。其中，实践挑战型的改善路径较为明确，主要为在政策执行机制方面进行更加在地化和有针对性的机制设计。而双重局限型的政策完善路径，由于其所面临多维挑战，完善路径则更为复杂。本章接下来的部分将以此为重点，尝试从政策理念梳理角度，对相关政策完善提供一个可供选择参考的理论框架方案。

三、重新认识再生产：基于历史政策的经验教训

笔者认为对以上双重局限性政策类型的反思和完善需要回到男女平等基本原则的理论讨论层面。特别是社会主义女性主义沿袭自马克思理论的有关两种再生产的讨论。

（一）再生产理论与传统性别分工

马克思在对资本主义社会运行进行本质分析时指出存在两种类型的人类生产，一种是物质资料的生产，另一种是劳动力自我更新的自我生命的再生产和通过生育下一代劳动力所达成的他人生命的再生产。通过"再生产"概念，马克思解释了物质生产的公共领域之外生命生产和生活的家庭领域再生产对人类生活和社会发展的重要意义和价值。[1]

社会主义女性主义理论对其进行了批判性继承。一方面将马克思有关再生产的概念范畴进一步扩展，从单纯的种族繁衍扩展到种族的生物再生产、劳动力的再生产（包括其生存、教育和培训）以及照料需求的再生产与供应。[2] 即，广义的再生产劳动包括家务劳动、照料劳动、健康监护、教育和生育等方面。[3] 另一方面则指出

---

[1] 马克思、恩格斯：《马克思恩格斯选集》第一卷，中共中央马克思恩格斯列宁斯大林著作编译局编译，人民出版社，1995，第80页。
[2] Gill, S., Bakker, I., "New Constitutionalism and the Social Reproduction of Caring Institutions," *Theoretical Medicine & Bioethics*, 2006, 27 (1).
[3] 肖索未、简逸伦：《照料劳动与社会不平等：女性主义研究及其启示》，《妇女研究论丛》2020年第5期。

正是资本与父权制的合谋使得劳动分工与性别秩序相结合，构建了男性从事有酬的居于公共领域核心的生产劳动、女性从事无酬的居于私人家庭内的再生产劳动的二元劳动分工结构。这种分工结构具有生产与再生产、男性与女性、核心与边缘、有酬与无酬等特征，其中隐含着对再生产劳动和其主要承担者女性的歧视与不公。

在传统社会中，女性是物质生产的重要参与者，而生产与再生产的空间与主体划分并不明确，女性在以家庭为单位的生产与再生产活动中可以获得一定的补偿。但在工业生产阶段，资本主义价值积累的主要范围在于机器生产领域，因此，资本将主要获取剩余价值的目标聚焦于物质生产中。在资本主义生产中，也正是女性在再生产中的无偿劳动支撑了男性劳动力生产劳动的进行，且由于其无偿性使得这种支撑削减了劳动力再生产的成本，从而使得资本可以更加低廉的价格购买男性劳动者的劳动力。然而，女性再生产劳动的无偿性导致了其对男性的从属性，反过来再度强化了女性在家庭、社会结构位置当中的弱势地位。在这一阶段，即便是存在某些吸纳女性进入生产劳动的时期，女性劳动者也主要作为更为廉价的劳动力群体起到"补充"和"替代"的劳动力蓄水池作用。一旦劳动力过剩等问题出现，女性劳动者也往往是最先被排除到劳动力市场之外的群体。[①]

（二）后工业社会中再生产的商品化

在工业社会向后工业社会转变的过程中，伴随着城市大量女性进入到生产领域，核心家庭再生产的需求凸显，而解决方式则主要是以商品化路径应对。因应于此，原本属于家庭之内的女性的无偿

[①] 李洁：《重新发现"再生产"：从劳动到社会理论》，《社会学研究》2021年第1期。

再生产劳动开始部分转换为由家庭之外的女性承担的有偿再生产劳动。与此同时，再生产劳动的商品化有偿化却并未能改变其在整体劳动力市场结构中的从属位置。这是因为，一方面，再生产劳动传统上是由女性在家庭私人领域中所从事的无偿劳动，通常认为是感性的和非技能化的，其价值也因此被低估。相比较于生产劳动，再生产劳动依然是主要由女性从事，且报酬更为低廉。另一方面，工业社会对劳动的概念范畴界定是以机器生产为核心标准的，而相对于机器生产的标准化、流程化和固定化，再生产劳动则更加地感性、多元和流动。据此，从事再生产劳动的劳动者不被接纳为主流的劳动者身份，从而也无法享受相关的劳动权益保护和劳动保障福利，成为没有正式劳动关系和社会保障的非正规劳动者。因而，再生产劳动商品化的过程中，虽然存在着从"无偿"到"有酬"的变化，但再生产劳动者在劳动力市场和社会结构中的从属性结构位置并没有改变。

反而在这一商品化的过程中，发达国家的精英女性面对其家庭的照顾需求，将其以低廉的价格"外包"给底层女性或不发达国家迁移人口中的女性群体。这些女性虽然弥补了精英女性的照顾需求，但是却依然需要面对自身家庭的照顾缺口，其解决方式往往是雇佣更加边缘的老年、少数族裔等女性群体，从而形成了"全球照料链"，以及照料危机向不发达国家和底层群体的转嫁与传导。①

因此，现代性的工业生产体制框架中隐含了生产与再生产的核心与边缘区分，以及建基于此的性别不平等分工秩序。因而有关"男主外女主内"的传统性别意识和劳动分工并非是自然的和

---

① Hochschild, Arlie Russell, *The Managed Heart: Commercialization of Human Feeling* (Berkeley: University of California Press, 2003).

中立的，而是根据市场和资本的价值偏好而建构的，也正是这个被"建构"的框架构成了工业社会和后工业社会中妇女解放的主要阻碍。

（三）基于性别平等理念对再生产实践的反思

对上述建构的反思需关注到三个核心的观点。

第一，再生产的低价值取向。这里建构的关键并非在于生产和再生产领域的分离或区分，而在于推崇生产而贬低再生产的价值预设。虽然在本质上再生产对于社会发展具有基础且必要的作用，在本质上与生产具备同样的社会价值，但再生产却被认为是不具有经济价值或者只具有较低经济价值的。

第二，女性是再生产主要承担主体，其具有刻板性别印象。在生产与再生产价值差异建构的基础上，将其与男女不平等的父权制性别秩序相结合，将再生产女性化，从而将女性及其劳动价值设定为边缘结构位置和低社会价值，再通过家庭中低收入女性对高收入男性的依赖进一步固化了女性的从属地位。

第三，再生产的责任在于家庭私领域的公私边界二元划分倾向。在生产与再生产相区分的基础上，将生产归属于社会公共领域，将再生产归属于家庭私人领域，从而，在宏观社会结构层面将再生产的责任完全推卸到家庭领域，并再结合家庭内的性别分工，使家庭中的女性成为再生产的主要承担者。

因此，在讨论与女性相关的就业发展、家庭责任等议题时，更具男女性别平等意识的选择是将生产与再生产相关的价值差异、公私边界和性别分工相联系，才有利于从本质上实现更公正客观的男女平等目标。而仅着眼于某一单个问题或者单一性别，将可能造成与本身的性别平等目标背道而驰的结果。

（四）早期农村妇女解放的实践经验与局限

20世纪50年代，在社会主义建设过程中，出于对马克思主义妇女解放理论的践行和国家发展对女性劳动力的现实需要，将新中国成立前主要从事家务劳动的农村女性推动到作为重要主体参与农村集体劳动、公共事务的领域当中。在这一阶段，农村女性在政策和实践多方面都成为了与男性具有同等责任和权利的劳动力主体。农村妇女在土地改革中也同样分配到了土地，但由于土地产权分配的形式是以家庭为单位的，因此并未对妇女在经济和劳动领域的参与有重大影响。直到后来的互助合作，特别是到集体化时期，妇女才真正从家庭内部进入到村庄集体生产劳动当中。在这一过程当中涌现出一大批妇女劳动模范，例如山西省的申纪兰和陕西省的"五朵银花"，她们不仅在生产劳动中做出突出的经济贡献，更在政治上深入参与到村庄集体治理工作中。在妇女劳模和典型的带动下，农村参与生产劳动的妇女比例大幅提高，1952年全国参加农业生产的妇女约占农村劳动妇女总数的百分之六十左右，工作好的地区达到百分之八九十。[①] 男耕女织的传统性别劳动分工模式被打破了，广大农村的人民群众逐步树立了在公共领域"男女平等"的性别意识和性别分工。

这一转变不仅是宏观政策倡导的结果，也仰赖于具体地区在执行过程中的认知建构。这一建构的过程既包括自上而下的国家主导模式，也包括自下而上的妇女自主模式。国家主导模式是指政府通过宣传推动了传统的性别分工边界的改变。以陕西地区的棉花种植为例，传统的棉田劳作主要是由男性劳动力从事的，是典型的男人

[①] 邓颖超：《四年来中国妇女运动的基本总结和今后任务——在中国妇女第二次全国代表大会上的工作报告》（1953年），中华全国妇女联合会网站，https://www.women.org.cn/art/1953/4/16/art_45_13017.html，2022年10月29日访问。

的工作。而在推动妇女参与到生产劳动的过程中，政府部门将政策宣传与棉田生产技术改革相结合，强调新式棉田劳作是耗时久动作细的劳动类型，而非男性所习惯的传统的体力为主的劳动类型。以此，成功将棉田劳作的主力劳动者扭转为农村女性，从而将农村男性转移到大炼钢铁、修建水利甚至是农业副业中去。[①] 妇女自主模式是指农村妇女在参与生产劳动的过程中不断挑战和重新定义劳动分工。例如，传统上水稻种植当中的插秧被认为是技术高、工分高的男性劳动，而妇女则主要适合从事技术要求不高但体力要求较高的挑秧劳动。在男女平等的理念倡导下，农村妇女纷纷开始学习插秧技术，从而成功地将不尽合理的水稻种植劳动中的性别分工进行了重新划分。[②]

在这一时期，农村地区的妇女解放工作主要聚焦在生产劳动等公共领域，而在家庭内部妇女原本被认为需要承担家务劳动等责任则成为了当时政策的盲点。虽然在人民公社时期曾经短暂地尝试将家务劳动公共化，但由于这一机制对再生产保障的范围局限性和程度低下性，以及机制本身较短的延续性，使得在农村妇女仍然是家务劳动的主要责任人。在妇女广泛参与到生产劳动的情况下，农村妇女成为了既要从事生产劳动又要承担家务劳动的身兼双重重担的经验双重角色冲突的劳动主体。这一重担和冲突又反过来促使农村妇女群体对于自己新的劳动者身份和解放的意义产生新的困惑和质疑，在一定程度上损害了前述妇女在公共领域从事生产劳动所带来的政策期待。对这一时期进行研究的性别领域学者也进一步提

---

① 高小贤：《"银花赛"：20世纪50年代农村妇女的性别分工》，《社会学研究》2005年第4期。
② 刘亚：《"解放"的历程——20世纪50年代华南农村妇女的生产与社会再生产》，《开放时代》2018年第4期。

出，历史上的这一推动农村妇女进行公共生产劳动的政策，在推动妇女解放的同时也维持并进一步制造了社会性别差异和社会性别不平等。[1]

具体来看，这一时期农村地区男女平等政策的局限性主要体现在两个方面：一个方面是在生产领域将"男女平等"的理念错误理解为男女都一样。在推动妇女参与生产劳动的具体工作中，无视妇女的生理特点和身体健康，盲目追求女性劳动与男性劳动在成果和范畴上的一致，从而对妇女的健康造成了不同程度的影响。[2]在形式上追求妇女解放的同时却造成了妇女在健康等方面的损害，使得妇女解放的成效被部分抵消。另一个方面，当时男女平等政策的推行仅限制在生产劳动等公共领域，而没有将家庭私领域的内部性别分工纳入进来。这使得妇女既要承担生产劳动又要承担再生产劳动，出现了公共领域"解放"而总体却仍然"不平等"的实践悖论。[3]

因此，这一时期的我国农村妇女解放政策，有其破除封建思想、推动妇女参与公共事务的先进性，但也因其对男女平等政策的形式化解读和政策影响范围仅限于公共领域的局限性，使得当时的农村妇女解放政策成效受到了一定程度的限制。而对这一时期男女平等政策实践的回溯和反思将是我们在未来更进一步推动相关政策调整完善的重要前提和基础。在当前面临前所未有的发展机遇的同时，只有全面反思在生产、再生产和公私领域既有的性别不平等

---

[1] 高小贤：《"银花赛"：20世纪50年代农村妇女的性别分工》，《社会学研究》2005年第4期。李放春、邱淑怡：《成为"当家人"：20世纪50年代西南农村一位基层女劳模的生命历程研究》，《妇女研究论丛》2022年第2期。

[2] 高小贤：《"银花赛"：20世纪50年代农村妇女的性别分工》，《社会学研究》2005年第4期。

[3] 张志永：《女权的缺位：大跃进时期华北农村男女平等的悖论》，《江苏社会科学》2011年第1期。

现状和复杂的政策实践与交叉情况，才有可能推动我国妇女发展政策，特别是农村妇女发展政策更进一步地完善与协调。

四、政策建议：推动再生产劳动的社会化与去性别化

乡村发展的核心在人，乡村妇女是全面推进乡村振兴战略的关键力量。在现阶段的乡村实践中，女性是农村家庭建设、产业发展和乡村社会治理等方方面面落实政策、推进发展的主力军。因此，在巩固脱贫攻坚成果、深化乡村振兴战略的关键时期，在政策上要进一步落实男女平等的基本国策，优化乡村女性的发展资源和成长空间，充分发挥乡村女性的能动性和主体性，使其不仅成为乡村振兴战略的受益者，更成为推动者、攻坚者和贡献者，真正成为社会治理和发展建设的生力军。基于对我国农村妇女解放事业历史经验的梳理和对现阶段相关政策的分析，本文认为基于乡村振兴的核心目标，在推动农村地区妇女发展的政策调整与完善方面，需要着眼于以下几个方面：

第一，在生产和再生产整合框架下，系统性地制定政策，通盘考虑和推动农村妇女发展。现有农村妇女发展的相关政策将妇女在经济领域的土地权益、就业权益等作为首要和核心的政策抓手，这当然具有推动妇女发展特别是提升经济地位的针对性。但妇女在当前阶段仍然是家庭内无偿家务劳动的责任主体的既存事实，以及社会主义建设初期仅着眼于妇女参与公共领域而忽视家庭内部性别分工所带来的消极影响的既有经验都提醒我们，在新时代实现全面推动男女平等基本国策，深化落实农村妇女发展的目标，就要将与妇女发展相关的生产和再生产统一，形成妇女发展的整合框架，制

定系统性的政策，在两个领域有针对性地、相互呼应和配合地推动农村妇女在经济、政治、健康、教育等方面实现全方位可持续发展。

第二，倡导再生产的社会价值，提升再生产的经济价值。市场和资本出于获取超额价值的目的，将再生产进行低价值、隐性化处理，从而使作为其主要承担者的女性处于弱势的结构位置。从马克思对生产与再生产的概念范畴和社会主义妇女理论对再生产的客观论述，在推动妇女发展的过程中需要破除资本对再生产的偏颇认知，在理念上倡导全社会对再生产重要价值的认可，在制度上保障相关从事者的合理劳动报酬和社会地位，在宏观维度上为再生产的社会化和去性别化分工提供基础。而这一趋势的形成将不仅惠及妇女群体，更是解决我国即将进入老龄社会而面临的养老公共服务缺口，以及提升育龄人口生育意愿等，解决即将到来的照料赤字，促进照料经济健康可持续发展的重要举措。①

第三，推动再生产领域的妇女解放，倡导男女两性在再生产领域中的平等责任和合理分工。生产领域的性别不平等是建基于再生产领域的性别化分工。而当前我国推动农村妇女发展的政策则主要聚焦于妇女在就业创业等生产领域的发展，却忽视了其在再生产领域的双重角色与冲突，这是导致农村妇女相关政策呈现出双重局限性的重要原因。从全面落实男女平等基本国策的目标出发，对再生产领域性别分工的合理化推动势在必行。这一点在我国的城市相关政策中已经有了逐步体现，例如男性的陪产假、育儿假等，这表明我国的性别平等政策在性别平等理念方面的认知是全面和先进的，但遗憾的是这种认知的受益范围目前仍仅限于城市妇女群体，而广大

---

① 肖索未、简逸伦：《照料劳动与社会不平等：女性主义研究及其启示》，《妇女研究论丛》2020年第5期。佟新、周旅军、马冬玲：《关怀经济学与投资女性——中国经济的新增长点》，《社会发展研究》2015年第2期。

农村妇女由于历史和现实的原因仍然未能惠及。因此，即便以城乡统筹协调发展的角度，也应该尽快倡导农村地区再生产领域的性别平等分工，并制定具体政策对此进行引导和支持。

第四，积极承担政府在再生产领域的公共责任。我们既要看到再生产的发生范围主要在家庭私领域，也要看到再生产具有公共责任与社会意义。在推动男女两性平等承担家庭领域内的分工责任的同时，政府也需要进一步分析与梳理家庭照料中的公私责任边界，制定相关政策向有需要的民众提供必要的物质支持和公共服务，以帮助个体民众和单个家庭抵御其无力承担的系统风险和结构缺陷。

（执笔人：梁萌）

第九章
农村人口的双向流动与政策方向

一、引言

党的十九大作出了实施乡村振兴战略的重大决策部署。2018年中共中央、国务院颁布《关于实施乡村振兴战略的意见》，明确了"坚持农民主体地位"的基本原则，提出要"充分尊重农民意愿，切实发挥农民在乡村振兴中的主体作用，调动亿万农民的积极性、主动性、创造性"。乡村振兴，关键在人，乡村人口作为乡村振兴战略实施的主要参与者和保障者，其发展状态是影响乡村振兴战略实施成效的关键因素。[①] 将乡村视作主要廉价劳动力的来源、将农民和农民工视作招引全球资本的筹码等有可能会逐步成为过去，未来将朝着"共同富裕"的目标迈进。[②]

人口流动是乡村人口数量、规模、结构以及地区社会经济发展等的重要影响因素。伴随着城镇化进程中乡村人口大量外流，乡村振兴战略目标下的乡村人口基础存在人口规模持续减少、家庭规模减小、人口中度和重度老龄化、抚养压力持续增加等问题，将限制农村经济的发展，并导致乡村传统属地治理模式的失效。不少研究

[①] 柳建平、方志文：《农村人口转变、农户经济状况与乡村振兴》，《投资研究》2019年第12期。
[②] 黄宗智：《中国乡村振兴：历史回顾与前瞻愿想》，《中国乡村研究》2021年第1期。

揭示了乡城人口流动导致农村劳动力短缺、农业就业人口减少以及乡村人口老龄化深化等事实特征。例如，贵州省2019年人口净流出超过900万人，其中绝大多数为乡村人口。[①] 乡村人口的大量流失致使农业劳动力匮乏，"70后"不愿种田，"80后"不会种田，"90后"不谈种田的现象十分普遍[②]。而未来人口的乡城转移仍将持续，并仍将伴有大规模的留守人员。[③]

近年来，人口流动呈现出城乡"双向流动"的新趋势。我国的人口流动逐渐由乡到城的单向流动转向城乡双向流动，尤其是受第一代农民工部分返乡、劳动密集型产业从沿海向中西部转移、乡村创业就业机会增加及人居环境改善等，人口从城镇向乡村流动的增加将愈发显著。[④] 类似的，有研究表明，现在一方面乡村人口外流的趋势会放缓，另一方面，回到村庄、县城的人会越来越多，例如在浙江沿海该现象就十分明显。[⑤] 中国传统的"自西向东的人口梯度流动模式"已经被"东强西弱的非对称双向流动模式"所取代，人口回流成为当前人口流动中的常态。[⑥]

[①] 武汉大学乡村振兴研究课题组:《脱贫攻坚与乡村振兴战略的有效衔接——来自贵州省的调研》,《中国人口科学》2021年第2期。

[②] 杨喜刚、刘国汉:《人力资源短缺是制约乡村振兴的突出问题》,《中国老区建设》2019年第10期。

[③] 赵周华:《中国农村人口变化与乡村振兴:事实特征、理论阐释与政策建议》,《农业经济与管理》2018年第4期。刘守英、程国强等:《中国乡村振兴之路——理论、制度与政策》,科学出版社和龙门书局,2021,第278页。刘厚莲、张刚:《乡村振兴战略目标下的农村人口基础条件研究》,《人口与发展》2021年第5期。

[④] 叶兴庆、程郁、赵俊超、宁夏:《"十四五"时期的乡村振兴:趋势判断、总体思路与保障机制》,《农村经济》2020年第9期。

[⑤] 韩俊:《解读一号文件:防止农村人口过度流失》,《中国经济信息》2018年第6期。

[⑥] 李雨婷、喻忠磊、苗长虹、张静、袁留阳、侯晓静:《多维邻近性对流动人口回流意愿的影响——基于中国流动人口动态监测数据的实证》,《地理科学进展》2022年第8期。

然而，在人口城乡双向流动的视域下，学界就乡村振兴究竟靠谁这一问题存在分歧。有学者指出，乡村振兴的关键在于要充分发挥返乡人口的人才优势。但现阶段，实际返乡的现状与乡村振兴战略的总体要求仍存在较大差距。[1] 也有学者认为，应当主要依靠当前生活在农村的人，而不是把已经进城的人重新吸引回农村。[2] 本章认为上述问题的争论归根到底依赖于对乡村人口特征、格局及其变化过程的深刻理解。

在此背景下，本章将从主要的涉农人口政策及现实出发，考察城乡双向流动趋势下涉及的主要人群以及不同人群存在发展困境，并针对这些问题提出可能的解决路径。具体而言，本章首先将以中央一号文件作为主要的政策依据，并结合其他相关政策，以人口流动为切入点，分析近二十年来，国家政策对于乡村人口格局变动的定位。其次，从现实出发，通过已有数据及文献，描绘当前乡村人口双向流动的现状及特征。在此基础上，探寻乡村人口变化中存在的主要症结、成因以及政策启示。

二、乡村人口发展的政策愿景

表9-1展示了2004年以来的中央一号文件以乡村人口流动为切入点的相关政策条文。整体上看，近二十年来的中央一号文件对乡村人口发展的政策愿景呈现以下主要特征。

---

[1] 李帆、冯虹、艾小青：《乡村振兴背景下土地资源禀赋对农业转移人口返乡意愿的影响》，《人口与经济》2020年第6期。
[2] 陈友华、苗国：《乡村振兴：认识误区、比较优势与制度变革》，《江苏行政学院学报》2020年第2期。

表 9-1　2004 年以来中央一号文件有关乡村人口流动的相关政策

年份	涉及农村人口流动相关的政策条文示例	政策导向
2004	三、发展农村二、三产业，扩宽农民增收渠道：（九）繁荣小城镇经济	引导农民进入小城镇，通过吸纳农村人口带动农村发展
2006	三、促进农民持续增收，夯实社会主义新农村建设的经济基础：（十一）拓宽农民增收渠道	加快转移农村劳动力，不断增加农民的务工收入
2007	六、培养新型农民，造就建设现代农业的人才队伍：（一）培育现代农业经营主体	（1）鼓励外出务工农民回乡创业；（2）支持工商企业、毕业生、乡土人才创办现代农业企业
2008	一、加快构建强化农业基础的长效机制：（四）探索建立促进城乡一体化发展的体制机制；四、着力强化农业科技和服务体系基本支撑：（三）大力培养农村实用人才	（1）引导资金、技术、人才等资源向农业和农村流动；（2）对毕业后到农村基层从事农林水专业工作达到一定年限的毕业生实行国家助学贷款代偿政策
2009	三、强化现代农业物质支撑和服务体系：（十）加快农业科技创新步伐；五、推进城乡经济社会发展一体化：（二十四）积极扩大农村劳动力就业	（1）支持科技人员和大学毕业生到农技推广一线工作；（2）落实农民工返乡创业扶持政策
2010	二、提高现代农业装备水平，促进农业发展方式转变：（十）提高农业科技创新和推广能力；三、加快改善农村民生，缩小城乡公共事业发展差距：（十三）努力促进农民就业创业	（1）鼓励高校涉农专业毕业生到基层农技推广机构工作；（2）为农民工返乡创业提供政策扶持；（3）促进农村劳动力平稳有序转移
2012	四、加强教育科技培训，全面造就新型农业农村人才队伍：（十五）加快培养农业科技人才；（十六）大力培训农村实用人才	（1）选拔大学生到乡镇担任农业技术推广服务特岗人员；（2）对符合条件的农民工返乡创业项目给予支持
2013	六、改进农村公共服务机制，积极推进城乡公共资源均衡配置：（三）有序推进农业转移人口市民化	推进人口城镇化（特别是农民工在城镇落户）
2015	二、围绕促进农民增收，加大惠农政策力度：（十三）拓宽农村外部增收渠道	促进农民转移就业和创业
2016	一、持续夯实现代农业基础，提高农业质量效益和竞争力：（六）加快培育新型职业农民；四、推动城乡协调发展，提高新农村建设水平：（十八）提高农村公共服务水平	（1）引导返乡农民工等加入职业农民队伍；（2）健全农村劳动力专业就业服务体系，稳定并扩大外出农民工规模，支持农民工返乡创业

续表

年份	涉及农村人口流动相关的政策条文示例	政策导向
2017	六、加大农村改革力度，激活农业农村内生发展动力：（三十二）健全农业劳动力专业就业和农村创业创新	（1）支持进城农民工返乡创业；（2）鼓励高校毕业生等各类人才回乡下乡创业创新
2018	十、汇聚全社会力量，强化乡村振兴人才支持：（四）鼓励社会各界投身乡村建设；（五）创新乡村人才培育引进使用机制	（1）吸引更多人才投身现代农业，培养造就新农民；（2）建立自主培养与人才引进相结合、多种方式并举的人力资源开发机制
2019	四、发展壮大乡村产业，拓宽农民增收渠道：（六）支持乡村创新创业	鼓励外出农民工等各类人才返乡创新创业
2020	五、强化农村补短板保障措施：（二十五）推动人才下乡	畅通各类人才下乡渠道，支持大学生、退役军人、企业家等到农村干事创业
2021	三、加快推进农业现代化：（十三）推进现代农业经营体系建设	吸引城市各方面人才到农村创业创新，参与乡村振兴和现代农业建设
2022	四、聚焦产业促进乡村发展：（十九）促进农民就地就近就业创业；七、加大政策保障和体制机制创新力度：（三十一）加强乡村振兴人才队伍建设	（1）推进返乡入乡创业园建设，落实各项扶持政策；（2）鼓励地方出台城市人才下乡服务乡村振兴的激励政策
2023	六、拓宽农民增收致富渠道：（二十一）促进农民就业增收；九、强化政策保障和体制机制创新：（二十二）加强乡村人才队伍建设	（1）加强返乡入乡创业园、农村创业孵化实训基地等建设；（2）完善城市专业技术人才定期服务乡村激励机制；（3）允许符合一定条件的返乡回乡下乡就业创业人员在原籍地或就业创业地落户
2024	六、加强党对"三农"工作的全面领导：（二十八）壮大乡村人才队伍	有序引导城市各类专业技术人才下乡服务

（一）推进人口城镇化、加快农业人口转移是主线

近二十年来乡村人口发展政策的主线为推进人口城镇化、加快农业人口转移或积极引导农民进城。基于人口城镇化，推进城市户籍制度改革以及促进人口市民化成为近二十年来的中央一号文件重要的政策方向。此外，《国家新型城镇化规划(2014—2020年)》指

出要采取措施实现农业转移人口市民化和基本公共服务均等化。[①]《"十四五"新型城镇化实施方案》指出，2020年末，1亿农业转移人口和其他常住人口在城镇落户目标顺利实现。到2035年前后，要实现5亿农业转移人口市民化。[②]2021年以来的中央一号文件则进一步指出了要推进县域农民工的市民化。这一点在党的二十大报告中也有体现，报告提出要"推进以人为核心的新型城镇化，加快农业转移人口市民化"。2024年的中央一号文件提到了新一轮农业转移人口市民化行动，强调要"鼓励有条件的县（市、区）将城镇常住人口全部纳入住房保障政策范围"。

（二）引导农民工返乡创业是重要方向

2007至2010年的中央一号文件中多次提及农民工返乡创业，这主要与因金融危机引致世界经济低迷相关。2016年中央一号文件对于返乡农民工提出差异化的发展导向，一方面引导其加入职业农民队伍，另一方面鼓励其创业。2017年以来，吸引农民工回乡创业就业成为中央一号文件所强调的一项重要任务。为此，国家高度重视返乡农民工的创业就业，先后出台了一系列关于支持农民工返乡创业就业的政策。自2004年起，农民工返乡创业总体呈现出三次浪潮，包括金融危机、产业升级及乡村振兴三个阶段。[③]此外，有学者指出未来乡村振兴仍需重点关注中西部地区和少数民族地

[①] 段成荣、吕利丹、王涵、谢东虹：《从乡土中国到迁徙中国：再论中国人口迁移转变》，《人口研究》2020年第1期。
[②] 崔宝玉、霍梦婷：《流动特征、政府服务与农业转移人口市民化意愿》，《农村经济》2019年第7期。
[③] 李彦娅、谢庆华：《农民工返乡创业的动力机制研究——基于三次返乡创业高潮的调查》，《重庆社会科学》2019年第7期。

区。①2020年的中共中央、国务院《关于新时代推进西部大开发形成新格局的指导意见》也同样指出，需要"积极引导农村劳动力转移就业和农民工返乡创业就业"。

（三）其他各类人才返乡创业成为新方向

2018年的中央一号文件明确指出："实施乡村振兴战略，必须破解人才瓶颈制约。要把人力资本开发放在首要位置，畅通智力、技术、管理下乡通道，造就更多乡土人才，聚天下人才而用之。"此外，"要培育富有地方特色和时代精神的新乡贤文化，积极引导发挥新乡贤在乡村振兴，特别是在乡村治理中的积极作用"。新乡贤，主要包括扎根乡土的贤人志士、退休返乡的企业家、知识分子及其他所有愿意为家乡发展建设出钱出力的人，已连续多年写入中央一号文件。②在此基础上，2019年《关于鼓励引导人才向艰苦边远地区和基层一线流动的意见》指出，进一步完善人才培养、吸引、流动和激励保障机制，鼓励引导更多优秀人才到艰苦边远地区和基层一线贡献才智、建功立业。2021年《中华人民共和国乡村振兴促进法》中提到："各级人民政府应当完善扶持政策，加强指导服务，支持农民、返乡入乡人员在乡村创业创新，促进乡村产业发展和农民就业。"同年，中共中央、国务院出台《关于加快推进乡村人才振兴的意见》，明确要加快培养农业生产经营、农村二三产业发展、乡村公共服务、乡村治理、农业农村科技等五大类人才，指出要"坚持把乡村人力资本开发放在首要位置，大力培养本土人才，引导城市人才下乡，推动专业人才服务乡村，吸引各类人才在乡村振兴中建

---

① 刘厚莲、张刚：《乡村振兴战略目标下的农村人口基础条件研究》，《人口与发展》2021年第5期。
② 何菁菁：《乡村振兴背景下农村人才战略的困境与出路》，《投资与合作》2021年第10期。

功立业，健全乡村人才工作体制机制，强化人才振兴保障措施，培养造就一支懂农业、爱农村、爱农民的'三农'工作队伍，为全面推进乡村振兴、加快农业农村现代化提供有力的人才支撑"。2022年，党的二十大报告强调，要"加快建设农业强国，扎实推动乡村产业、人才、文化、生态、组织振兴"。2022年12月，习近平总书记在中央农村工作会议上指出："要坚持本土培养和外部引进相结合，重点加强村党组织书记和新型农业经营主体带头人培训，全面提升农民素质素养，育好用好乡土人才；要引进一批人才，有序引导大学毕业生到乡、能人回乡、农民工返乡、企业家入乡，帮助他们解决后顾之忧，让其留得下、能创业。"

综上，除了依旧生活在乡村的农民以外，农业人口转移、返乡农民工创业就业、其他各类人才返乡创业等将成为未来乡村人口格局变迁的主要因素。后两者被学界称之为"城归"，其基本思路是，利用"城归"人口补位乡村振兴主体。[①]这里的"城归"既包括狭义上的返乡农民工，即原本拥有农业户籍，在城市就业和生活一段时间后返回农村就业创业和生活的农民工，也包括广义上从农村走出去又回到农村的人员，如具有较高素质的农村大学生和城镇企业招工人员等。[②]然而，如何让乡村的机会吸引人，让乡村的环境留住人成为亟待解决的现实问题。正如王晓毅指出，有别于强调"农"的农村，在人口外流的背景下，乡村振兴的目标在于使得强调"人"的乡村重新成为有人生活的空间。改革开放的前二十年，政策支持

[①] 何阳、娄成武：《乡村智治：乡村振兴主体的回归——与"城归"人口补位路径的比较》，《理论月刊》2021年第8期。

[②] 何阳、娄成武：《乡村智治：乡村振兴主体的回归——与"城归"人口补位路径的比较》，《理论月刊》2021年第8期。李娟、庄晋财、马小龙：《移民就业经历影响"城归"人口创业吗？——基于社会认知的视角》，《福建论坛·人文社会科学版》2020年第6期。

农民工外出务工来弥补他们在就业经验和技能上的不足，而后二十年，农民可能面临的更多困难是如何留在乡村。①

此外，有关乡村人口发展的讨论需要置于城镇化建设及城乡融合发展的政策背景之下。《乡村振兴战略规划（2018—2022年）》指出，大力发展吸纳就业能力强的产业和企业，结合新型城镇化建设合理引导产业梯度转移，创造更多适合农村劳动力转移就业的机会，推进农村劳动力转移就业示范基地建设。构建田园综合体，是城乡融合中的新城镇，可以将工业、服务业以及现代农业结合起来，共同推动城镇化发展，农民可以实现就地城镇化。②有学者指出，现代化的农村不仅要有发达的农业，同时也要有发达的非农产业体系。③就现代农业而言，相关政策均提出，未来针对农民的职业教育将持续加强，农村实用人才将稳步增长，未来包括新型农业经营服务主体经营者、返乡入乡创业就业者等新型职业农民的规模将持续增长，这将成为乡村振兴战略人才振兴的重要来源。④中国城镇化正经历着回归乡土、重构城乡社会空间和重塑社会形态的过程。⑤

---

① 王晓毅：《重建乡村生活 实现乡村振兴》，《华中师范大学学报（人文社会科学版）》2019年第1期。
② 隋福民、韩锋：《中国农业人口城镇化的主要问题与突破路径》，《宁夏党校学报》2018年第2期。
③ 叶兴庆：《新时代中国乡村振兴战略论纲》，《改革》2018年第1期。
④ 刘厚莲、张刚：《乡村振兴战略目标下的农村人口基础条件研究》，《人口与发展》2021年第5期。
⑤ 焦长权：《从乡土中国到城乡中国：上半程与下半程》，《中国农业大学学报（社会科学版）》2022年第2期。

三、乡村人口双向流动：政策成效及挑战

（一）政策成效

1. 乡村人口流动

自改革开放以来，伴随着工业化、城镇化、市场化、信息化等进程，乡村人口大规模流向城镇。[①] 在此过程中，乡村常住人口占全国总人口比重也不断减少，近二十年来更是大幅度减少。如图 9-1 所示，乡村常住人口占全国总人口比重由 2000 年的 63.78% 下降到 2020 年的 36.11%。从人口总数上看，全国人口普查显示，2020 年居住在乡村的人口为 50978 万人，与 2010 年相比减少了 16436 万人，10 年间乡村人口减少了约四分之一。

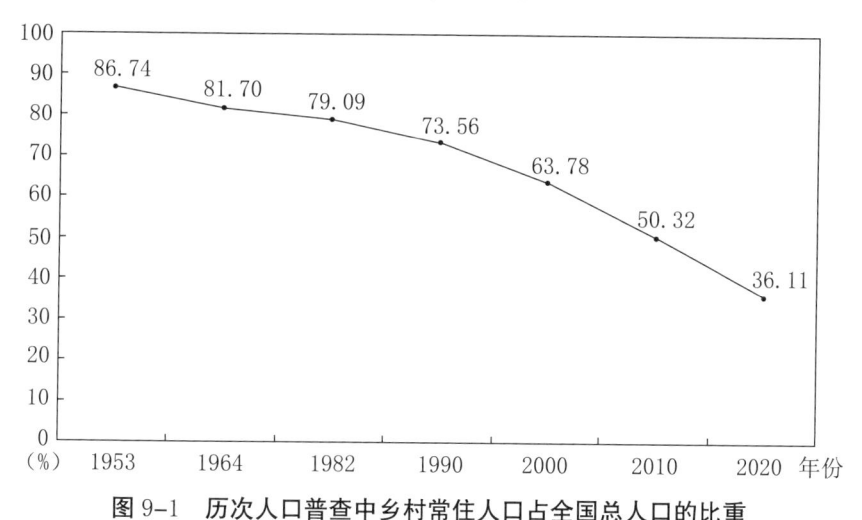

图 9-1 历次人口普查中乡村常住人口占全国总人口的比重

在此背景下，当前我国人口流动的方向仍以从乡村到城市的流

[①] 在不同语境下乡村的内涵存在一定差异。例如，《中华人民共和国乡村振兴促进法》指出，乡村是城市建成区以外具有自然、社会、经济特征和生产、生活、生态、文化等多重功能的地域综合体，包括乡镇和村庄等。《关于统计上划分城乡的规定》提及，乡村包括乡中心区和村庄。本章不作严格区分。此外，尽管人口迁移和人口流动这两个概念在人口学中存在差异，但本章不作严格区分。

动为主，近二十年来乡—城流动人口占流动人口总量的比例呈现整体上升趋势。2000年、2010年和2020年乡—城流动人口占流动人口总量的比例分别为52.2%、63.2%和66.3%，表明乡—城流动过程具有稳定性[①]（图9-2）。与之相对应，乡—乡流动人口和城—乡流动人口的比重在近二十年来呈现下降趋势，合计占比从2000年的27%下降到2020年的11.9%，这一点与政策愿景形成鲜明对比。根据国家统计局农民工监测调查报告显示，尽管我国农民工总量在2020年首次出现了负增长现象[②]，近几十年来总体呈上升趋势，2021年全国农民工总量高达29251万人。

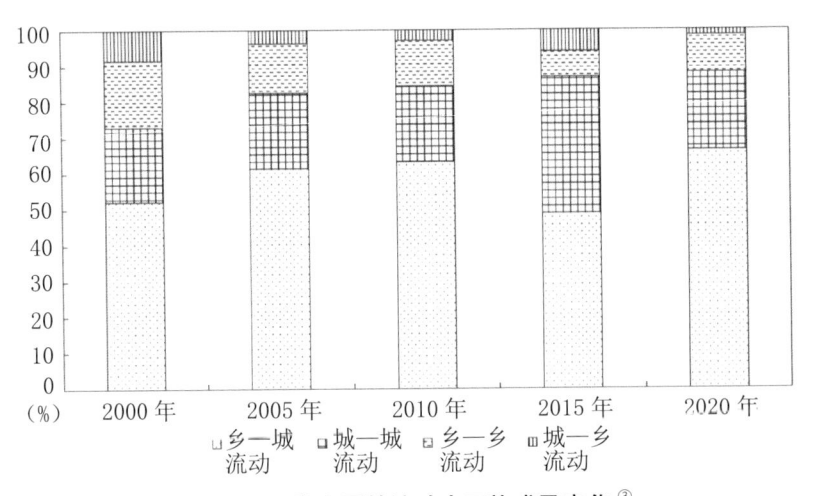

图9-2　四类主要的流动人口构成及变化[③]

乡村人口流动的总体过程，大致经历了从以省内迁移流动、临

[①] 周皓：《中国人口流动模式的稳定性及启示——基于第七次全国人口普查公报数据的思考》，《中国人口科学》2021年第3期。该文指出了基于第七次全国人口普查数据，即根据户籍登记地、户籍属性及现居住地来识别乡—城流动。王培刚：《把握流动人口特征变化趋势》，《中国社会科学报》2021年8月4日，第2222期。

[②] 李培林：《乡村振兴和逆城镇化》，《中国乡村发现》2022年第2期。

[③] 2000至2015年数据来源：段成荣、谢东虹、吕利丹：《中国人口的迁移转变》，《人口研究》2019年第2期。2020年数据来源：聂日明、潘泽瀚：《中国人的流动：七普数据大透视》，澎湃新闻2022年7月22日。

时性工作、男性居多及体力劳动为主等特征的"离土不离乡",到省际流动频繁、外出务工经商取代乡镇企业就业等为特征的"离土又离乡",再到家庭化、以普遍接受过中学以上教育并具备一定知识技能的新生代农民工为主等特征的"离土不回乡"的几个阶段。[1] 有研究表明,改革开放以来的前二十年间,尽管大量农民外出务工,但其生活重心仍然在乡村,例如,他们通过汇款维系农业生产。然而,后二十年间,其生活重心逐渐转移到城镇,举家外出的现象尤为普遍。[2] 农村家庭联产承包责任制、人口年龄结构转变、市场经济发展、户籍制度及人口政策松动、国内经济体制转型及全球经济发展水平等是导致上述乡村人口流动变化的重要动因。[3]

流动人口已经成为城镇人口增长的主导因素。[4] 根据《"十四五"新型城镇化实施方案》,2020 年末我国常住人口城镇化率达到 63.89%,户籍人口城镇化率提高到 45.4%,1 亿农业转移人口和其他常住人口在城镇落户目标顺利实现。王培刚利用 2009 至 2018 年全国流动人口动态监测数据及七普数据指出,新生代流动人口成为人口流动的主力军,作为产业工人的中坚和新市民的主体,

---

[1] 刘守英、程国强等:《中国乡村振兴之路——理论、制度与政策》,科学出版社和龙门书局,2021,第 278 页。翟振武、王宇、石琦:《中国流动人口走向何方?》,《人口研究》2019 年第 2 期。赵占博:《人口大流动时代农村集体经济发展路径》,《社会科学家》2019 年第 4 期。

[2] 王晓毅:《重建乡村生活 实现乡村振兴》,《华中师范大学学报(人文社会科学版)》2019 年第 1 期。

[3] 段成荣、吕利丹、王涵、谢东虹:《从乡土中国到迁徙中国:再论中国人口迁移转变》,《人口研究》2020 年第 1 期。王桂新:《新中国人口迁移 70 年:机制、过程与发展》,《中国人口科学》2019 年第 5 期。

[4] 周皓:《中国人口流动模式的稳定性及启示——基于第七次全国人口普查公报数据的思考》,《中国人口科学》2021 年第 3 期。

他们中的绝大多数返迁回农村的概率较小。①

然而,由于户籍制度等的限制,乡村人口"不完全"流动以及由此带来的"半"城市化和乡村留守人口问题较为突出。迁入城市的乡村人口无法获得城市户籍和享受城市居民待遇,这也是城市社会矛盾激化的重大隐患。②学界常用"386199部队"来描述留守人口群体,在2015年,我国有6000万儿童、4700万妇女和5000万老人留守农村。③有研究进一步指出,该留守人口格局正朝向以留守老人为主的"99部队"转变。④

2. 乡村人口回流

尽管现阶段城—乡流动人口的比重仍然较低,乡村人口回流的新趋势仍值得关注。2015年1%人口抽样调查数据表明,2015年回流总人数为1536万人,其中返回城市街道、镇和乡村的比例分别为36.6%、23.2%和30.1%。⑤以农民工、城市企业家、高等院校毕业生、退役军人和科技人员等为代表的返乡入乡创业人员为例,截至2021年,全国各类返乡入乡创业创新人员达1120万人,比2020年增加110万人,同比增长11%。⑥有学者指出,近年来出现了非农产业进入乡村的新机会,在精准扶贫的推动下,人员返乡、电商和

---

① 王培刚:《把握流动人口特征变化趋势》,《中国社会科学报》2021年8月4日,第2222期。
② 王桂新:《新中国人口迁移70年:机制、过程与发展》,《中国人口科学》2019年第5期。
③ Yansui Liu, Yuheng Li, "Revitalize the world's countryside," *Nature* 548 (2017): 275-277。
④ 张云华、周群力:《顺应乡村人口走向,谋篇布局乡村建设》,《中国发展观察》2021年第Z1期。
⑤ 马忠东:《改革开放40年中国人口迁移变动趋势——基于人口普查和1%抽样调查数据的分析》,《中国人口科学》2019年第3期。
⑥ 规划实施协调推进机制办公室:《乡村振兴战略规划实施报告(2018—2022年)》,中国农业出版社,2022,第29页。

扶贫车间等各种形式的非农产业大量涌现。[1]例如,在南京市东山街道佘村,在政策支持下,建设发展乡村旅游度假区,引进项目、吸引旅游企业落户,连接农村、农民和市场。[2]在武汉市汉正街和仙桃市毛嘴镇,原先城市的服装产业转移至乡村,逐渐形成跨区域城乡合作模式。[3]另一项研究表明,2017年的返乡下乡创业人员中,82%以上创办的都是农村一二三产业融合类项目,不仅包括特色种养业和农产品精深加工,还包括乡村旅游、农村电子商务等。[4]

从返乡意愿上看,有学者基于2016年全国流动人口动态监测调查数据发现,在全国层面,有返乡意愿的人口整体比例较低;而在返乡意愿较高的人群中,男性比例略高于女性,绝大多数为已婚状态,受教育程度主要为初中学历,在流入地主要以租房生活为主。[5]有研究发现,农村青年外出务工很少以定居城市当作目标,相反,会以"镀金""长见识"来总结自己的务工经历,返乡创业不仅是一种追求经济价值的表现,也能够兼顾赡养父母,维系血缘纽带。[6]

从返乡动因上看,有学者基于"推拉理论"分析了农民工返乡创业的原因。研究认为,农民工返乡创业的推力主要包括全球经

---

[1] 王晓毅、阿妮尔:《全球视野下的中国特色乡村振兴:制度优势与行动路径》,《社会学研究》2022年第5期。

[2] 谈灿:《乡村振兴背景下农村青年返乡创业的困境及对策分析》,《湖北农业科学》2020年第19期。

[3] 刘达、林赛南、李志刚、刘凌波:《"人口回流"视角下的中部地区乡村振兴——对湖北"毛嘴模式"的实证》,《地理科学》2020年第1期。

[4] 凌慧敏、徐晓林:《重塑城乡关系 合理引导人口迁移》,《学习与实践》2018年第10期。

[5] 李雨婷、喻忠磊、苗长虹、张静、袁留阳、侯晓静:《多维邻近性对流动人口回流意愿的影响——基于中国流动人口动态监测数据的实证》,《地理科学进展》2022年第8期。

[6] 谈灿:《乡村振兴背景下农村青年返乡创业的困境及对策分析》,《湖北农业科学》2020年第19期。

济复苏乏力、国内大中小城市积极推进产业转型升级致使中低端产业产能受限抑或转移异地、城镇较高的生活成本、人工成本提升及新技术革新替代、第一代农民工非正规就业等现实困境以及城镇各种制度壁垒。农民工返乡创业的拉力则主要包括家乡基础设施改善和快速发展、各项惠农政策的支持、子女教育及赡养老人等现实问题、家乡拥有丰富的社会资本等。① 也有学者强调了农村土地资源对乡村人口回流的影响，研究发现土地资源禀赋（包括承包地和宅基地）对返乡意愿具有显著的正向影响。土地资源的生产及社会保障功能能够为乡村人口返乡提供支持。返乡人员不仅能够通过出租、转让、股份合作等多样化的形式获取必要的资金支持，也能够与土地结合再就业，充分发挥其就业、住房等多元保障功能。② 此外，乡村在文化、生态环境等方面的优势以及其自身经济发展也能够吸引一部分城镇人口流向乡村地区谋求新的发展。③

从返乡对乡村发展的影响上看，返乡人员能够提供丰富的资金支持、提升市场化程度，在社会资源配置等方面补足乡村发展资源短板。④ 有研究表明，乡村劳动力的"智力回流"不仅可以给农村带来技术，促进乡村非农产业发展，促进乡村地域资源要素的流动和重构，提高乡村资源配置效率，也能带来文化扩散效应，推动乡村社会文化的发展。⑤

---

① 曹宗平：《经济新常态下农民工返乡创业的多重动因与特殊作用》，《广东社会科学》2019年第3期。
② 李帆、冯虹、艾小青：《乡村振兴背景下土地资源禀赋对农业转移人口返乡意愿的影响》，《人口与经济》2020年第6期。
③ 李业芹：《"半城半乡"背景下的乡村振兴之道》，《人民论坛》2020年第15期。
④ 李业芹：《"半城半乡"背景下的乡村振兴之道》，《人民论坛》2020年第15期。
⑤ 佟伟铭、郭加新、苏飞、徐维祥：《乡村振兴背景下人口迁移对乡村转型发展影响的研究进展与展望》，《地理科学》2022年第4期。

（二）现实挑战

无论是乡村人口发展的政策愿景还是其政策成效，均反映出人口的城乡双向流动将是乡村振兴战略和新型城镇化并行的背景之下乡村人口格局变迁的重要特征。中国若要实现乡村振兴，未来仍应坚持推动乡村人口向城镇流动同时鼓励市民和资本下乡。[1]然而，当前的城乡自由及双向流动仍受到诸多限制并存在一定现实挑战。

户籍制度和土地制度仍是当前农民进城、市民及资本下乡的制度障碍。一方面，乡村人口市民化的过程并非是乡城之间的简单位移，而是需要乡城流动人口能动地跨越由制度所形塑的场域界限、被新的共同体接纳并且实现与新场域的有机融合。该过程是各级政府对城镇人口容量的考虑，其深层制度是一种单向流动的精英筛选机制，即获得市民身份需放弃农村户籍身份和农村集体利益，这制约了流动人口自主选择"融城—返乡"的双向流动机制的形成。[2]另一方面，有研究指出了农村承包地的产权制度安排是影响人口及资本城乡之间流动的关键因素。承包地在"两权分离"（所有权和承包经营权）的产权制度安排下，社会资本难以进入农村，承包经营权的双重属性也使得农民担心承包地流转给返乡创业农民从事规模化经营后难以收回，进而导致农村外出能人返乡创业受阻。[3]此外，一些研究指出，流动人口由乡村集中到城市，进入一个完全陌生的环境，容易产生不适应甚至边缘化的现象。[4]与此相对应，

---

[1] 李增刚：《农民进城、市民下乡与乡村振兴》，《学习与探索》2018年第5期。
[2] 王通：《脱嵌式社会流动：中国乡城流动人口市民化的制度逻辑》，《求实》2022年第3期。
[3] 谢地、李梓旗：《城镇化与乡村振兴并行背景下的城乡人口流动：理论、矛盾与出路》，《经济体制改革》2020年第3期。张广辉、陈鑫泓：《乡村振兴视角下城乡要素流动困境与突破》，《经济体制改革》2020年第3期。
[4] 段成荣、吕利丹、王涵、谢东虹：《从乡土中国到迁徙中国：再论中国人口迁移转变》，《人口研究》2020年第1期。

在一些乡村地区，外来人口如何成为乡村居民并融入乡村生活成为一个需要谨慎对待的政策问题，也需要探索新的组织形式促进乡村对外来人口的接纳和融合。①

促进包括农民工在内的各类人员返乡创业就业面临一系列的挑战。有研究关注农村青年返乡创业面临的困境，认为政府以单一产业为主导的产业建设发展模式让青年难以发挥其主观能动性，使得"创业"变成了依附于产业的"就业"；政府倾向于引进外来资本，农村青年的返乡创业活动遭受排挤，只能作为辅助性工程；在返乡创业过程中，农村青年也会面临资金短缺、经验不足等问题，甚至在遇到实践困境时容易产生心理障碍。②也有研究指出，依赖于对家乡情怀的反哺效应是短暂的，缺乏"经济理性"与长期资本投入的乡村振兴很难持续。

此外，外出劳动力回流后仍存在再次外出的可能。有研究表明，流出地与流入地在政治、社会及环境生态等方面的差异会使得回流至流出地的劳动力心理成本不降反增，进而选择再次外出。农业经营收入相对稳定性低，也会造成劳动力再次外出。③

四、政策建议

人口预测显示，2035年我国乡村常住人口将降至3亿至3.5

---

① 王晓毅:《重建乡村生活 实现乡村振兴》，《华中师范大学学报（人文社会科学版）》2019年第1期。
② 谈灿:《乡村振兴背景下农村青年返乡创业的困境及对策分析》，《湖北农业科学》2020年第19期。
③ 吴方卫、康姣姣:《中国农村外出劳动力回流与再外出研究》，《中国人口科学》2020年第3期。

亿，占比不到25%。[1] 无论是基于当前乡村实景的理论思辨，还是来自现实案例的深刻反思，乡村人口格局及社会空间的重构将是未来乡村振兴工作的重点及难点。党的二十大报告指出，要"坚持农业农村优先发展，坚持城乡融合发展，畅通城乡要素流动"。因此，乡村人口的变动不能孤立地从城乡或乡城某一过程对待，需要用动态的及全面系统的视角来综合分析。

第一，要继续完善户籍制度，鼓励农村人口进城落户。我国现处于人口城镇化中期阶段，未来仍将有规模较大的流动人口，其长期居留、举家迁徙的趋势愈发突出。既要看到农业转移人口市民化对新型城镇化的巨大潜能，也要意识到若解决不好与城市社会融合不足等现实问题，仍将对社会稳定造成不利影响。[2] 正如焦长权所指出的，关键在于流动人口能否在城市享受基本公共服务，并最终实现安居乐业。[3]

第二，要逐步健全乡村回流政策，促进乡村人口回流。有必要在乡村振兴战略下制定乡村人口的中长期发展规划[4]，尤其是在城镇化快速发展以及农村青壮年劳动力大量转移的背景下，如何保证人口流出地的人口质量是乡村振兴的关键。[5] 在城乡双向流动成为未来乡村人口变化的重要特征及过程背景下，应建立健全乡村回流

---

[1] 张琛、张云华：《根据农村常住人口变化趋势谋划乡村振兴》，《中国发展观察》2021年第5期。需要指出的是，该文主要采用队列要素法进行预测，涉及总和生育率、出生人口性别比、平均预期寿命、农村常住人口向城镇净迁移数量四个关键参数，然而，乡村人口回流情况并未涉及。
[2] 王培安：《中国共产党对人口发展的探索与实践》，《人口研究》2021年第5期。
[3] 焦长权：《从乡土中国到城乡中国：上半程与下半程》，《中国农业大学学报（社会科学版）》2022年第2期。
[4] 茆长宝：《乡村振兴背景下中国农村人口两化问题再认识及其优化》，《西北人口》2021年第1期。
[5] 许泽宁、高晓路、吴丹贤、廖柳文：《2000—2010年中国农村人力资源格局的重构》，《地理科学进展》2019年第8期。

政策。在政策、项目、资金等方面对乡村适当倾斜,拓宽引才渠道,灵活引才方式,加大对农业科技、农村经营等几大领域专业人才的引进力度,吸引在外创业成功人士及优秀务工人员返乡创业,发挥"头雁"示范引领作用,鼓励大学生,尤其是县域内农村籍贯大学生返乡创业就业。[1] 以亲情、优惠政策和优质服务吸引乡土优秀人才回乡创业就业的同时,也要吸引城市青年、退休专家及知青团助力乡村振兴,如落实"银龄讲学计划"等,组织城市老专家、科技人员、教师等助力乡村振兴,进一步挖掘潜在的人力资本和社会资本。[2] 出台政策吸引资金,对创业青年进行补贴和奖励等,改善乡村创业环境。[3] 探索创建各类返乡创业孵化园等创新创业平台,在工商登记、创业培训服务、财税政策等方面给予大力支持。积极培养乡村第二、三产业能人、乡村公共服务人才等不同人才。[4] 对于返乡农民工的再农化,要重视土地资源的生产、社会保障等功能,要加快农村土地改革与建立健全农民土地权益保障机制,推进承包地的"三权分置",通过承包地流转、培育家庭农场、农民合作社等新型农业经营主体,推动农村三产融合。[5] 对积极参与乡村治理

---

[1] 雍支康、梁胜朝、白宇川:《基于乡村振兴视角的农村人力资源现状调查研究——以四川省梓潼县为例》,《中国西部》2019年第1期。
[2] 姚云云、高威威:《东北乡村人口变化与乡村振兴:关系梳理、现实困境与政策建议》,《沈阳大学学报(社会科学版)》2022年第5期。
[3] 杨喜刚、刘国汉:《人力资源短缺是制约乡村振兴的突出问题》,《中国老区建设》2019年第10期。
[4] 武汉大学乡村振兴研究课题组:《脱贫攻坚与乡村振兴战略的有效衔接——来自贵州省的调研》,《中国人口科学》2021年第2期。叶兴庆、程郁、赵俊超、宁夏:《"十四五"时期的乡村振兴:趋势判断、总体思路与保障机制》,《农村经济》2020年第9期。
[5] 李帆、冯虹、艾小青:《乡村振兴背景下土地资源禀赋对农业转移人口返乡意愿的影响》,《人口与经济》2020年第6期。张广辉,陈鑫泓:《乡村振兴视角下城乡要素流动困境与突破》,《经济体制改革》2020年第3期。

的人才，乡镇政府应当给予一定政治空间和话语权，充分发挥其带动作用。

第三，继续推进以县域为载体的城镇化，促进城乡融合发展。① 县城是大多数农民外出务工经商、举家离乡进城生活的首选之地，也是返乡创业就业的首选之地，应当构建乡村建设与县城发展之间的紧密关联。② 要拓宽以县城为中心的就业"蓄水池"，加快三次产业融合、增强有效投资，从而增加农村劳动力就业渠道，引进发展劳动密集型企业，对返乡农民工及农村创业青年开展电子商务等培训，探索农产品互联网销售模式，大力发展数字乡村。③ 积极推动县域经济发展，不但能够缓解乡村劳动人口的持续外流，也可吸引外来人口流入，通过城镇地区提供非农就业机会和农村地区产业的发展，重新聚集乡村青壮年劳动力，实现"进厂不进城、离土不离乡"的发展路径。④ 只有形成以镇带村、以村促镇、镇村联动发展的新格局，才能吸引和安顿更多的农业转移人口留在农村，建设农村。这要求完善县城综合服务功能，增强城镇地区对乡村的带动能力。⑤

第四，建立城乡人口的双向流动机制，创建新型城乡关系。中国工业化和城镇化过程中所保留的乡土性是建设新型城乡关系的重要基础，也是实现乡村振兴的优势所在。这种乡土性体现在乡村

---

① 武汉大学乡村振兴研究课题组：《脱贫攻坚与乡村振兴战略的有效衔接——来自贵州省的调研》，《中国人口科学》2021 年第 2 期。
② 张云华、周群力：《顺应乡村人口走向，谋篇布局乡村建设》，《中国发展观察》2021 年第 Z1 期。
③ 张昆：《昆明市东川区：把"人口资源"变成"人口红利"》，《创造》2022 年第 8 期。
④ 郭远智、周扬、韩越：《中国农村人口老龄化的时空演化及乡村振兴对策》，《地理研究》2019 年第 3 期。
⑤ 凌慧敏、徐晓林：《重塑城乡关系 合理引导人口迁移》，《学习与实践》2018 年第 10 期。

"内生"的非农产业仍有发展空间，城镇化并没有将农民彻底"拔根"，人口和资源的城乡双向流动存在一定的社会基础。要解决乡村振兴中"人"和"人才"的问题，需要外部循环与内部重塑"造血功能"：一方面打破户籍壁垒，使城乡之间能够形成有机循环，尤其是有志于乡村发展的人与人才能够在城乡之间实现合理的双向循环式流动；另一方面不能忽视本地人才的培养，要加强乡村内部的造血功能，改善农村基础教育，持续提升乡村人口素质。① 而这种新型城乡关系的建立，一是要通过基础设施和公共服务供给等的改善缩小城乡差距，促进城乡融合；二是发展乡村非农产业；三是在建立社会化服务体系的基础上，推动小农户与现代农业的结合，从而实现多种产业的融合发展。②

此外，关注乡村人口双向流动过程的同时，也要兼顾不同地域社会经济发展存在的差异化现象，重视不同类型村庄的差异化表现。例如，在老龄少子化凸显、劳动力流失严重的西部贫困村，应当支持外出农民工和城市各类人口返乡下乡创业，建立多元创业支持平台，落实国家减税降费政策，鼓励地方设立乡村就业创业引导基金等，从而吸引人口回流。③ 另外，要重视乡村人才的差异化培养方式④，利用教育培训等方式不断提高乡村人口素质⑤。要多渠

---

① 周皓：《中国人口流动模式的稳定性及启示——基于第七次全国人口普查公报数据的思考》，《中国人口科学》2021年第3期。
② 王晓毅、阿妮尔：《全球视野下的中国特色乡村振兴：制度优势与行动路径》，《社会学研究》2022年第5期。周宇香：《中国青年人口规模与结构变化——基于历次人口普查数据的分析》，《中国青年研究》2022年第7期。
③ 柳建平、方志文：《农村人口转变、农户经济状况与乡村振兴》，《投资研究》2019年第12期。
④ 王维：《推拉理论视角下乡村人才振兴路径研究——以L县实践为例》，《社会科学动态》2022年第8期。
⑤ 李树德、李恒：《新时代乡村振兴中"人才振兴"的路径探析》，《湘南学院学报》2021年第1期。

道、多形式广泛宣传返乡创业政策和先进事迹,发挥好示范引领作用,不断激发在外人员的思乡情、归属感等。① 除了返乡创业就业人员,对于从乡村走出去的人员,同样可以利用多样化的手段,如大力推动数字技术,构建网络虚拟社会治理场域,吸引他们补位乡村振兴主体,实现流动治理,也可进一步弥补返乡回流人员实际中所面临的局限与困境。②

综上,在乡村振兴战略和新型城镇化并行的背景下,乡村人口的变动已呈现出城乡双向流动的趋势。然而,双向流动的政策愿景及现实之间仍然存在巨大差距,以人口为代表的城乡要素的自由流动仍面临诸多限制。为此,应在科学把握乡村人口双向流动特征、格局、过程及挑战的基础上,积极推进农业转移人口市民化和土地及户籍等制度的创新,建立健全乡村回流政策及保障措施,完善扶持乡村产业发展的政策体系、农村基础设施和公共服务设施,提高农村生活便利化水平,从而吸引城乡人才留在乡村,努力实现乡村人口格局从"流动"与"留守"向"回流"与"眷留"转变。正如习近平总书记在2019年新年贺词中所提到的,"一个流动的中国,充满了繁荣发展的活力"。

(执笔人:花晓波)

---

① 王春荣:《跨国人口流动视域下边境民族地区的乡村振兴——以延边朝鲜族自治州为例》,《北方民族大学学报(哲学社会科学版)》2019年第5期。
② 何阳、娄成武:《乡村智治:乡村振兴主体的回归——与"城归"人口补位路径的比较》,《理论月刊》2021年第8期。

第十章
农村家庭的快速变迁与家庭政策的建设完善

一、引言

家庭是中国的本源性传统所在。家庭不仅为个人提供重要的保障，承担着抚育子女、赡养老人、精神慰藉等功能，更是"国家发展、民族进步、社会和谐"的重要基点。习近平总书记明确提出"不论时代发生多大变化，不论生活格局发生多大变化，我们都要重视家庭建设"，将家庭建设提升到全新的战略高度。

我国农村正处社会转型的巨变时期，受经济社会发展和文化观念等社会变迁的影响，农村家庭发生了剧烈变迁。在家庭形成和维持、家庭再生产、家庭形态和结构等方面发生了显著的变化，比如结婚率下降、离婚率上升、生育率和生育意愿降低、家庭形态趋于离散化、家庭户规模日益小型化和结构逐渐简单化等。家庭承担传统社会保障功能的能力受到不同程度的挑战，与家庭相关的社会问题明显增多。如何通过家庭政策体系的构建和完善，积极、有效地应对家庭变迁给家庭和社会带来的困境和挑战，成为农村社会现实而重大的社会议题。

与此同时，我国目前尚未建立起完整性、系统性的家庭政策体系。家庭政策构建仍处于探索阶段，未形成有效应对家庭快速变迁的支持体系。现有家庭政策滞后于家庭变迁对政策的需求，预防性和发展性不足。特别是，现有家庭政策内容上大多侧重于城市而忽略农村，对已成为常态家庭模式的留守家庭和流动家庭缺乏应有的关注和支持。

本章将在分析 21 世纪以来我国农村家庭变迁特征及其社会影响，并梳理和评述农村家庭政策的基础上，提出构建和完善我国农村家庭政策体系的建议。

二、农村家庭变迁特征及其社会影响

在快速的人口老龄化、持续的低生育水平以及剧烈的人口流动背景下，过去 20 多年来我国农村在家庭的形成、维持、生育抚育、代际同住、代际关系等方面发生了快速变迁。其最突出的特征及社会影响体现在以下几个方面：

（一）农村人口平均初婚年龄推迟、结婚率下降，男性婚姻挤压问题凸显

我国农村人口的平均初婚年龄自 2000 年以来不断推迟，并且在近十年经历了明显推迟（见图 10-1）。农村人口平均初婚年龄在 2000—2010 年期间稳中有升，由 23.73 岁缓慢增加到 23.96 岁。而 2010—2020 年期间初婚年龄推迟速度大幅增加，农村人口平均初婚年龄由 23.96 岁增加至 28.38 岁，9 年间推迟了 4.42 岁。农村男性平均初婚年龄高于农村女性，两性差异为 2 岁左右。从结婚的时间维度上看，我国农村人口婚姻模式在过去十年完成了从"适龄婚"到"晚婚"的转变[1]。

同时，近年来我国农村人口结婚率不断下降。从全国范围来看，2000 年以来我国结婚率呈现先升后降的趋势，从 2000 年的 6.7‰

---

[1] 石人炳、柯姝琪：《中国分性别婚姻推迟及其补偿研究》，《人口学刊》2023 年第 1 期。

增长至2013年的最高值9.9‰，之后快速下降至2020年的5.8‰。[①]受到农村人口平均初婚年龄的加速推迟以及农村地区人口结构老化、适婚人口比例变低等因素的影响，我国农村人口结婚率低于全国水平。虽然我国目前没有农村结婚率的官方统计数据，但综合上述信息可以判断出，近年来我国农村人口的结婚率不断下降。

那么，农村人口初婚的推迟和结婚率的下降，是步入婚姻时间"进度"上的减缓，还是最终会导致相当比例的人终身不婚呢？我国农村人口终身未婚比例在2010—2020年期间呈现缓慢的上升趋势，由2.34%增加至3.03%[②]，但总体来看仍处在较低水平，从婚姻普遍性维度来衡量仍属于普婚模式。然而，分性别来看，农村男性和女性在终身未婚比例上存在较大差异，农村男性终身未婚比例远高于女性。2020年农村男性终身未婚比例达到5.45%，农村女性终身未婚比例仅为0.48%。

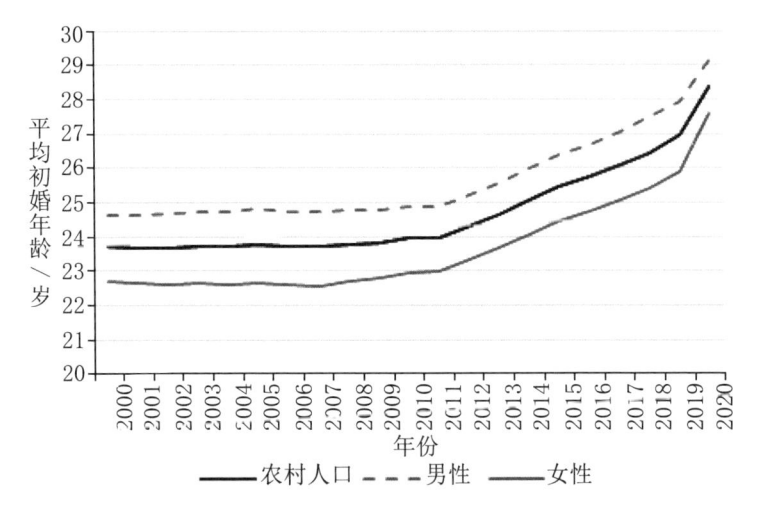

图10-1　2000—2020年我国农村人口分性别初婚年龄

[①] 国家统计局社会科技和文化产业统计司编《中国社会统计年鉴（2021）》，中国统计出版社，2021，表2-14。

[②] 终身未婚比例为45—49岁和50—54岁未婚比例的平均值，数据来源为《中国人口普查年鉴2010（中册）》表5-3c和《中国人口普查年鉴2020（中册）》表5-3c。

第十章　农村家庭的快速变迁与家庭政策的建设完善

除了社会经济发展因素外，农村地区适婚人口性别比失衡是其初婚推迟、结婚率下降以及男女终身不婚比例差异的重要原因之一。20世纪80年代以来的计划生育政策和农村根深蒂固的男孩偏好使得出生人口性别比长期失衡，而打工经济和城市化兴起后贫困地区女性资源外流又进一步加剧了农村地区适婚人口失衡问题。如图10-2所示，2005年以来，20—35岁农村未婚人口中，男女性别比维持在147以上，并在近几年出现上升趋势，2020年高达192。

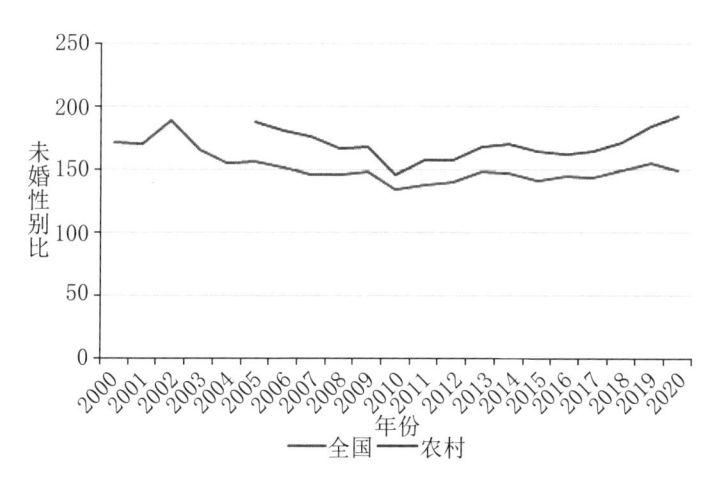

图 10-2　2000—2020年全国和农村20—35岁人口未婚性别比

在普婚文化与性别失衡的共同作用下，农村男性面临婚姻挤压。一方面，在婚姻挤压背景下农村男性对婚姻的强烈需求加剧了未婚男性有限可婚配女性资源的竞争，进而抬高了男性的婚姻成本。高昂的婚姻成本不但加重了农村家庭的经济负担，给男方父母带来了沉重的代际剥削，影响其生计和养老[1]，而且还会带来大龄男性的性行为安全、男性犯罪率上升和骗婚等社会问题。特别是，

---

[1] 韦艳、姜全保:《代内剥削与代际剥削？——基于九省百村调查的中国农村彩礼研究》，《人口与经济》2017年第5期。

农村男性的婚姻成本不仅包括货币化的显性彩礼,还包括以婚房为代表的隐性彩礼。近年来屡见报端的"天价彩礼"现象主要分布在河南、甘肃、安徽、贵州、江西、山东西南、宁夏南部等中西部农业型地区[①],而东部农村男性则主要背负较高的婚房成本[②]。另一方面,婚姻挤压下将有更多的农村男性终身不婚,当他们步入老年阶段,其养老需求成为政府和社会面临的一个紧迫问题。

(二)农村离婚率不断攀升、离婚多由女性主导,婚姻和家庭稳定性降低

在全国范围内,我国离婚率自2000年以来呈现上升态势,特别是2002年以来上升速度明显加快,不过在2020年有轻微回落(见图10-3)。尽管目前没有我国农村人口离婚率的官方数据,但农村离婚家庭以及单亲家庭儿童比例的增加从侧面证实了农村地区的离婚现象也在增多。有学者使用中国健康与营养调查数据对农村离婚家庭比例进行了估计,发现2000—2011年期间农村离婚家庭比例呈上升趋势,由2000年的0.56%上升至2011年的1.37%[③]。另有学者利用家庭动态追踪调查数据对农村地区生活在单亲家庭的儿童的比例进行测算,结果显示,2010年生活在单亲家庭的儿童的比例为1.8%,2014年上升为2.3%,2020年则增至6%。特别是,生活在单亲家庭的儿童比例在过去十年发生了城乡逆转:2010年生活在农村单亲家庭的比例低于城镇(2.8%),但2020年却高于城镇(4.7%)[④]。这些

[①] 王向阳:《当前我国农村"天价彩礼"的产生机制及其治理》,《西南大学学报(社会科学版)》2021年第5期。
[②] 靳小怡、段朱清:《天价彩礼源何来:城镇化下的中国农村男性婚姻成本研究》,《妇女研究论丛》2019年第6期。
[③] 莫玮俏、史晋川:《农村人口流动对离婚率的影响》,《中国人口科学》2015年第5期。
[④] 苑立新主编《中国儿童发展报告(2022)》,社会科学文献出版社,2022,第69—102页。

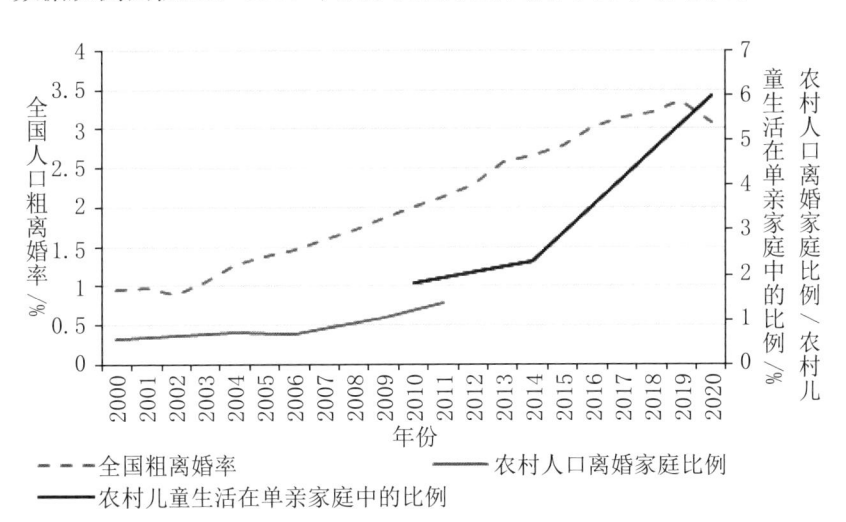

数据从侧面佐证了 2000 年以来我国农村离婚率的不断增长。

图 10-3 2000—2020 年我国人口粗离婚率、农村人口离婚家庭比例和农村儿童生活在单亲家庭的比例[1]

对农村离婚日益普遍的主要解释路径有两条，一是宏观结构分析路径，包括国家层面上法律法规中婚姻自由和无过错离婚原则对离婚限制的减少，社会层面上工业化和城市化进程中传统的村落社会规范和家族权威对婚姻干预力量的弱化，以及打工经济和人口性别比失衡背景下女性婚姻主导权尤其是退出权的强化。[2] 二是个体行动分析路径，即个体掌握了婚姻的决策权，且婚姻价值观由传统的传宗接代转为情感需求与感观体验。[3] 此外，人口流动在降低农村婚姻稳定性方面产生重要影响，一方面，流动导致的夫妻分居可能会降低婚姻收益，另一方面，流动会弱化传统社会规范和社会网络对婚姻的约束和监督，还会增加流动人口

---

[1] 数据来源："中国健康与营养调查（2000—2011）"，见莫玮俏、史晋川：《农村人口流动对离婚率的影响》，《中国人口科学》2015 年第 5 期。

[2] 李永萍、杜鹏：《婚变：农村妇女婚姻主导权与家庭转型——关中 J 村离婚调查》，《中国青年研究》2016 年第 5 期。

[3] 施磊磊：《个体化进程与农村青年离婚的形成机制——以皖北 Y 村为个案的质性探究》，《中国青年研究》2020 年第 8 期。

遇见潜在替代伴侣的机会。[1]

从离婚提出的主体来看，农村离婚在近期呈现出"女性主导"的现象，即由农村青年女性主动提出离婚事件增多。[2]除经济因素外，女性注重个体体验、对男性不良习惯行为容忍度降低成为其提出离婚的重要原因。农村离婚由"女性主导"现象形成的机制则包括农村婚姻市场性别结构失衡背景下女性在婚姻市场上话语权增加、乡村传统文化消解提升了对再婚女性的包容度以及现代性的社会情境改变了农村社会的传统性别分工。[3]

从婚姻自由和女性权利的角度看，婚姻解散并不必然是消极的社会现象，农村女性离婚容易在一定程度上体现了现代文明和社会进步。然而，农村婚姻和家庭稳定性的降低，对未成年子女带来的负面影响不容忽视。多数农村家庭离婚之后孩子多由男方抚养，明显不利于孩子成长。[4]特别是，在农村大规模劳动力外流背景下，外出务工的农村夫妻的分离家庭模式本就造成大量留守儿童与父母一方或双方长期分隔两地，这种分离导致留守儿童面临学习和情感生活困境。[5]随着农村离婚风险的提高，农村留守儿童正面临父

---

[1] 李卫东:《流动模式与农民工婚姻稳定性研究：基于性别和世代的视角》，《社会》2019年第6期。

[2] 李卫东:《流动模式与农民工婚姻稳定性研究：基于性别和世代的视角》，《社会》2019年第6期。

[3] 卢飞、徐依婷:《农村青年离婚"女性主导"现象及其形成机制——基于性别理论视角和四川S市5县（区）的考察》，《湖南农业大学学报（社会科学版）》2018年第2期。

[4] 卢飞、徐依婷:《农村青年离婚"女性主导"现象及其形成机制——基于性别理论视角和四川S市5县（区）的考察》，《湖南农业大学学报（社会科学版）》2018年第2期。

[5] 叶敬忠、王伊欢、张克云、陆继霞:《父母外出务工对农村留守儿童学习的影响》，《农村经济》2006年第7期。叶敬忠、王伊欢、张克云、陆继霞:《父母外出务工对留守儿童情感生活的影响》，《农业经济问题》2006年第4期。

母离婚和留守的双重危机。[①]

(三)农村生育率下降、生育意愿降低,家庭人口再生产功能有所弱化

2000年以来,我国农村妇女总和生育率呈现出在波动中先上升而后下降的趋势。农村人口总和生育率(TFR)在2000年代初保持在1.67左右。在一系列生育政策逐步宽松化的影响下,包括自2002年起二孩生育间隔限制的陆续取消、2013年"单独两孩"和2015"全面两孩"政策的实施,TFR开始波动上升,分别在2008年(奥运年)、2012年(龙年)和2016年(全面两孩政策实施)形成生育小高峰。然而随着全面两孩政策的"堆积"效应消失,TFR大幅下降,至2020年,我国农村人口总和生育率仅为1.54,仅略高于1.5的"低生育率陷阱"警戒线(如图10-4)。

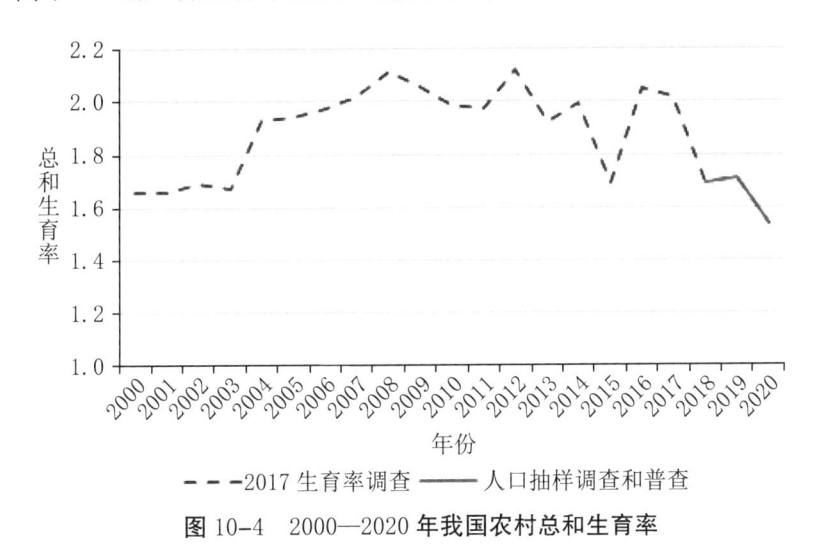

图10-4 2000—2020**年我国农村总和生育率**

作为生育水平的"晴雨表",我国农村生育意愿自2000年以来

[①] 张春泥、谢宇:《家庭结构变迁与社会分层(下篇):中国经验研究》,《中华女子学院学报》2022年第6期。

呈现波动下降趋势,男孩偏好也在不断弱化。特别是,全面两孩政策放开后农村理想子女数仍低于2.1的更替水平。[①]近来,多项针对农村育龄人群的调查显示,三孩生育政策及其配套支持措施背景下,越来越多的农村青年明确表示不愿意生育二孩,更不可能生育三孩。[②]

可以看到,生育政策宽松化背景下,我国农村总和生育率和农村年轻人的生育意愿并没有预期那样高,近期更是出现明显的下跌。有研究认为女性生育成本和家庭教养成本的提高是农村新生代青年生育意愿降低的直接动力,而生育价值和生育决策权从家庭本位向个体本位的变化,特别是女性主导生育决策,是生育意愿降低的深层动因。[③]农村家庭成员在空间上的隔离使得代际之间可利用资源正在减少,相互之间的支持受到限制。已婚青年群体进城务工之后,父辈不具备随迁条件使得隔代照料资源的可得性弱化,家庭在缺少照顾子女的时间和精力的情况下会进一步导致生育的延后或中断。

少子化意味着家庭养老资源的进一步萎缩。而农村家庭生育意愿和水平持续降低,从宏观上会加剧我国人口负增长并导致人口年龄结构深度老龄化,进而引发劳动力持续缩减、养老资源严重不足、经济衰退以及军事力量和国际影响力减弱等一系列社会经济问题[④],还将给乡村振兴战略的推进带来挑战。

[①] 庄亚儿、姜玉、李伯华:《全面两孩政策背景下中国妇女生育意愿及其影响因素——基于2017年全国生育状况抽样调查》,《人口研究》2021年第1期。
[②] 李永萍:《农村新生代青年的生育意愿及其转变动力——基于皖南Y村的田野调研》,《中国青年研究》2023年第2期。
[③] 李永萍:《农村新生代青年的生育意愿及其转变动力——基于皖南Y村的田野调研》,《中国青年研究》2023年第2期。
[④] 王金营:《中国式现代化新征程中的人口发展和人口发展战略》,《人口与经济》2023年第1期。

（四）农村家庭形态离散化、家庭关系松散化，拆分型家庭模式下家庭保障功能弱化明显

打工经济背景下，农村劳动力的流动始终伴随着"半工半耕"的家庭模式[①]和"拆分型"的劳动力再生产模式[②]，导致农村家庭形态呈现离散化态势。农村家庭往往由异地居住的"流动家庭"和"留守家庭"共同组合而成。有学者将其总结为"一家两制"模式，即年轻夫妻组成的"流动家庭"阶段性和周期性地往返于城乡之间，而中老年父代和年幼孙代组成的"留守家庭"以村庄为中心生活。[③]教育城镇化背景下，近年来中西部农村地区亲代陪读的兴起推动农民家庭在第三代受教育时期形成了"一家三制"的家计安排，即年轻妇女进县城/城镇陪读、青壮男性在异地务工、中老年夫妇在村庄务农。[④]尽管中国人口流动呈现出一定的家庭化迁移趋势，但家庭化迁移的实现程度并不高，仍有许多家庭面临着分散两地或多地的困境，长期处在与配偶、子女或父母等家庭成员处在异地分居的状态。

在这种离散式流动导致的拆分型家庭模式下，农村家庭户[⑤]呈现规模持续缩减、代际结构简化、有老人的家庭户大幅增加以及老年家庭空巢化加剧的特征。首先，我国农村家庭户规模不断缩减，

[①] 夏柱智、贺雪峰：《半工半耕与中国渐进城镇化模式》，《中国社会科学》2017年第12期。
[②] 沈原：《社会转型与工人阶级的再形成》，《社会学研究》2006年第2期。
[③] 郭志刚：《关于中国家庭户变化的探讨与分析》，《中国人口科学》2008年第3期。
[④] 张一晗：《教育变迁与农民"一家三制"家计模式研究》，《中国青年研究》2022年第2期。
[⑤] 家庭户侧重反映人们生活单位的空间位置，作为一个家庭户的首要条件是共同生活和起居，而当代农村家庭普遍出现的异地居住的情况导致农村家庭户规模和家庭代际结构仅能反映"留守"在农村的人口的居住安排。

且缩减趋势近年来不断加剧。全国人口普查数据显示,2000年农村家庭户规模为3.68人,随着4人及以上家庭户比重的不断缩减、2人及以下户比重不断增加,至2020年我国家庭户平均规模已不足3人,仅为2.70人,比2000年少了将近1人(见表10-1)。特别是,家庭户规模的缩减在2010—2020年间更为迅速,有将近2/3的减幅发生在这一期间。在人口流动和婚姻推迟以及农村男性婚姻挤压的作用下,单人户出现大规模增长。

表10-1　我国农村家庭户规模变动情况

年份	户数/万	户规模/人	1人户/%	2人户/%	3人户/%	4人户/%	5人及以上户/%
2020	18377.27	2.70	23.96	30.36	19.44	13.42	12.81
2010	19474.50	3.34	12.44	22.07	22.34	21.03	22.11
2000	20919.33	3.68	6.93	14.85	24.90	26.47	26.85

其次,我国农村家庭户结构趋于简单化。总的来说,2000年以来1代户和2代户是我国农村家庭户的主体。但随着近年来1代户比重的上升和2代户比重的下降,我国农村家庭户结构正进一步趋于简化(见表10-2)。2020年1代户成为最主要的结构,农村家庭代际结构由2代户为主转向1代户为主。

表10-2　我国农村家庭户类别变动情况

年份	1代户/%	2代户/%	3代户/%	4代及以上户/%
2020	48.55	35.30	15.38	0.77
2010	29.77	47.54	21.68	1.01
2000	18.21	59.72	21.13	0.94

再次,在中青年劳动力外流以及农村人口老龄化不断加深的影响下,农村含65岁以上老年人的家庭户比例不断增加,由2000年的22.02%增至2020年的35.38%,即含65岁以上老年人的家庭户的比例从不足四分之一增加至超过三分之一(见表10-3)。

表 10-3 老龄化水平和含 65 岁以上老年人的家庭户比例

年份	老龄化水平 /%	包含 65 岁及以上老年人的家庭户比例 /%
2020	17.72	35.38
2010	10.07	25.95
2000	7.5	22.02

最后,在农村有 65 岁以上老年人口的家庭中,空巢已经成为主要家庭形态之一。2000 年以来包括夫妇户和单人户在内的空巢居住比例大幅度增加,其中,农村老年人丧偶后单独居住的比例明显提升,老年夫妇在双方健在时与已婚子女分爨所形成的夫妇"空巢"家庭也在不断增加,2020 年比例分别为 23.58% 和 20.28%。需要注意的是,老年家庭中隔代家庭户呈现轻微上升态势,2020 年占比为 2.48%,表明流动人口家庭化趋势背景下仍有一定比例的住户只剩老人与少儿留守(见表 10-4)。

表 10-4 农村有 65 岁及以上老年人口的家庭户类型构成

家庭户类型	2020 年	2010 年	2000 年
单人户 /%	23.58	16.07	10.7
夫妇户 /%	20.28	13.53	10.28
1 个老人与未成年人(隔代家庭户)/%	1.22	1.25	1.15
2 个老人与未成年人(隔代家庭户)/%	1.26	1.05	0.94
其他 /%	53.66	68.1	76.93

随着家庭规模的小型化,家庭关系呈现松散化的特征。在家庭结构简单化的时代,同一生活单位的代际功能减少,更多地表现在两个家庭之间。[1] 其进步的一面表现在:家庭关系的主轴由纵向的亲子轴更多地转向横向的夫妻轴;家庭内部亲子关系、夫妻关系走向平等;家庭成员的自主性和个体价值得到充分体现;亲子生存

---

[1] 王跃生:《家庭结构转化和变动的理论分析——以中国农村的历史和现实经验为基础》,《社会科学》2008 年第 7 期。

空间扩大，代际矛盾减少。[1]

家庭形态离散化和家庭关系松散化对农村家庭传统抚幼和养老功能形成较大冲击，特别是养老功能的弱化更为明显。家庭的异地居住导致家庭代际关系义务和责任履行受到客观制约，代际关系被大大削弱。[2]家庭内部照顾老年人的能力和资源都在被削弱，人力资源和时间资源的短缺使得农村家庭养老脆弱性日益凸显。而多代家庭中第二代在面临养老与抚幼的双重压力情况下，往往更关注抚幼义务，而无力高标准地履行养老义务。[3]家庭养老功能的明显弱化给农村养老带来诸多挑战。

在家庭抚幼功能方面，存在儿童是家庭奋斗的中心但却不是家庭关注中心的悖论，即家庭对儿童的未来重视程度很高，但却对他们生活细节存在忽视。[4]农村家庭为了实现家庭的奋斗目标将儿童留在农村，留守儿童与父母分离导致家庭教育功能难以充分发挥，不利于其早期社会化。有研究表明，留守儿童生活在结构不完整的家庭中，缺乏亲子间的互动，在社会化和适应性方面不仅低于一般儿童，也低于流动儿童。[5]尽管亲代陪读可以在一定程度上弥补农村留守儿童家庭教育缺位的问题，但亲代陪读也并不能解决所有问题，而且高昂的教育成本极大透支了农村家庭的积累能力，教育投资的风险性可能会使农民家庭面临"人财两失"的尴尬境地。[6]

[1] 王跃生：《中国家庭代际功能关系及其新变动》，《人口研究》2016年第5期。
[2] 王跃生：《中国家庭代际功能关系及其新变动》，《人口研究》2016年第5期。
[3] 钟晓慧、彭铭刚：《养老还是养小：中国家庭照顾赤字下的代际分配》，《社会学研究》2022年第4期。
[4] 孙艾、潘璐：《农村家庭生活的儿童中心论》，《中国农业大学学报（社会科学版）》2011年第1期。
[5] 刘成斌、吴新慧：《流动好？留守好？——农民工子女教育的比较》，《中国青年研究》2007年第7期。
[6] 张一晗：《教育变迁与农民"一家三制"家计模式研究》，《中国青年研究》2022年第2期。

特别需要注意的是,当农村人口家庭的脆弱性与经济劣势相结合有可能进一步引发更广泛的社会问题,比如降低了农村家庭对子女的实际投入能力从而限制其社会流动。对于家庭变迁行为的社会阶层分布而言,具有第二次人口转变模式和弱势模式两种类型:前一模式基于马斯洛需求层次理论,家庭行为的变化是基于实现自我价值的追求,社会经济地位较高的人群由于较早实现了物质满足,更有动力和条件追求更加多元的家庭行为;后一模式中,恶化的经济状况导致社会经济地位较低的人群难以形成或维持稳定的婚姻关系和生育抚育环境,进而出现不婚、同居、单亲生育或不育等行为。[1] 中国农村家庭在结婚、离婚、生育等方面的变迁,表明了中国农村家庭变迁有转向弱势模式的趋势,即经济因素在家庭的形成、家庭稳定的维持方面起到重要的作用。而当前农村家庭面临的困境,在一定程度上正是反映了家庭变迁转向弱势模式的社会影响。

三、农村家庭政策现状及其存在的问题

(一)农村家庭政策现状

农村家庭政策是我国家庭政策的重要组成部分。伴随着21世纪以来我国"从经济政策向社会政策的历史转向",政府将保障和改善民生作为工作重心。中共十六届四中全会提出"构建社会主义和谐社会"和"社会建设",标志着我国社会政策时代的来临。上述一系列家庭变迁及其所导致的家庭保障功能弱化现象,促使家庭政策受到重视和关注,并成为社会政策的重要组成部分。在我国社

---

[1] Lesthaeghe, R, "The second demographic transition, 1986 - 2020: Sub～replacement fertility and rising cohabitation—a global update," *Genus* 1(2020): 1-38.

会福利资源相对不足，家庭功能式微及其带来的社会问题凸显背景下，我国政府以构建发展型家庭政策为导向，尝试脱离"含蓄型"和"补缺型"模式的束缚，并探索如何实现家庭化和去家庭化的平衡，即一方面尊重传统价值观和强调家庭的责任，另一方面利用国家、家庭、市场、社区等多种资源去支持家庭，满足社会成员发展的需要。[1]发展型家庭政策强调家庭功能和家庭责任，但不是简单地将政府原来承担的责任转移给家庭，而是从战略发展的角度给予家庭积极的支持。发展型家庭政策旨在帮助家庭形成或巩固其固有的能力或"优势"，其内涵包括：保护儿童、支持家庭，帮助社会成员实现工作与家庭责任的平衡；重视预防和早期干预。[2]

需要指出的是，由于家庭政策还没有在战略层面进入社会政策设计体系，我国既有家庭政策集中在家庭生活或家庭功能某一具体领域，尚未确立明确的家庭政策体系。已有家庭政策多具有城乡普适性，政策内容可划分为普遍性和特殊性两个层面。普遍性家庭政策以制度性安排为主，包括婚姻政策、生育政策、养老政策等。特殊性家庭政策包括针对特殊家庭、特殊人群和专项计划三大类。其中，特殊家庭包括低收入家庭、老年人家庭等，特殊人群主要指妇女、儿童和老人。专项计划主要指的是对家庭的临时风险救助等。以下将主要围绕并阐释与上述我国农村家庭变迁所引发的突出社会问题密切相关的家庭政策应对，对其进行梳理，以形成清晰的认识。

一是重视家庭教育和家庭建设并探索树立事前预防的家庭政策目标。预防和提早干预家庭成员可能出现的风险和问题成为当前

---

[1] 于凌云、魏秋芳：《我国家庭政策的变迁、缘由及展望（1949—2021）》，《江汉学术》2022年第3期。
[2] 张秀兰、徐月宾：《建构中国的发展型家庭政策》，《中国社会科学》2003年第6期。

家庭政策的重要目标。习近平总书记在2015年2月首次发表"不论时代发生多大变化，不论生活格局发生多大变化，我们都要重视家庭建设，注重家庭、注重家教、注重家风"的重要讲话。2019年党的十九届四中全会通过《中共中央关于坚持和完善中国特色社会主义制度推进国家治理体系和治理能力现代化若干重大问题的决定》，进一步明确了家庭在社会治理中的重要地位，提出要注重发挥家庭家教家风在基层社会治理中的作用。2021年以来我国陆续出台了以《关于进一步加强家庭家教家风建设的实施意见》和《中华人民共和国家庭教育促进法》为代表的多部政策和法律，支持家庭发展的制度顶层设计渐趋完善。通过发挥家庭教育和家庭文明建设的预防性作用，夯实家庭根基，从而促进家庭和谐发展，减少家庭矛盾和社会问题的发生，成为当前我国家庭政策的重要手段。

加强家庭家教家风建设，能够促进乡村社会中家庭养老抚幼、情感慰藉等功能的发挥，对推进乡村全面振兴具有重要意义。特别是，深入推进移风易俗成为农村家庭建设的重要内容，也是推进乡村文明建设的重要抓手。《乡村振兴战略规划（2018—2022年）》明确指出，要通过深入挖掘乡村"熟人社会"蕴含的道德规范，开展专项文明行动，遏制大操大办、相互攀比、"天价彩礼"、厚葬薄养等陈规陋习。2019年以来中央一号文件持续关注农村"天价彩礼"问题，对农村高价彩礼、大操大办等进行专项改革，重视婚恋观、家庭观、婚嫁陋习等不良风气的治理引导，为增强家庭凝聚力提供思想支持。不少地方将彩礼规定列入村规民约，发挥群众自治组织的作用，强化村规民约的遵守和落实，引导农村家庭树立正确价值观和行为准则，治理效果初显。

二是在生育政策调整完善背景下持续加强"一老一小"支持政策的力度。为了应对家庭和人口变迁带来的一系列挑战，我国于

2013年进入了生育政策调整完善期，在2013年推出单独两孩政策后，分别于2015年、2021年进一步将生育政策调整放宽为全面两孩生育政策、三孩生育政策及配套支持措施（见表10-5）。与此同时，我国人口工作开始转型，2013年原国家卫生计生委设立了家庭司，并于2018年改制并入卫生健康委员会，变更为人口监测与家庭发展司，支持家庭发展成为人口工作的重要内容。

表10-5 2013年以来部分家庭支持政策文件

时间	政策	内容
2013.12	《关于调整完善生育政策的意见》	启动实施一方是独生子女的夫妇可生育两个孩子的政策。完善配套政策：农村计划生育家庭奖励扶助；计划生育家庭老年人扶助；计划生育家庭特殊困难家庭的生活照料、养老保障、大病治疗、精神慰藉。
2015.12	《中共中央 国务院关于实施全面两孩政策改革完善计划生育服务管理的决定》	全面实施一对夫妇可生育两个孩子政策。构建有利于计划生育的家庭发展政策体系：加大对计划生育家庭扶助力度；增强家庭抚幼和养老功能，完善计划生育奖励假制度，增强社区幼儿照料、托老日照料和居家养老等服务功能；促进社会性别平等。
2016.12	《国家人口发展规划（2016—2030年）》	建立完善包括生育支持、幼儿养育、青少年发展、老人赡养、病残照料、善后服务等在内的家庭发展政策。
2021.3	《中华人民共和国国民经济和社会发展第十四个五年规划和2035年远景目标纲要》	优化生育政策，发展普惠托育服务体系，减轻家庭生育、养育、教育负担，释放生育潜力；推动养老事业和养老产业协同发展，健全基本养老服务体系，大力发展普惠型养老服务，支持家庭承担养老功能。
2021.6	《中共中央 国务院关于优化生育政策促进人口长期均衡发展的决定》	实施一对夫妻可以生育三个子女政策，配套实施积极生育支持措施。提高优生优育服务水平，发展普惠托育服务体系，降低生育、养育和教育成本。

我国生育政策调整和完善以应对家庭抚幼和养老功能弱化为重要背景，并将"提升家庭发展能力"作为重要目标之一，对家庭支持政策的力度持续加强。伴随着生育政策的逐步调整完善，政策对象由关注计划生育家庭扩大至所有家庭，家庭支持政策的内容也大大增加。2013年单独两孩政策的配套政策，在政策对象上仅涉及计划生育家庭和计划生育困难家庭，政策内容也相对单一，包括对计划生育家庭的奖励扶助以及对计划生育特殊困难家庭在生活照料、养老保障、大病治疗以及精神慰藉方面的关注。2015年全面两孩政策在持续关注计划生育家庭的基础上将政策对象扩展至所有家庭，明确提出构建有利于计划生育家庭发展支持体系，内容上除包含对计划生育家庭的扶助外，还包括一系列以增强家庭抚幼和养老功能以及促进社会性别平等的政策内容。自此以后，家庭政策开始由"补缺型"向"普惠型"转变。

2016年国务院印发《国家人口发展规划（2016—2030年）》，提出了完善家庭发展支持体系的要求，"建立完善包括生育支持、幼儿养育、青少年发展、老人赡养、病残照料、善后服务等在内的家庭发展政策"。2021年《中华人民共和国国民经济和社会发展第十四个五年规划和2035年远景目标纲要》，明确提出实施积极应对人口老龄化国家战略，以"一老一小"为重点完善人口服务体系，促进人口长期均衡发展。在"一小"方面，强调增强生育政策的包容性，发展普惠托育服务体系，减轻家庭生育、养育和教育负担。在"一老"方面，提出大力发展普惠型养老服务，并支持家庭承担养老功能。2021年全面三孩生育政策及配套支持措施在政策内容上更加聚焦对家庭生育的系统性支持，涵盖了对家庭的经济支持、服务支持和时间支持。比如，经济支持方面，将3岁以下婴幼儿照护费用纳入个人所得税附加扣除；服务支持方面，主要为大力发展普惠托育体系；时间支持方面，包括完善生育休假制度、鼓励用人单位制定有利于职工平衡工作和家庭关系的措施等。

三是持续完善对农村留守人口的关爱服务体系。我国当前已建立了农村留守老人、妇女、儿童关爱服务制度。2016年2月，国务院印发的《关于加强农村留守儿童关爱保护工作的意见》是第一份以关爱保护农村留守儿童为切入点的国务院文件。2017年党的十九大报告中再次强调"健全农村留守儿童和妇女、老年人关爱服务体系"，标志着"三留守"问题已纳入国家顶层民生决策。2018年中共中央、国务院发布的《关于实施乡村振兴战略的意见》也强调，要健全农村留守儿童关爱服务体系。2021年《中华人民共和国国民经济和社会发展第十四个五年规划和2035年远景目标纲要》中进一步强调要完善农村留守儿童关爱服务体系、完善特殊困难留守老年人探访关爱制度以及提高留守妇女关爱服务水平。

（二）农村家庭政策存在的主要问题

尽管国家已经采取了上述一系列措施对农村家庭的发展予以干预和支持，然而，现有家庭政策应对滞后于家庭变迁对政策的需求，仍然存在问题和挑战。

首先，现有家庭政策的预防性和发展性存在不足。预防家庭问题、增强家庭能力、着眼于家庭长期发展的政策，理应成为家庭政策体系的核心部分。然而，目前在家庭教育和家庭建设领域只有少数几项政策，且这些政策以规划性、纲领性文件为主，缺乏具体的实施措施和落地方案。此外，尽管多地试图通过移风易俗宣传、树立榜样、设立改革实验区等形式对"天价彩礼"现象施加影响，但目前的政策措施多停留在宣传与号召层面，缺乏具体的执行标准和监督机制，其约束力和政策效果有待进一步检验。

其次，现有家庭政策总体上力求城市和农村家庭并重、具有城乡普适性，但在具体政策内容和实施上，却明显偏重城市而忽略农村。具体而言，在生育支持政策方面，与城市工作女性相比，农村女性面临的财务不稳定性更高，但当前的生育保险仅覆盖城市职工，这意味着农村女性以及大量的农民工被排除在中国生育保险制度之外，这些女性在产前和产后无法享受与城市母亲相同的生育津贴。除生育保险外，普惠托育服务作为生育支持政策中的重要一环，也主要面向城市家庭。然而，农村家庭同样面临着儿童照料的难题，但由于地域和资源的限制，农村家庭往往无法享受到这些服务，不得不肩负起沉重的照料负担。此外，农村家庭在养老方面也面临着诸多挑战，与城市相比，农村老人的养老问题更加突出，现有适老化住房改造、老人教育等政策内容，基本未能覆盖到农村老人。

最后，我国发展型家庭政策体系构建尚处在探索阶段，不具备整体性和系统性。尽管近年来我国对发展型家庭政策体系进行了一系列的探索和尝试，但目前的做法更多的是基于现实问题的回应，而非在深入研究和理论探讨的基础上进行的系统化设计。这种回应式的政策制定方式，虽然在一定程度上能解决当下的问题，但缺乏前瞻性和长期规划，难以形成有效的政策合力。具体到农村家庭政策，情况尤为复杂。在应对家庭变迁所带来的家庭稳定性降低、少子化以及家庭保障功能弱化等问题时，农村家庭政策往往采取的是一种"打补丁"的方式，缺乏整体的规划和设计。这种政策手段上的零散性，导致政策内容之间缺乏必要的联系和衔接，呈现出明显的碎片化特征。这种碎片化的特征主要体现在两个方面。首先，制定家庭政策的部门分散化，不同部门之间缺乏有效的整合与衔接。这导致了政策在执行过程中可能出现重复、遗漏甚至相互矛盾的情况，大大降低了政策的执行效率。其次，政策内容的分散化也是一个突出问题。由于缺乏对农村家庭问题的全面把握和深入分析，政策制定者往往只能针对某一具体问题制定相应政策，而无法形成一个完整、系统的政策体系。这种分散化的政策内容不仅难以形成合力，还可能在一定程度上加剧农村家庭的困境。

四、完善农村家庭政策的建议

一是进一步加强家庭政策的预防性和发展性。当前，我国社会正处于快速变革的时期，家庭结构、功能和角色都在发生深刻的变化，农村家庭面临着劳动力外流、老龄化更加严重等多重问题。面对农村家庭变迁趋势，不能仅仅停留在解决当前问题的层面，而应该以更加前瞻性和系统性的视角，制定更具预防性和发展性的家庭政策。预防性和发展性家庭政策的制定，需要从两个层面进行深入思考。首先，我们要加深对农村家庭变迁的理论和实证研究，以更准确地把握农村家庭变迁的趋势和特征。只有对农村家庭变迁有了深入的了解，才能制定出更加贴合实际、更加有效的政策。其次，要通过完善具有预防性和发展性的政策来减轻家庭变迁带给个体、家庭和社会的伤害。这意味着要在问题出现之前采取积极的措施进行预防和干预，以减少家庭风险的外溢。

二是积极探索具体可操作的政策工具，以推动家庭政策在农村地区深入实施。在国家政策的指引下，因地制宜、因势利导，结合农村地区家庭变迁特征及其家庭面临的实际困境创新政策实施路径，提高对农村家庭的支持力度。目前，国家层面已经出台了一系列纲领性文件，对家庭支持政策做了顶层设计，明确了"一老一小"人口服务体系作为提升家庭发展能力的重要政策途径。然而，在政策的具体规划执行环节，还需要更深入地了解农村家庭在"一老一小"方面的需求和特点，以便更好地制定针对性的政策。在

"一老"方面,农村地区的老年人口比例较高,家庭养老功能弱化,养老问题尤为突出。需要关注农村老年人的生活状况、健康状况以及精神需求,制定具体的政策措施,如完善农村养老服务体系、提高农村养老金水平、加强农村老年人医疗保障等,以确保农村老年人能够安享晚年。在"一小"方面,农村地区生育成本相对较低且重视生育观念较强,在农村实施生育支持政策的弹性大、潜力足,但由于教育、医疗等资源的相对匮乏,农村家庭的育儿压力仍然较大。因此,我们需要制定更具弹性的生育支持政策,如提供育儿津贴、扩大农村学前教育覆盖面、加强农村儿童医疗保障等,以减轻农村家庭的育儿负担,促进农村儿童的健康成长。此外,为了确保农村家庭政策的有效落地,还需要建立有效的制度保障机制。这包括将农村家庭政策纳入干部考核体系,以激励地方政府积极落实相关政策;完善问责机制,对政策执行不力的情况进行追责;强化资源投入机制,确保农村家庭政策有足够的资金支持。[1]

三是加快构建和完善系统、建立完备的家庭政策体系。设立专属部门,明确家庭政策目标和对象,通过系统规划和有序实施,逐步构建和完善具有系统性和完备性的家庭政策体系,从而有效促进家庭发展能力的提升。目前,国家卫生健康委虽设立了人口监测与家庭发展司,但其主要致力于生育支持政策体系的构建,与养老政策体系、儿童政策体系、妇女政策体系等尚处于割裂状态。这种分割不仅削弱了政策间的协同效应,也使得家庭政策难以全面、深入地回应家庭的实际需求。因此,有必要打破这种政策壁垒,将家庭政策作为一个整体进行考虑和规划。家庭政策不应是不同单元化的社会政策的简单加总,而应该是以整个家庭为单元的政策体系。从

---

[1] 张秀兰、徐月宾:《建构中国的发展型家庭政策》,《中国社会科学》2003年第6期。

狭义上看，需要构建和完善专门以家庭为政策对象的社会政策以支持家庭发展、提升家庭发展能力。家庭政策须回应和满足处于不同家庭生命周期和不同类型家庭的需求，这就要求家庭政策以家庭中每个成员的发展为基础，尤其是要依托预防性和发展性的政策设计理念，不断完善政策内容，增强个体与家庭应对社会变化带来家庭问题的能力。

从广义上看，家庭政策涉及的领域非常广泛，这进一步要求各项社会政策制定过程中要引入家庭视角，[1]据此检查社会政策对家庭的影响。特别是，与当前农村家庭离散化密切相关的迁移政策的制定，要从个体劳动者的视角转向家庭视角，将劳动者家庭的发展和福利变化，比如子女教育、父母随迁等纳入迁移政策中展开整体性的考察。农村拆分型家庭模式并非仅仅形成于户口制度和城乡二元分割，而是一整套的制度设计和安排。[2]作为低技术的劳动力，农民工往往只能获得低廉的报酬，难以积累下满足整个家庭在城市长期生活的高额费用，作为外来人口，他们也得不到本地市民所拥有的包括住房、教育、医疗等方面的福利。结果只能以分居的形式维持着家庭生活。因此迁移政策制定过程中需要在重视家庭视角的基础上，积极探索更有效的政策工具保障农村家庭作为一个完整的社会基本单位应有的权利，以最大限度促进家庭发展能力的提升，重建和恢复家庭照料体系，最终确保每个家庭成员的平等权益和社会的公正。

（执笔人：段媛媛）

---

[1] 徐晓新、张秀兰：《将家庭视角纳入公共政策——基于流动儿童义务教育政策演进的分析》，《中国社会科学》2016年第6期。

[2] 金一虹、史丽娜主编《中国家庭变迁和国际视野下的家庭公共政策研究》，南京师范大学出版社，2014，第81—85页。

第十一章
乡村人居环境整治政策的历史演进与实践分析

一、引言

改善乡村人居环境，建设美丽宜居乡村，是全面推进乡村振兴战略的必然要求。随着乡村振兴战略的持续推进，乡村建设全面提速，党和国家高度重视农村人居环境的整治。针对乡村人居环境长期存在的"脏、乱、差"等问题，政府出台了一系列重大社会政策，将乡村人居环境整治工作视为促进农村生态宜居的关键抓手，统筹农村社会发展与农村环境保护，力争为农民提供一个干净整洁的生态宜居环境，促使农村走上生产发展、生活富裕、生态良好的文明发展道路。本章首先回顾了我国乡村人居环境整治政策的演进脉络以及历史分期特征，其次结合案例和数据分析了相关政策在实践过程中的特征，包括资金、组织关系和多主体角色关系等方面，然后沿着政策设计和政策执行两个维度揭示乡村人居环境整治政策的主要问题，最后给出相应的政策建议。

二、乡村人居环境整治政策的历史演进脉络

"人居环境"的概念，在中文语境里，最早由吴良镛先生提出。

他将"人居环境"定义为"人类聚居生活的地方,人类利用自然改造自然的主要场所,人类在大自然中赖以生存的基础",并划分出自然、人类、社会、居住、支撑五个系统,区分了城镇和乡村人居环境。[①] 与整体性的"乡村环境"相比,"乡村人居环境"更强调与生活相关的居住环境部分,相关整治内容主要包括:垃圾治理、污水治理、厕所革命、绿化行动、水环境治理、村庄规划等。

乡村人居环境整治政策兼顾物质空间风貌治理和精神文化治理,与乡村的文化建设、经济建设、生态文明建设等紧密结合。我国的乡村人居环境治理政策倡导"政府主导,多元主体参与"的原则。在行政序列上,中央政府制定乡村人居环境整治的顶层设计,各省级政府负责主导乡村人居环境整治政策的执行,地方政府负责政策的具体落实。在政策具体落实的阶段,政府原则上应当因地制宜地制定整治方案,与环保公司、建筑公司、民间团体、环保组织等多元社会主体合作,鼓励农民切实参与到乡村人居环境的整治之中,实现乡村人居环境治理的合力共治。

自新中国成立至今,党和国家围绕着公共卫生问题、生态环境问题以及农村发展问题等出台了一系列有关于乡村人居环境治理的社会政策。从社会政策变迁的角度来看,我国的乡村人居环境整治政策的演进可以划分为准备、起步、建设和优化四个阶段。

(一)运动式卫生治理主导的政策萌芽阶段(1949—1977年)

新中国成立至改革开放前,为我国的农村人居环境治理社会政策的准备时期。这一时期,党和政府将工作重心放在了社会主义制度建设上,并未出台系统性的农村人居环境治理政策。但是在爱国

---

① 吴良镛:《人居环境科学导论》,中国建筑工业出版社,2001,第37—48页。

卫生运动中，国家采取多轮运动式治理的方式对农村人居环境进行整治，为后来相关政策的设计和出台做了充分的实践准备。该时期的工作重点包括清除垃圾、疏通渠道、新建改建厕所、改建水井等具体事项，同时开展灭除老鼠、蚊子、苍蝇、麻雀等害虫的"除四害"运动。

以新中国成立初期在山西省运城市J县农村开展的卫生运动为例，该地将环境卫生建设与农村绿化、美化、房屋和街道的整修、道路的修筑等建设社会主义新农村的工作紧密地结合起来，实现了厕所"三无"治理、粪便无害化、畜圈整洁化。与此同时，政府开展群众性卫生运动和卫生宣传工作，组织农村包干，派出巡回医疗队，教育农民破除迷信思想，提高讲究卫生的自觉性，动员群众自身同不卫生习惯作斗争，积极防病治病。山西J县农村的卫生运动对旧有文化观念进行了革新，让农村接受社会主义初级阶段的卫生观念，有效改善了农村的人居环境。[1]

大跃进时期，农村紧随城市开展一系列的大炼钢铁的生产性运动，造成了严重的环境污染，同时期政府的农村人居环境整治工作趋于停滞。1966—1976年期间，农村人居环境的治理聚焦在基础设施的改善之上，可以概括为"两管五改"，延续了爱国卫生运动时期对于农村基础设施改良的治理举措。[2] 值得注意的是，第一次全国环境保护会议于1973年在北京召开，会议确定了环境保护32字方针并拟定了《关于保护和改善环境的若干规定（试行草案）》，这标志着我国对"三废"、污染等相关问题的认识开始由卫生问题转变为环境问题。

---

[1] 张自宽：《亲历乡村卫生六十年》，中国协和医科大学出版社，2011，第48—51页。
[2] 王莎莎：《厕所革命：农村社会发展与变迁的多维表征》，中国农业大学博士论文，2022。

综合来看,该阶段党和国家多通过行政指令、通知等形式下达治理要求,在加强宣传推广的同时动员全民参与,围绕着"公共卫生"问题采用运动式治理的方式来改善农村人居环境。对农村人居环境整治工作停留在维护人居环境干净和整洁的层面,目的在于消灭疫病、保障人民的身体健康。此阶段政府并未出台针对性的社会政策推动农村人居环境的整治,暂未形成常态化的机制和规范化的政策体系,[①]制度设计处于萌芽时期。

(二)以保护环境、防治污染为重心的政策起步阶段（1978—1999年）

党的十一届三中全会后,政府的工作重心转移到了经济建设上,并开始重视经济发展带来的环境问题,关注到了农村人居环境不断恶化、自然资源破坏严重的现状,出台了一系列的环境保护的法律法规。与此同时,长期开展的爱国卫生运动重心已经从农村转移到了城市,爱国卫生运动的卫生观念更多地成为了社会主义精神文明建设的一部分。

乡镇企业在改革开放以后蓬勃发展,再加上城市建设中的"废水、废渣、废气"也开始向农村地区转移,农村人居环境治理面临着工业化带来的诸多挑战。大规模的城市化与工业化导致城市向农村转移"三废",同时大量的化工企业以及工业产品开始涌入农村,诸如农药、化肥、塑料制品等化工产品逐渐渗透进农业生产以及农民的日常生活,农业水、土等自然资源破坏严重,农村的人居环境不断恶化。1986年国务院印发的《中华人民共和国国民经济和社会发展第七个五年计划》中,政府明确提出了"禁止城市向农村转移

---

① 吴柳芬:《农村人居环境治理的演进脉络与实践约制》,《学习与探索》2022年第6期。

污染"的要求。20世纪90年代末,农村生活污染与农业生产污染叠加的现象加剧,集中表现在畜禽养殖、生活垃圾处理不完善以及农业生产污染等问题之上。1993年国家出台了《村庄和集镇规划建设管理条例》,条例提出了农村需要"加强绿化和村容村貌、环境卫生"的要求,意味着农村人居环境的治理再一次被提上了议程。

在这一阶段,政府在出台一系列环境保护法律法规的基础上,注重对于基层政府的指导,将治理的工作重心下移。与之前采取运动式治理不同的是,政府设立了专门的主管部门及相关管理机构负责环境治理的工作,更多利用科层制的行政力量改善农村人居环境。这套治理体制相较于运动式治理的方式较为稳定,但政府仍并没有出台专门的社会政策针对农村人居环境的突出问题进行整治,只是借助环保的问题从侧面要求农村减少环境污染以及资源浪费的现象,所以本阶段的政策仍然处于起步阶段。尽管治理的权力下放到了村级基层组织,但由于缺乏专项的资金安排以及责任归属,农村人居环境的整治仍旧停留在针对重点污染的工作上。[①]缺少针对性的社会政策,农村人居环境的整治不纳入政府的考核范围,不利于农村人居环境整治的长效机制的建立,只能从环境保护的角度为后续的人居环境整治提供治理经验。

(三)生态文明和美丽乡村战略牵引下的政策建设阶段(2000—2013年)

21世纪初,党和国家推动小康社会建设,农民生活水平逐渐提高的同时对改善农村人居环境的需求更加强烈,政府工作的重点由侧重城市人居环境综合整治的工作转向农村人居环境整治。针对农

[①] 吴柳芬:《农村人居环境治理的演进脉络与实践约制》,《学习与探索》2022年第6期。

村人居环境的恶化，政府出台了《国家环境保护"十五"计划》，明确指出要"将控制农业面污染、农业生活污染和改善农村环境质量作为农村环境保护的重要任务"。2005年十六届五中全会通过的《中共中央关于制定"十一五"规划的建议》提出了"建设社会主义新农村"的要求，指出"建设社会主义新农村是我国现代化进程中的重大历史任务，要按照生产发展、生活宽裕、乡风文明、村容整洁、管理民主的要求，扎实稳步地加以推进"，将农村人居环境的治理放在了建设社会主义新农村的重要一环。2012年，政府开展了农村饮水安全、农村河道综合整治、农村厕所改良、畜禽养殖业专项执法督察等改善农村人居环境的专项工作，进一步将农村人居环境整治放在了国家农业农村工作的重要地位。

党的十八大召开以后，党和国家将生态文明建设与经济建设、政治建设、文化建设、社会建设一同纳入社会主义现代化建设"五位一体"的总体布局之中。2013年中央一号文件发布，《关于加快发展现代农业进一步增强乡村发展活力的若干意见》指明需要"加强农村生态建设、环境保护和综合整治，努力建设美丽乡村"，同时提出"搞好农村垃圾、污水处理和土壤环境治理，实施农村清洁工程，加快农村河道、水环境综合整治"，进一步将农村人居环境的整治作为生态文明建设中的重要组成部分。同年农业部出台了《关于开展"美丽乡村"创建活动的意见》，认为"广大农村地区基础设施依然薄弱，人居环境脏乱差现象仍然突出"，而"改善农村人居环境，是落实生态文明建设的重要举措，是在农村地区建设美丽中国的具体行动"；同时，"推进生态人居、生态环境、生态经济和生态文化建设，创建宜居、宜业、宜游的'美丽乡村'，是新农村建设理念、内容和水平的全面提升，是贯彻落实城乡一体化发展战略的实际步骤"。政府将改善农村人居环境与落实城乡一体化发展战略、生态文明建设紧密结合,进一步彰显出农村人居环境整治任务的重要性以及迫切性。

综上所述,此阶段的社会政策从宏观的乡村环境治理逐渐聚焦到乡村人居环境治理,政策制定更具有合理性、针对性和有效性,并围绕农村基础设施不完善、农村人居环境恶劣等问题开展了人居环境治理工作。在这个阶段,乡村人居环境整治所涉及的财政资金开始通过"专项"和"项目"的转移支付方式向下分配,成为了项目化治理的开端。[①] 同时政府加强了对农村人居环境治理的引导和管控,且围绕农村环境卫生、农业可持续发展和群众生活卫生习惯开展了大量整治工作,有效改善了农村环境卫生。但在一些地区,由于地方政府的整治工作缺少长期的规划,政策落地和执行存在着效果偏差,一些偏远地区的人居环境状况仍然没有得到有效的改善。

(四)专项政策密集出台的优化阶段(2014年至今)

2014年国务院印发《关于改善农村人居环境的指导意见》,提出了"到2020年,全国农村居民住房、饮水和出行等基本生活条件明显改善,人居环境基本实现干净、整洁、便捷,建成一批各具特色的美丽宜居村庄"的政策目标,将农村人居环境整治作为了政府工作中的重点任务。同年《环境保护法》修订,特别提出了要进行农村环境的综合整治,同时为农村人居环境整治安排了专项资金。2015年中央一号文件指出"要加大农村基础设施建设力度,全面推进农村人居环境整治"。同年11月份,国家住建部联合有关部门发布了《关于全面推进农村垃圾治理的指导意见》,提出因地制宜建立"村收集、镇转运、县处理"的模式,有效治理农业生产生活垃

[①] 吴柳芬:《农村人居环境治理的演进脉络与实践约制》,《学习与探索》2022年第6期。

圾、建筑垃圾、农村工业垃圾的目标任务。2017年环境保护部联合有关部门共同印发了《全国农村环境综合整治"十三五"规划》，提出了到2020年建立健全农村环保长效机制，引导、示范和带动全国更多建制村开展环境综合整治。

2018年乡村振兴战略提出后，中国政府围绕乡村人居环境改善出台了一系列社会政策，旨在改善农村地区的居住条件，促进农村社会和谐及可持续发展。《关于实施乡村振兴战略的意见》作为指导乡村振兴的重要文件，明确了乡村人居环境改善的总体要求和目标。涉及的主要工作内容有：（1）美丽乡村建设：推进农村环境综合整治，包括村庄规划、环境清洁、绿化美化、基础设施建设等。（2）农村厕所革命：改善农村卫生条件，推广无害化卫生厕所，提升农村居民的生活质量。（3）农村污水处理：建设农村污水处理设施，解决农村地区污水直排问题，改善水环境。（4）垃圾分类与处理：推行农村垃圾分类收集、运输和处理系统，建立垃圾处理设施。（5）村落改造与历史文化保护：对传统村落进行改造，同时保护农村的历史文化遗产。

2018年政府印发了《农村人居环境整治三年行动方案》，方案明确提出了"改善农村人居环境，建设美丽宜居乡村，是实施乡村振兴战略的一项重要任务，事关全面建成小康社会，事关广大农民根本福祉，事关乡村社会文明和谐"，确立了"到2020年，实现农村人居环境明显改善，村庄环境基本干净整洁有序，农民环境与健康意识普遍增强"的总目标。2021年国务院办公厅印发《农村人居环境整治提升五年行动方案（2021—2025年）》，重点强调了农村环境整治是一个系统性的工程，既需要顶层设计的政策保障，同时也需要切实发挥社会不同主体的积极作用，重要的是探索长效管护机制，防止农村人居环境污染的反复。

这一时期的政策设计从整体上考虑乡村振兴，不仅仅局限于人居环境，还包括经济、文化、生态等方面的综合考量。政策着眼于长期规划，旨在实现乡村持续发展，不追求短期效益。政策中对某些关键问题给予重点关注，如农村污水和垃圾处理、农村厕所革命等，这些都是提升农村居住环境的关键因素。政策重视多元参与，鼓励政府、企业、社会组织和农民个体共同参与乡村振兴，形成合力。同时，政策强调可持续性，强调环境保护和节约资源，推广绿色生态环保技术，保证乡村人居环境整治的可持续性。该阶段的政策还具有普惠性，覆盖面广，旨在使全体农村居民受益，减少城乡差异。此外，政策也重视文化遗产在人居环境中的作用，在推进乡村建设的同时，强调保护农村传统文化，促进文化遗产的保护和传承。

总的来看，农村人居环境问题一直是国家制定社会政策时重点关注的内容。新中国成立初期政府关注到了农村疫病问题，将农村人居环境整治与意识形态、国防建设、卫生体系建设联系起来，通过"除四害"及村容整治改善了农村落后的卫生观念及卫生状况，初步改变了农村地区的人居面貌，同时也为之后制定相关的政策提供了一定的借鉴。改革开放以后，农村的人居环境面临着农村农业污染、城市转移污染、农村工业污染的三重难题，此阶段农村人居环境污染导致的患癌率高、疫病传染问题层出不穷，考虑到经济发展的情况，政府更多地从环境保护的层面出台了一系列的法律法规，并没有解决农村人居环境"脏、乱、差"的固有问题。21世纪初农村环境的污染问题已经触及到了资源保护、农民生命健康的红线，国家更多地从环境保护以及建设社会主义新农村的战略要求出发，将农村人居环境的治理纳入到了社会主义新农村战略目标之中，要求制定符合科学发展、资源节约的战略规划。党的十八大以后，国家将生态文明建设放到了社会主义建设的重要地位，积极推进农村生态文明、美丽乡村建设，既符合可持续发展的目标，同样将"绿水青山就是金山银山"的理念融入到了乡村人居环境的整治之中。党的十九大提出的乡村振兴战略为乡村人居环境社会政策提供了全新的发展理念，不仅在政策和资金上予以支持，更在战略层面上推动了农村的综合改革。政府在资金、技术、人才等方面加大了投入，推动了一系列针对性的措施落实，如农村污水处理、垃圾处理、厕所革命等，极大地改善了农村的居住环境。

三、乡村人居环境整治政策的实践特征

乡村人居环境整治政策的实践特征，主要涉及三组要素：资源、行政组织之间的关系和多元主体的角色。本小节从这三个维度出发，对我国当下乡村人居环境整治社会政策的实践特征进行分析。

（一）乡村人居环境社会政策所需的人力和资金资源

在人力资源方面，中央到地方政府投入大量人员参与到乡村人居环境治理行动当中，特别是基层干部构成政策执行的主要力量。在此基础上，政府往往可以通过购买公共物品的形式，与第三方社会组织进行合作，以减轻基层干部工作压力，引导社会组织运用市场化运作模式参与农村人居环境治理。[1] 在农民利益得到保障的前提下，农民也被鼓励以人力的方式投入到农村人居环境整治中，例如成为保洁员负责日常环境管护，这样既能参与人居环境治理，也

---

[1] 田阳阳：《乡村振兴战略背景下农村人居环境整治研究》，西北农林科技大学硕士论文，2022。

能获得相应的补助，实现双赢。①

资金保障方面，我国乡村人居环境治理主要依靠各级政府出资，中央还特别提供乡村环境保护专项资金。2008—2009年中央共投入15亿元，支持2160多个村镇进行乡村环境整治和生态示范区建设。此后该资金投入不断增长，到2019年中央财政投入达60亿元。②"厕所革命"的专项资金也由中央财政直接拨付，用于购买厕所改造需要的设备设施、建设配套基础设施，并利用资金对改厕户进行补贴。一些地方政府也在探索如何充分发挥市场在资金资源配置中的作用，以下案例颇具代表性。

吉林省长春市积极创新农村人居环境整治多元融资机制，针对具体领域、项目组合采用不同的融资模式：对于融资成本高、风险系数大的项目采用间接融资模式，最大程度发挥银行等金融机构优势；针对经营要求比较高的整治项目，采用设施项目融资模式（BOT融资模式），让拥有更多市场化经验的社会资本进行运作；有龙头企业引领的项目，采用"龙头企业+特色小镇（现代农业产业园）"模式，充分发挥龙头企业的作用。③

一些地区还在探索农户付费制度，一方面为乡村人居环境治理提供充足资金，减轻政府的财政负担；另一方面通过收取费用的方式，提高农民自身的参与感和环保意识，减少农民生活垃圾、生活污水等的排放。例如2019年在广东省、浙江省、湖北省、河北省、四川省、辽宁省、陕西省，约有30%的村庄向农户收取了生活垃圾处理费用，各地一般按照常住人口或按户收取较低额度的乡村生活

---

① 王柄钞：《长春市农村乡村人居环境整治多元融资机制研究》，吉林大学硕士论文，2021年。
② 数据来源：中华人民共和国生态环境部网站，https://www.mee.gov.cn。
③ 王柄钞：《长春市农村人居环境整治多元融资机制研究》，吉林大学硕士论文，2021年。

垃圾处理费用，收费标准为 10～60 元 /（人·年）或 36～120 元 /（户·年）。①

（二）乡村人居环境社会政策实践涉及的组织关系与行政逻辑

1. 纵向与横向组织关系

从政府组织结构的纵向上分析，中央政府一般扮演"宏观指导"的角色，针对全国性的共有诉求，对政策内容作出顶层设计。地方政府是乡村人居环境治理责任的主要承担者，既要具体落实上级政府制定的政策和规定，还要管理本辖区内的环境资源，同时协调乡村人居环境治理中各个主体，向上反馈其他非政府组织和农民的建议。一般来说，省级政府和市级政府会负责制定相应的政策方案，前者制定的政策文件往往较为笼统，后者通常会制定更加清晰、更具操作性的实施方案。县乡两级主要负责人担当"一线总指挥"的角色，负责制定切实可行的工作目标和任务。此外，他们通常还负责部署、监督、指导、检验、查收和其他相关工作。基层组织包括乡村党支部、村委会、农民代表会议、村务监督委员会、妇代会、共青团和村经济合作社等，是乡村人居环境治理中的执行者，负责在乡村开展具体的治理工作和后续长期对项目进行管理和维护。②基层干部尤其是村干部是乡村人居环境治理行动的主体。基层组织可以带领农民团队进行治理，也可以将治理任务再委托给其他市场主体。在具体的政策执行过程中，受制于问责制度的压力和

---

① 孙慧波、赵霞：《农村生活垃圾处理农户付费制度的理论基础和实践逻辑——基于政社互动视角的审视》，《中国乡村观察》2022 年第 4 期。
② 齐琦、周静、王绪龙、唐立强：《基层组织嵌入农村人居环境治理：理论契合、路径选择与改革方向》，《中国农业大学学报（社会科学版）》2021 年第 2 期。

个人的执行能力，基层干部有时会采取"避实就虚"的应对策略。例如，在对厕所革命政策执行过程中，甘肃省某地村干部只对农户原有厕所粪坑外观进行了升级，并没有改变粪坑内的粪污对周围环境造成污染的现状。①

从横向结构上看，在推进乡村人居环境治理进程中，已经形成了以环保部门为牵引，国土规划部门、财政部门、农业部门、水利部门、林业部门与建设部门等政府行动主体协同配合的治理体系。这些政府职能部门相继出台法律法规、政策体系和惠民工程，保障乡村人居环境治理顺利实施。在实际执行的过程中，执行主体存在横向上协作困难的问题。乡村人居环境治理工作涉及多个政府职能部门或责任单位，在执行过程中各主体的执行目标、所处地位和牵涉利益各不相同，使得在具体的执行环节不能形成完善健全的协调工作机制，各部门之间难以形成治理合力。

2."目标责任考核机制"引领下的行政逻辑

农村人居环境整治工作主要通过"目标责任考核"机制来推进，该机制通过行政手段层层往下分配和施压来实现，下级政府按照上级政府的指示逐级设置目标责任考核，确保任务能够按时完成。

政府在执行农村人居环境治理政策时遵循"职责逻辑""政绩逻辑""压力逻辑"和"避责逻辑"。首先，"职责逻辑"表现为三个层面：性质上，偏向于管理性，上级政府制定的目标依赖于下级政府的执行才能变为现实；目标上，需要明确政府作为行政主体需要承担哪些责任、履行哪些义务，使权责协调一致；结构上，不同的

---

① 王莎莎：《厕所革命：农村社会发展与变迁的多维表征》，中国农业大学博士论文，2022。

机构承担不同职责，确保职责主体明晰，发挥各机构最大效用。其次，"政绩逻辑"主要表现为忽视有利于长远发展的工作和存在选择性执行政策的现象。中央2019年的行动方案提出"将农村人居环境整治工作作为相关市县干部政绩考核的重要内容"。南部某省的行动计划相应提出"将考核结果纳入市县镇各级政府目标责任范围，作为选拔任用领导干部的重要参考"。地方官员过分关注政绩，只重视短期的发展，忽略村庄长远利益，如通过刷白漆、装饰花盆等"面子工程"应付检查，但却造成了资源浪费。对于合心意、易出政绩的政策干部认真执行，不合心意的就打折扣变通进行。上级考察和领导重视强有力推动农村人居环境治理政策的执行。第三，"压力逻辑"指上级考察给下级政府压力，督促下级政府落实工作。上级部门往往制定行动方案确保人居环境治理工作有序开展，并成立专项督查组，检查辖区内各村任务完成情况。各级领导的重视有助于制定完善的考核标准，调动基层干部参与工作的积极性，在基层干部遇到问题时也能够得到上级领导的帮助。最后，"避责逻辑"产生的原因是负担过重的责任传导机制和沉重的问责追责压力。面对严格的考核标准，基层干部容易丧失干事业的积极性，放弃了谋求事业发展的想法。基层干部难以承受上级追责究责的压力，选择不做事、少做事，只追求风险可控、问责压力小的任务。①

（三）各行动主体的特征

1. 发挥主导作用同时责任过重的政府主体

国家迫切希望在乡村环境治理中取得快速突破，加快整治乡村衰败的环境以偿还乡村环境问题治理的旧账。因此，政府在乡村人

---

① 刘坤：《农村人居环境整治地方政府政策执行问题研究》，华南农业大学硕士论文，2020。

居环境治理中扮演着治理者的角色,以"高指标、高效率"的方式快速推进乡村人居环境治理项目。在此背景下,乡村人居环境治理工作形成了"政府主导逻辑",其外在表现为"政府动而农民不动",[①]即乡村人居环境治理成为政府实施的计划行为。从中央到地方再到乡村基层的各级政府提供了乡村人居环境治理的资金和各项配套设施,而村庄内部的投入非常有限。农民群体一般能够顾及自己庭院和房屋内部的卫生,但很少在意整个村庄的公共环境情况,因此需要有政府的引导使人居环境治理落实在整个村庄层面,以改善村庄的公共环境。

乡村人居环境治理是以指标考核为导向的硬任务,最终的完成情况影响着各级领导干部的考核晋升情况。各级地方党政组织都采取了一系列的管理手段和方式完成乡村人居环境治理。从中央、地方到县乡形成了一级一级的压力传导过程,基层政府不得不采取策略性的方式,来应对上级的检查,例如用垃圾回收和粉刷墙面的方式来掩盖遮蔽环境污染。而上级政府只看完成的结果,不关注具体的执行过程。为了快速高效完成上级布置的任务,一些基层政府采用命令、强制、制裁或处罚的方式,简单粗暴地强迫农民完成任务。

在苏北S县L村,基层政府为了完成乡村人居环境的整治任务,向农民下达"限养令",采取"一刀切"的方式处理农民的养殖行为,强行拆除农民自建的养殖场,限制农民进行养殖生产。[②]

"政府主导逻辑"使得干部"唯上不唯下",当农民的意愿与上级布置的任务发生冲突时,基层干部最终会向上级妥协。

只依靠政府主体无法调动农民参与环境治理的积极性,缺乏农民参与的人居环境治理也难以持久保持环境整治的效果。乡村环

---

① 李波:《农村环境治理》,南京农业大学博士论文,2018。
② 李波:《农村环境治理》,南京农业大学博士论文,2018。

境多元治理促使政府从控制型、全能型政府向引导型、有限型政府转变。政府目前也更加注重让农民深度参与到乡村人居环境治理之中，而不仅仅是配合政府部门的行动。政府在治理行动中的理想角色日益明确，即担任"掌舵人"，负责总体的制度设计，在有需要时为乡村自治组织提供资金和技术帮助，积极引导乡村自治组织提升环境自治能力。

2. 具备参与动机但面临制约的社会主体

在乡村人居环境的整治中，需要社会力量采用各种方式、各种渠道参与其中，包括为治理提供技术支持、资金投入等。相比于政府，一些企业拥有更加先进的技术设备和专业的管理方式，能够提高乡村人居环境治理的效率，也具备从政府发包的项目中获利以维系运营的参与动机。

案例：安徽省滁州市Q县是全国第一个采用PPP模式进行乡村生活垃圾处理的地区，该县通过竞争性磋商积极引入社会资本，该项目完全覆盖全县乡村生活垃圾处理。在具体的治理过程中，PPP模式中的企业自主开发了远程定位系统和实时监控系统，实现了在集团总部、项目公司等地方掌握转运车辆、收集垃圾车辆的具体位置和行动轨迹，再通过数据平台的计算，选择出转运车辆的最优路线和收集频率。此外，还可以远程监督保洁员是否按时上岗、是否公车私用等。公司还为每个垃圾中转站配备了传感设备，当垃圾达到一定数目传感设备会自动报警，保证垃圾及时清运。[①]

在具体的治理过程中，企业主体的一个鲜明特征是难以调动群众参与的积极性。企业通过项目获得利益，而农民则希望切实改善

---

① 刘广为、刘建军、韩冰曦：《激活社会资本　洁净美丽乡村　探索乡村环境治理的新路径——全椒县引入PPP模式实现乡村生活垃圾治理全覆盖专题调研报告》，《人民论坛》2016年第30期。

自己的生活环境，两者之间容易发生冲突。因此需要依靠具有高水平治理能力的政府帮助协调工作过程中产生的民事纠纷，确保项目能够顺利开展，切实保障农民的实际利益。

3. 需要被激发参与意愿和组织动员的农民主体

农民生活的基本单元是乡村社区，农民具备天然"在场"的特点，他们是乡村人居环境的直接利益相关者、参与者，具有主体性和主动性，农民理应成为乡村人居环境治理的主体，农民的广泛参与是实现乡村人居环境治理政策的关键。现在的农民特别是年轻农民，注重追求舒适便捷的现代生活方式，对于人居环境也有更高的期待。

需要看到，在实际情况中，不少地方的农民对于治理工作持淡漠态度，参与积极性不高，对于人居环境治理政策的认知和理解有限，不能很好地进行执行。一些年龄较大的留守群体本身倾向于保留传统的生产生活习惯，例如研究者发现在人居环境项目开展后，有些农民仍旧采用传统方式养殖猪、牛、羊等牲畜，在住房附近进行养殖，牲畜粪便随意排放，对人居环境造成极大污染；垃圾就近丢弃，在村中形成垃圾堆；秸秆仍旧在耕地随意焚烧，造成空气污染。[1] 另外，农民有时候采用非对抗性抵制的方式应对政策，对改造对象进行适度改造或维持现状，采用一定方式应对政府的检查。例如在一些地方的厕所改造中，部分农民更愿意保留原来的旱厕，他们只在领导检查工作时掩盖旱厕，其他时候则继续使用旱厕；还有部分农民家中保留一个旱厕用于日常生产生活，再新建一个水厕应对上级检查，这样既可以完成改厕任务应对上级，也能够保持自己原来的生产和生活习惯。

---

[1] 王璐璐：《农村基层治理中的人居环境治理研究》，郑州大学硕士论文，2019。

针对农民主体的上述特征,政府往往需要引导农民不断参与,提升农民对乡村人居环境改善的理解和认识。例如,在徐州市 X 区的治理初期阶段,需要清除群众堆放的柴草堆、建筑材料,拆除违建建筑和旱厕等,农民对此举措并不理解,治理受阻。该地通过村干部带头主动干,积极协调矛盾,使工作继续开展,而治理结束后,农民切实感受到了居住环境提升带来的好处,对治理政策有了一定的了解,才在之后的治理过程中配合工作开展。[①] 可见,在政策执行的环节,政府与人民群众之间的交流沟通是非常必要的。乡村人居环境治理工作到后期,农民能够看到环境改善的效果,他们的生活质量得到提升,更容易转变观念和习惯,支持工作的开展。

在乡村人居环境治理中,农民也在不断探索自身的参与方式,例如专门成立村民理事会,负责该村乡村人居环境治理的工作。

案例:J 村的村民小组负责自下而上的自治事务,因此按照当地的政策,J 村乡村人居环境治理一般以村民小组为基本单位。但在实际的治理过程中,村民小组人力不足、代表性不足、缺少专业技术和相关知识、对相关问题考虑不周,严重影响了乡村人居环境治理的效果。J 村为了提高村民小组的代表性和行动能力,探索在村民小组的基础之上成立村民理事会,吸纳各类村庄精英参与乡村人居环境治理。村民理事会负责向村民宣传政策,制定乡村人居环境整治的初步方案,组织召开村民大会形成最终方案,并且在方案实施中扮演"当家人"的角色,在项目结束之后维护设施。村民理事会成为村庄公共物品的供给主体和维护公共物品的核心力量。[②]

---

① 王欣荣:《农村人居环境治理的政府职能研究》,西北农林科技大学硕士论文,2021。
② 田孟、孙敏:《乡村人居环境整治自治模式研究——以农民理事会为例》,《中国特色社会主义研究》2021 年第 3 期。

在具体的治理过程中，治理方是通过村民理事会吸纳和整合村庄的社会精英和技术精英，将村庄精英背后的社会资本和经济资本都转化为乡村人居环境整治中的治理资源。同时，村民可以通过村民理事会成员来向基层组织反映自己的诉求。村民理事会将政府自上而下安排的任务转变为村民自己的事情和愿望，也把村民的强烈诉求向上级进行反映，争取得到政府的批准和支持，实现了公共事务在政府与村民之间进行有效转换。村民理事会的良好运转，可以将乡村人居环境治理这项由上至下布置的政府公共事务转变为村民积极响应的村内公共事务。

四、乡村人居环境整治政策现存的问题

（一）政策设计方面

1. 设计科学性弱

乡村人居环境整治工作依赖政府部门的顶层设计，但政策一般由中央政府制定，地方政府负责执行。上级政策文件设计缺乏对地区实际情况的了解，政策目标往往与地区实际情况存在一定的偏差，导致治理效果难以达到农民和政府的意愿。[①] 中央政策往往会关注到人居环境问题的整体情况，缺乏对执行地的财政情况、资源禀赋、社会组织等影响政策执行的具体条件的了解，导致政策设计的科学性较弱。政策设计的科学性弱具体体现在政策目标不结合当地实际、缺少有效的量化统计以及缺乏对整治工作的长期系统性规划等方面，这会直接或间接影响乡村人居环境整治的效果，造成无

---

① 张岩：《济南市 Y 街道农村人居环境整治政策执行问题研究》，山东大学硕士论文，2022。

序性整治。

2.自愿性政策工具不足

一般来说,政策工具可以划分为强制性政策工具、自愿性政策工具和混合型政策工具。政策设计中的强制性工具要求政府采用具有权威和强制力的手段对不同责任主体进行划分,在政策规定中要求不同主体履行规范责任,通过检查监督、考核等强制性政策工具,持续推进乡村人居环境整治。自愿性工具则包括家庭与社区、自愿性组织和市场等工具。与强制性政策工具相比,自愿性政策工具给予不同的参与主体更多的自主性,政府的干预程度较低。混合型政策工具既有强制性也有自愿性,是政策设计较为理想的状态。一般来说混合型的政策工具能够让多元主体推进乡村人居环境的整治工作。

在乡村人居环境整治社会政策设计方面,政府注重强调发挥强制性政策工具的作用,缺少对自愿性政策工具的设计与支持,试图通过政绩、考核等方式倒逼乡村人居环境治理,但这会影响多元主体的积极性,而自愿性政策工具能够有效地避免政府单一主体治理的弊端,填补强制性政策工具治理的间隙。[1]

(二)政策执行方面

1.部门协作困难

乡村人居环境治理是一项综合性的工作,需要相关部门的协同合作,但部门之间的职能分工存在差异,容易出现组织协调性差的问题。例如济南市 N 区 Y 街道,按照政策应当由领导小组所有成员

---

[1] 刘坤:《农村人居环境整治地方政府政策执行问题研究》,华南农业大学硕士论文,2020。

单位共同推进工作,在具体执行过程中仍是按照职能分工进行。由于责任机制作用,部门之间会出现相互推诿的现象,有时需要协管领导出面协调,或者是打"人情牌"。街道的人居环境整治考核工作,原由人居环境考核办负责,但该部门"不愿意得罪人",最后经主要领导决定,由人居环境考核办和环卫办共同负责打分。① 执行机构之间权责不清也是乡村人居环境治理过程中经常面临的问题。执行主体间沟通不到位会使得政策无法取得预期效果,影响政策执行质量。②

2. 人力和资金配置不足

尽管乡村人居环境社会政策在制定中对人力资源和资金保障进行了一系列设计和部署,但在实际治理过程中,仍面临人力资源和资金欠缺的问题。基层工作人员是乡村人居环境治理工作的关键,对政策的执行至关重要。人员短缺直接影响治理工作的质量和效率,主要表现在三个方面:一方面是基层工作人员配置不足。例如甘肃省某市D区农业农村部门只有一人负责人居环境治理的相关工作,此外他还要承担其他重要工作,工作压力过大。乡镇中的负责人员工作繁重、精力不足,容易在工作中出现错误。③ 另一方面,缺乏专业技术人员。乡村人居环境整治中很多工作都需要依靠专业人员,如改造不同技术模式和类型的厕所、建造农村生活垃圾填埋场渗滤液处理设施、谋划农村生活污水的处理方式等。但在现实生活中,这些工作大部分是由行政人员包办代替的,由于对具体技术

---

① 张岩:《济南市Y街道农村人居环境整治政策执行问题研究》,山东大学硕士论文,2022。
② 刘坤:《农村人居环境整治地方政府政策执行问题研究》,华南农业大学硕士论文,2020。
③ 胡小强:《基于霍恩—米特模型的农村人居环境整治政策执行问题研究》,兰州大学硕士论文,2022。

不了解，可能在一开始就错误规划，导致项目难以进行。[1] 此外，一些地方基层人力资源的配置和使用也存在着一定的问题。例如，济南市 Z 区 Y 街道人居环境的日常整治工作主要依靠保洁员，但选出的保洁员大部分是村党支部书记的亲属或邻居，年龄较大或身体不好，碍于关系村委不便给予负面考核，保洁的工作质量并不高，并没有起到维护环境的作用。[2]

乡村人居环境整治工作资金匮乏主要表现在两个方面。第一，政府财政配套资金不充足、下达不及时、不持续。根据政策要求，农村人居环境治理工作需要配套以地方财政为主、中央财政补助的资金体系。但一方面地方财政有限，没有充足的资金投入到改厕、厕所清洁、垃圾污水治理等项目中去；另一方面资金下达往往存在一定滞后性。乡镇因拿不到充足的经费，在具体进行治理的过程中，往往把这些工作当作额外的负担，或者采取敷衍态度对待。以甘肃省某市 D 区为例，2020 年初上级政府为 D 区制定的改厕目标为 9986 座，截至年底下拨的中央和省级财政补助资金缺口仍有 149.23 万元。受资金缺口影响，D 区改厕农户奖补资金迟迟没有发放，造成群众对政府实施农村人居环境政策的不信任、不配合。[3] 此外，基层政府太过于强调项目取得短期效果的验收，因此政府宁愿花费大量的资金将突出的问题解决，但这种项目往往缺乏后续的资金支撑。第二，群众投入较少。广大人民群众是农村人居环境治理的主要受益者，农户应当为整治工作投入部分资金。但农民自身收入不

---

[1] 胡小强：《基于霍恩—米特模型的农村人居环境整治政策执行问题研究》，兰州大学硕士论文，2022。
[2] 张岩：《济南市 Y 街道农村人居环境整治政策执行问题研究》，山东大学硕士论文，2022。
[3] 胡小强：《基于霍恩—米特模型的农村人居环境整治政策执行问题研究》，兰州大学硕士论文，2022。

高，缺乏为环境改善付费的意识，村庄清洁资金筹集工作还未能全面开展。

3. 监管机制不健全

乡村人居环境整治过程中缺乏健全的监管机制。第一，缺乏有力的执法监管依据。农村人居环境整治可依据的规则和处罚内容，分布在不同的法律法规中，如《农业法》《固体废物污染环境防治法》等，缺乏可操作性。因此，政策执行主体在实际监管工作过程中执法偏松偏软，不能起到约束作用。多数村庄对于破坏或不积极参与农村人居环境治理的人员以劝解为主，没有采取刚性的控制手段。第二，相关约束监管体系较为薄弱。政府部门的监管多以自上而下为主，缺少自下而上的监管、跨部门的监管、社会监管和群众监管等。在此背景下，县级政府采取向上级政府负责的方式，导致部分干部只注重短期内乡村人居环境整治达到的效果，更加关注与政绩挂钩的乡村人居环境整治的工程项目数量，忽略了乡村人居环境整治的可持续性发展。一些乡镇级别的干部花费较多精力在落实上级指标上，不重视后期的管理维护，没有履行监督职责。[1]

4. 农民主体性缺失

乡村人居环境整治工作中，农民应该是整治工作的主体参与者。但政府主导的项目制忽视了农民自治能够在人居环境整治中发挥出巨大的作用，大包大揽的治理方不仅限制农民主体性的发挥，造成治理主体错位，甚至还会滋生腐败问题。乡村人居环境治理主体集中在社会资本、政府二元主体之上，农民的主体性和内生动力并没有得到有效的发挥。人居环境问题的产生一直是一个动态的过

---

[1] 胡小强：《基于霍恩—米特模型的农村人居环境整治政策执行问题研究》，兰州大学硕士论文，2022。

程，造成的环境问题具有滞后性以及时效性的特征，以短期效果为目标的治理以及忽略农民主体性的治理模式并不符合乡村人居环境整治的可持续性发展。

以吉林省某市为例，干部引导农民落实好"门前五包"制度，主动对自家房前屋后进行清扫，培养农民自觉爱护环境卫生的良好意识。但部分农民表示在实际整治工作中，基本上还是听政府的安排，并未直接参与到人居环境整治工作之中，这与方案中提到的发挥农民的主体性作用相悖，农民知情权、参与权、监督权并没有得到有效的保障。在建设生态宜居乡村的政策开展过程中，也有部分农民表示没有接受过环保宣传教育，这也就导致了农民的人居环境保护理念的匮乏，影响了乡村人居环境整治长效机制的建立。

五、完善乡村人居环境整治政策的建议

针对乡村人居环境整治政策的成效与问题，笔者提出以下政策性的建议：

（一）制定科学的整治规划，确定符合村情的治理方式

国务院印发的《农村人居环境整治三年行动方案》与《农村人居环境整治提升五年行动方案（2021—2025年）》中明确提出了依据不同地区的实际情况科学规划农村人居环境整治的阶段性目标。尽管顶层设计考虑到了行动目标的合理性与可实施性，将最新的重点任务聚焦在"扎实推进乡村厕所革命""加快推进乡村生活污水治理""全面提升乡村生活垃圾治理水平""推动村容村貌整体提升""建立健全长效管护机制""充分发挥农民主体作用""加大政策支持力度""强化组织保障"等重点任务之上。但在各级单位

落实方案的过程中，整治的模式依然是根据上级部门资金数量及去向确定的单一的项目制的技术型治理模式，缺乏根据各地方村庄的实际情况建立的科学的整治行动规划。这既会导致整治村庄之间环境整治的差异性，同时也难以激发农民的内生性动力。因此，需要在乡村人居环境整治提升五年行动方案对整治重点任务界定的框架范围内，在县级层面根据村庄的不同区位、不同类型、不同人居环境、不同的文化特征、不同的经济水平的现状下制定详细的规划及治理方式。

（二）善用自愿型政策工具和混合型政策工具，形成全社会共同参与的良好氛围

重视使用自愿型政策工具。政府可以设立环境保护基金或奖励机制，对积极参与环境整治的家庭、社区给予经济补贴或物质奖励。激发社区参与的积极性，鼓励成立自愿性的社区组织，参与乡村环境规划、管理和监督，发挥社区在资源整合和问题解决中的作用。同时出台依凭市场机制发挥作用的政策，发展环保产业，利用市场机制吸引企业和个人投资乡村环境改善项目。

强化混合型政策工具的作用。政府可以与私营部门合作开展乡村环境整治项目，利用私营部门的资金和技术，共同推进环境整治。设立专项资金，对环境整治进行资金支持，但要求社区或企业提供配套资金或服务，以提高项目的可持续性。制定优惠政策，如减税、贴息贷款等，吸引和引导社会资本投入环境整治。

（三）加强相关部门组织合作，促进治理工作协同共进

国务院印发的《农村人居环境整治提升五年行动方案（2021—2025年）》中提到："有关部门要各司其职、各负其责，密切协作配

合，形成工作合力，及时出台配套支持政策。省级党委和政府要定期研究本地区改善农村人居环境工作，抓好重点任务分工、重大项目实施、重要资源配置等工作。市级党委和政府要做好上下衔接、域内协调、督促检查等工作。县级党委和政府要做好组织实施工作，主要负责同志当好一线指挥，选优配强一线干部队伍。"在治理的过程中，尽管各级地方政府已经形成了关于乡村人居环境综合治理的政策共识，但治理工作涉及多个政府职能部门，各主体的执行目标、所处地位和牵涉利益各不相同，这使得在具体的执行环节不能形成完善健全的协调工作机制，各部门之间难以形成治理合力。因此需要发挥主要治理部门的主力军作用，同时加强与相关部门协作配合，促进治理信息和资源共融共享，建立健全治理工作共享共治机制，形成齐抓共管合力，全力以赴推进乡村人居环境综合整治工作。

（四）科学配置财政、人力资源，保障整治工作推进落实

国务院印发的《农村人居环境整治提升五年行动方案（2021—2025年）》中提到要"加强财政投入保障。完善地方为主、中央适当奖补的政府投入机制，继续安排中央预算内投资，按计划实施农村厕所革命整村推进财政奖补政策，保障农村环境整治资金投入"。同时"加强科技和人才支撑。将改善农村人居环境相关技术研究创新列入国家科技计划重点任务"。但在实际的治理过程中，乡村人居环境治理的资金缺口依然较大，并且缺乏专业的科技人才，症结在于包揽式的治理方式无法将人力、财政资源科学可持续地配置到乡村人居环境治理的动态过程中。因此，首先需要继续加大财政专项资金的投入，在此基础上根据治理工作的实际情况科学有效地配置财政资源，保证人居环境治理能够有可持续性的资金投入。其次，

应该在充分保障各社会主体和农民的切实利益基础上，利用社会资本、农民出资建立多元主体资金投入的机制。最后，应该加强乡村人居环境领域人才培养，强化相关人才队伍建设和技能培训，合理配置治理工作中人力资源，保障整治工作的可持续性。

（五）加强监管、监督和评估体系建设，实现整治成效的长久保障

政府要加强对乡村人居环境整治的全过程监管，建立健全跨部门协作的监管体系，形成人居环境整治的联防联控机制，实现信息共享和监管合力。提高工作透明度，通过公开汇报、第三方评估等方式，接受社会各界的监督。确保环境整治资金的专款专用，建立财政监管和审计机制，防止资金被挪用或滥用。

此外，政府的监督机制始终具有内在的局限性，需要采取农民、社会责任等主体的参与模式，建立起多元主体的评估与监督机制，对参与乡村人居环境整治的成果进行可持续性的监督以及评估，确保整治成效的可持续性。鼓励和支持媒体、公众参与环境监督，利用社会组织和网络平台进行公众监督和舆论监督。激发农民的自我管理和自我服务意识，建立农民监督机制，让农民参与环境治理的监督和评价。

（六）落实多元主体共同参与的基本原则，切实发挥农民的主体作用

国务院印发的《农村人居环境整治三年行动方案》与《农村人居环境整治提升五年行动方案（2021—2025年）》中明确提出农村人居环境整治需要政府、企业与农民的广泛参与，尤其提到农民应该始终是农村人居环境整治的主体。想要充分调动农民的积极性，

使农民的内生性力量得到充分发挥，就必须建立起长期有效的参与机制。因此在推动乡村人居环境整治中，应采取切实有效的措施，并辅以相应机制，充分调动广大乡村居民的积极性和参与度，使得他们真正成为主体。同时要以农民能够接受、满意的方式广泛宣传乡村人居环境质量对居民身体健康以及生活的正面影响，并在此过程中培养农民的责任意识与参与意识，使其认识到人居环境治理的重要性，推动农民生活方式的转变，让农民能够主动全面参与乡村人居环境整治的全过程。

（执笔人：张建新　巩雨畅　李耕）

第十二章
地方政府数字乡村政策的基本特征与实践困境

一、引言

近年来，大数据、物联网、云计算、区块链等现代数字技术快速发展，并在我国经济社会各个领域得以广泛应用，成为推动实施乡村振兴战略、推进农业农村现代化建设的强大动力。数字乡村是乡村振兴的战略方向，也是建设数字中国的重要内容。从2018年中央一号文件首次提出"数字乡村"，到2023年2月中共中央、国务院印发的《数字中国建设整体布局规划》中要求"深入实施数字乡村发展行动"，党和国家高度重视数字乡村的建设工作，不断完善我国数字乡村建设政策体系。浙江、江苏、湖南、福建等省份为了贯彻落实中央层面的政策精神，相继出台了省级政府层面推动实施数字乡村发展战略的综合性政策。本章将从"价值取向—政策工具—政策力度"三个维度出发，以省级政府出台的数字乡村政策文本为基础，分析我国省级政府数字乡村政策的主要内容和基本特征，并将深度剖析我国地方政府数字乡村政策在执行过程中面临的现实困境，以期为进一步推动数字乡村发展、全面推进乡村振兴提出政策优化建议。

二、地方政府数字乡村政策文本特征分析

（一）分析框架

根据 2019 年中共中央办公厅、国务院办公厅印发的《数字乡村发展战略纲要》，数字乡村是伴随网络化、信息化和数字化在农业农村经济社会发展中的应用，以及农民现代信息技能的提高而内生的农业农村现代化发展和转型进程。数字乡村建设需要统筹推进农村党的建设以及农村经济、政治、文化、社会、生态文明等各领域信息化建设。在国家战略部署和宏观政策指导下，我国各省级政府部门陆续颁布了一系列的综合性政策，以推动数字乡村的建设与发展。而对省级数字乡村政策进行系统评价和分析，不但有助于加深我们对现有政策理解，还将对相关政策的优化完善具有重要意义。若仅从单一维度进行政策分析，对数字乡村政策的理解会在广度和深度方面存在局限性，因而需要建立一个多维度的分析框架。根据相关政策、现有研究以及我国政策实践，本章构建了我国地方政府数字乡村政策内容的三维分析框架（如图 12-1 所示），包括价值取向、政策工具、政策力度三个维度。

1. 价值取向维度（X 维度）

社会政策的价值取向重视政策制定的规范内核，对政策的制定具有重要影响，包括政策主体的认知态度、利益偏好与理想追求。社会政策的价值取向能否回应现实的问题需要，一定意义上决定了整个政策过程的质量与政策结果的优劣。[1] 公平作为社会政策的重要价值取向，反映社会价值分配的合理性，通过调整社会利益关

---

[1] 燕继荣、朱春昊:《中国公共政策的调适——兼论"以人民为中心"的价值取向及其实践》,《治理研究》2021 年第 5 期。

第十二章 地方政府数字乡村政策的基本特征与实践困境

系，形成和谐的利益格局，有利于实现全社会协调发展。

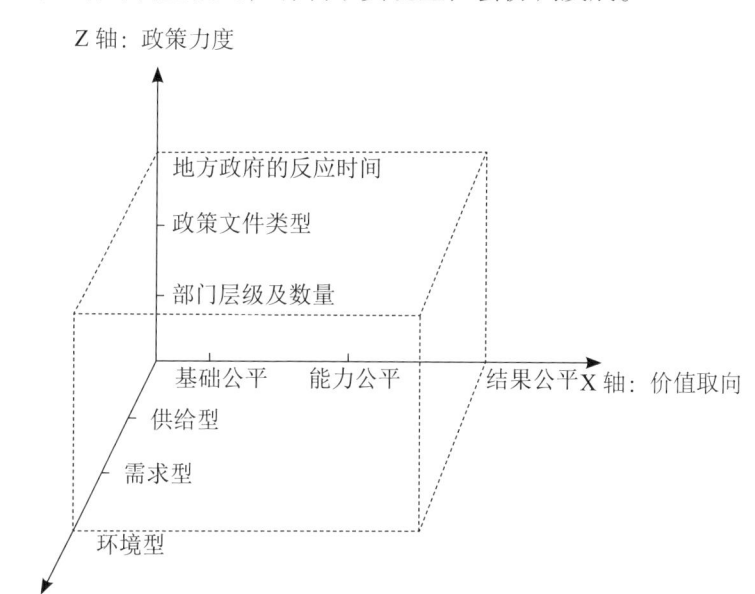

图 12-1 我国地方政府数字乡村政策三维分析框架

（Z轴：政策力度；X轴：价值取向——基础公平、能力公平、结果公平；Y轴：政策工具——供给型、需求型、环境型；立方体内标注：地方政府的反应时间、政策文件类型、部门层级及数量）

随着新一代信息通信技术的快速发展和普及，数字化已渗透到经济社会发展的各个领域，对人们的生产方式、生活方式和政府治理方式产生了深刻影响，在此过程中实现数字公平成为实现经济社会全面公平发展的重要前提和基本保障。[1] 数字公平是指不同社会主体在数据资源利用和数字技术使用上享有的公平，包括基础公平、能力公平和结果公平三个层面。具体而言，基础公平是指数字化基础设施与服务的平等享有，能力公平是指不存在使用数字资源的能力差距，结果公平是指数字化红利的公平分配。[2]

根据上述定义并结合数字乡村的内涵，本章中的基础公平是指

---

[1] 刘春霞：《中国公众的数字公平观调查报告（2022）》，《国家治理》2022年第17期。

[2] 刘春霞：《中国公众的数字公平观调查报告（2022）》，《国家治理》2022年第17期。

数字乡村建设与发展注重数字化基础设施与服务的平等享有；能力公平是指数字乡村发展注重乡村人口数字能力建设，着力弥合使用数字资源的能力差距；结果公平是指通过数字乡村建设，促进城乡融合发展，实现城乡要素合理配置和资源共享。

2. 政策工具维度（Y维度）

政策工具是政府将政策目标转化为具体行动而选取的路径和机制，[1]是政策目标与结果之间的重要桥梁。通过政策工具来审视社会政策文本，发现社会政策的变迁规律，并在此基础上提出优化策略建议是当前有关政策工具研究的主要范式。[2]综合考量国内外学者对政策工具的分类依据，笔者借鉴学界内广泛使用的Roy Rothwell和Walter Zegveld的政策工具分类方法，对我国省级层面出台的数字乡村政策进行文本量化分析，将数字乡村政策工具分为供给型、环境型和需求型三种类型（如表12-1所示）。

表12-1 政策工具分类及含义描述

工具类型	工具名称	工具含义
供给型	基础设施	政策规定数字乡村发展中的相关基础设施建设
	人才支持	各种人力方面的支持，包括人才队伍建设、人才培训等
	开放共享	数字乡村建设中数据、信息开放共享共用等举措
	资金与技术投入	对数字乡村发展提供资金技术方面的支持，包括设立专项资金、加大技术投入等举措
环境型	目标规划	特定领域内对数字乡村发展的目标进行总体描述
	鼓励发展新业态	鼓励相关主体在数字乡村建设中推动新业态高速发展，包括乡村旅游、休闲农业等业态

---

[1] 张成福、党秀云：《公共管理学（第三版）》，中国人民大学出版社，2020，第93页。

[2] 李燕凌、代蜜：《我国县城城镇化政策的适配性研究——基于政策文本分析的视角》，《公共管理与政策评论》2022年第2期。吴杨：《大数据政策文本与现实的偏差及完善路径研究》，《公共管理学报》2020年第1期。

续表

工具类型	工具名称	工具含义
环境型	监督与管制	通过完善法律法规、建立制度标准,规范和监督评价体系等,管制和监督数字乡村建设过程中可能出现的安全与伦理问题
环境型	税收优惠	给予进行数字乡村建设发展的组织与个体税收优惠
环境型	金融服务	在融资方面支持数字乡村建设发展,提供存贷款、支付结算、保险等金融支持
需求型	试点示范	数字乡村试点项目与数字乡村示范工程
需求型	公共采购	针对数字乡村发展进行的合作、采购与招标
需求型	服务外包	将数字乡村建设相关项目委托给第三方组织
需求型	工程行动	将数字技术应用于农业农村建设、开展大数据气象监测工程等
需求型	公共服务	提供公共服务、服务为民、简化公共事务办理流程等

具体来看,以供给为导向的政策工具表现为政策对数字乡村发展的驱动力,包括基础设施、人才支持、开放共享、资金与技术投入等。环境型工具表现为政策对数字乡村发展的影响力,包括目标规划、鼓励发展新业态、监督与管制、税收优惠、金融服务等政策。以需求为导向的工具表现为政策对数字乡村发展的拉动力,包括试点示范、公共采购、服务外包、工程行动、公共服务等。

3. 政策力度维度（Z 维度）

政策效力是政策可实施性和权威性的综合表现,是反映某项政策重要程度的指标。[1]李燕凌等[2]在考察我国县城城镇化政策的适配性时也指出,政策有效解决问题的匹配程度表现为政策效力上的适

---

[1] 彭纪生、仲为国、孙文祥:《政策测量、政策协同演变与经济绩效:基于创新政策的实证研究》,《管理世界》2008 年第 9 期。吕燕:《我国促进企业技术创新政策失灵问题研究——基于政策目标价值取向的测量设计与分析》,《中国行政管理》2014 年第 12 期。

[2] 李燕凌、代蜜:《我国县城城镇化政策的适配性研究——基于政策文本分析的视角》,《公共管理与政策评论》2022 年第 2 期。

配，可通过不同政策的力度进行衡量。政策一般由相应的行政权力机构按照不同政策类型进行制定印发，不同层级的行政权力机构颁发的政策的效力也会有所不同。

另外，政策制度的生命力在于执行，政策执行力是国家治理能力现代化的基层表征，是衡量国家治理能力是否实现现代化的重要标尺。[1]政策执行力是指政策执行主体"依据政策环境的变化，采取最为适当的政策方案，通过合理规划、组织整合、统一指挥、有机协调、适度控制以及积极创新等方式，确保政策目标得以顺利实现，政策问题得以有效解决"的协同整合力。[2]潘健平等[3]基于政策文件大数据，分析央地交流对政策执行力的作用机理时，计算了从中央出台某项政策到地方政府落实该政策的时间间隔，并以此作为政策执行力的度量指标。

基于上述讨论，本文借鉴彭纪生等[4]、吕燕[5]、潘健平等[6]学者在以往研究中对政策力度的测量方法，根据政策颁布的部门层级及数量、政策文件类型、地方政府的反应时间三个层级对我国省级政府数字乡村政策进行了编码赋值，以反映其政策力度的大小（如表

---

[1] 潘健平、马黎珺、范蕊、余明桂：《央地交流与政策执行力：来自政策文件大数据的证据》，《世界经济》2022年第7期。
[2] 丁煌、周丽婷：《地方政府公共政策执行力的提升——基于多中心治理视角的思考》，《江苏行政学院学报》，2013年第3期。
[3] 潘健平、马黎珺、范蕊、余明桂：《央地交流与政策执行力：来自政策文件大数据的证据》，《世界经济》2022年第7期。
[4] 彭纪生、仲为国、孙文祥：《政策测量、政策协同演变与经济绩效：基于创新政策的实证研究》，《管理世界》2008年第9期。
[5] 吕燕：《我国促进企业技术创新政策失灵问题研究——基于政策目标价值取向的测量设计与分析》，《中国行政管理》2014年第12期。
[6] 潘健平、马黎珺、范蕊、余明桂：《央地交流与政策执行力：来自政策文件大数据的证据》，《世界经济》2022年第7期。

12-2所示）。需要说明的是，在地方政府的反应时间层级，笔者首先选定国家层面《数字乡村发展战略纲要》（以下简称《纲要》）的出台时间（2019年5月）作为基准点，计算各地方政府出台本省数字乡村政策与其的间隔时间。计算完成后，笔者再以国家层面《关于开展国家数字乡村试点工作的通知》《数字乡村建设指南1.0》的出台时间（分别为2020年7月、2021年7月，即与《纲要》出台时间间隔14个月、26个月）作为划分标准，将省级数字乡村政策的政策力度在地方政府的反应时间层面分为3档进行赋值。

表12-2　数字乡村政策（省级）政策力度量化标准

	政策力度量化指标	赋值
部门层级及数量	单个省级政府部门发布	1
	两个及以上省级政府部门发布	2
	省级人民代表大会及其常务委员会发布	3
政策文件类型	意见、通知、工作要点、批复	1
	计划、规划、方案、指南	2
	法规、条例	3
地方政府的反应时间	政策出台时间滞后《纲要》出台时间26个月以上	1
	政策出台时间滞后《纲要》出台时间15～26个月	2
	政策出台时间滞后《纲要》出台时间14个月及以内	3

（二）政策文件选取

本文的分析对象是省级层面公开发布的有关数字乡村的政策文件。检索途径主要有两个：一是从全国各省级人民政府网站、北大法宝数据库等网站检索数字乡村相关政策，二是通过已有文献析出相关政策。本文的数据收集截至2022年11月。为了更加科学准确地遴选样本数据，本文所选政策具有以下标准：（1）发布主体为省级层面的政府部门；（2）政策标题含有"数字乡村""数字农业农村""农业农村信息化"等关键词;(3)若政策标题中未含有上述关键词,则政策全文中"数字乡村"相关内容应单独成章成节,包括建设目标、具体工作、负责单位/部门等内容;(4)政策类型包括方案、规划、通知等正式决策文件,也包括批复、意见等非正式决策文件。通过筛选,本研究最终得到34份政策样本(见表12-3)。

表12-3 我国地方政府(省级)数字乡村政策

序号	发布时间	政策文件	发布主体
1	2019.06	《民盟贵州省委员会关于在全省推进数字乡村试点建设的建议》	贵州省农业农村厅
2	2020.03	《广西加快数字乡村发展行动计划(2019—2022年)》	广西壮族自治区数字广西建设领导小组
3	2020.04	《河北省数字经济发展规划(2020—2025年)》	河北省人民政府
4	2020.04	《关于加快推进农业信息化和数字乡村建设的实施意见》	河南省人民政府办公厅
5	2020.04	《关于加快推进数字乡村建设的实施意见》	中共云南省委办公厅、云南省人民政府办公厅
6	2020.05	《广东省贯彻落实〈数字乡村发展战略纲要〉的实施意见》	广东省委办公厅和省政府办公厅
7	2020.06	《广东数字农业农村发展行动计划(2020—2025年)》	广东省农业农村厅
8	2020.06	《湖南省数字乡村发展行动方案(2020—2022年)》	中共湖南省委办公厅、湖南省人民政府办公厅
9	2020.06	《江西省实施数字乡村发展战略的意见》	中共江西省委办公厅、江西省人民政府办公厅
10	2020.08	《2020年"数字江淮"建设工作要点》	安徽省加快建设"数字江淮"工作领导小组办公室
11	2020.09	《山西省人民政府办公厅关于印发山西省数字政府建设规划(2020—2022年)的通知》	山西省人民政府办公厅
12	2020.11	《浙江省数字赋能促进新业态新模式发展行动计划(2020—2022年)》	浙江省人民政府办公厅

续表

序号	发布时间	政策文件	发布主体
13	2020.11	《关于高质量推进数字乡村建设的实施意见》	中共江苏省委办公厅
14	2021.01	《浙江省数字乡村建设实施方案》	中共浙江省委办公厅、浙江省人民政府办公厅
15	2021.01	《湖南省"十四五"农业农村现代化规划》	湖南省人民政府办公厅
16	2021.04	《关于全面推进乡村振兴加快农业农村现代化的实施方案》	中共北京市委、北京市人民政府
17	2021.06	《浙江省数字乡村建设"十四五"规划》	浙江省农业农村厅
18	2021.06	《2021年数字福建工作要点》	福建省人民政府办公厅
19	2021.08	《天津市加快数字化发展三年行动方案（2021—2023年）》	天津市人民政府
20	2021.09	《江苏省数字乡村建设指南（试行）》	中共江苏省委网信办、江苏省农业农村厅
21	2021.09	《江西省数字农业农村建设三年行动计划》	江西省农业农村厅
22	2021.11	《福建省乡村振兴促进条例》	福建省人民代表大会常务委员会
23	2021.11	《湖北省数字农业发展"十四五"规划》	湖北省农业农村厅
24	2021.12	《天津市人民政府办公厅关于印发天津市智慧城市建设"十四五"规划的通知》	天津市人民政府办公厅
25	2022.01	《河南省人民政府关于印发河南省"十四五"乡村振兴和农业农村现代化规划的通知》	河南省人民政府
26	2022.01	《自治区人民政府办公厅关于印发宁夏回族自治区数字经济发展"十四五"规划的通知》	宁夏回族自治区人民政府办公厅
27	2022.02	《关于加快推进山东省数字乡村标准化建设的指导意见》	山东省市场监督管理局、中共山东省委网络安全和信息化委员会
28	2022.03	《关于做好2022年全面推进乡村振兴重点工作的实施意见》	中共福建省委、福建省人民政府

续表

序号	发布时间	政策文件	发布主体
29	2022.03	《中共海南省委 海南省人民政府关于做好2022年全面推进乡村振兴重点工作的实施意见》	中共海南省委、海南省人民政府
30	2022.04	《2022年数字福建工作要点》	福建省人民政府办公厅
31	2022.06	《中共上海市委 上海市人民政府关于充分彰显都市乡村价值全面推进乡村振兴的实施意见》	中共上海市委、上海市人民政府
32	2022.07	《山西省人民政府办公厅关于数字经济高质量发展的实施意见》	山西省人民政府办公厅
33	2022.07	《云南省推进乡村建设行动实施方案》	中共云南省委办公厅、云南省人民政府办公厅
34	2022.09	《安徽省人民政府办公厅关于印发加快发展数字经济行动方案（2022—2024年）的通知》	安徽省人民政府办公厅

（三）政策特征分析：价值取向、政策工具与政策力度

1. 价值取向：侧重基础公平，对能力公平、结果公平的关注相对缺乏

文本编码和统计分析结果显示，我国省级政府数字乡村政策十分注重数字公平，但在基础公平、能力公平和结果公平三个层面存在差异。结果显示，在235条价值取向编码中，基础公平相关政策文本编码186条，占价值取向编码整体的79.15%；能力公平相关政策文本为29条，占比12.34%；结果公平政策编码为20条，占比8.51%（如图12-2所示）。由此可见，在数字公平方面，我国地方政府数字乡村政策侧重于基础公平，对能力公平、结果公平的关注相对缺乏。

目前，我国的数字乡村建设虽然取得了一定的成效，但整体而

言仍处于初步阶段，较注重数字公平最基本的价值维度——基础公平的实现，一定程度上符合数字乡村建设发展的实际。但，正如有研究者在对我国公众数字公平观的考察中所指出的，数字公平应从基础公平做起，以能力公平为重点，以结果公平为导向，需要从基础、能力、结果三个层面有侧重地采取有效举措。[1] 因此在未来的建设过程中，随着数字乡村发展的不断深化，我国地方政府应更多地关注能力公平、结果公平，以更好地维护和促进数字时代下的社会公平正义，增强人民群众的获得感、幸福感、安全感。

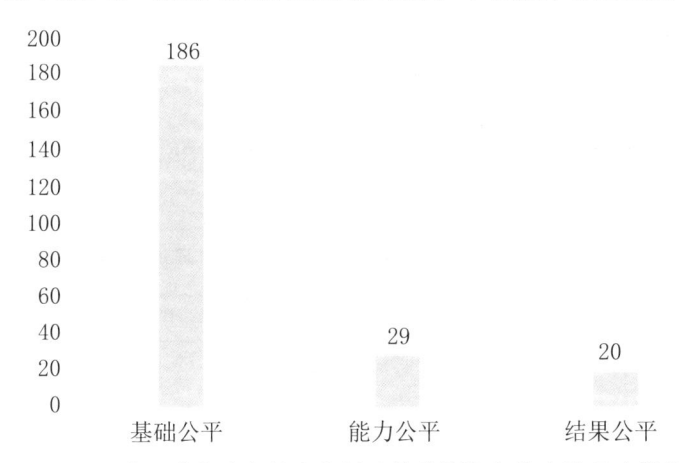

图 12-2 我国地方政府数字乡村政策价值取向分布情况（单位：条）

2. 政策工具：以供给型、环境型为主，需求型为辅

根据统计结果（如表 12-4 所示），三种政策工具为我国数字乡村建设提供了类型丰富的建设手段，但三者之间仍存在一定差异。具体来看，34 份政策文本中政策工具的使用次数共计 326 次，其中供给型工具为 115 次（占比为 35.28%），环境型工具为 113 次（占比为 34.66%），需求型工具为 98 次（占比为 30.06%）。整体而言，我国地方政府数字乡村政策兼顾了三种政策工具的综合使用，呈现

---

[1] 刘春霞:《中国公众的数字公平观调查报告（2022）》,《国家治理》2022 年第 17 期。

出以供给型和环境型为主、需求型为辅的特征。

此外，三种政策工具内部存在过度集中的结构失衡现象。如表12-4所示，在供给型工具中，基础设施的占比为12.27%，资金与技术投入的占比为14.11%，开放共享的占比为6.13%，人才支持的占比为2.76%，基础设施、资金与技术投入的比例明显高于人才支持和开放共享。在环境型工具中，监督与管制的占比为15.64%，目标规划的占比为8.59%，发展新业态的占比为6.44%，金融服务的占比为2.15%，税收优惠的占比为1.84%，监督与管制的比例明显高于其他工具。在需求型工具中，试点示范的占比为11.35%，工程行动的占比为11.04%，公共服务的占比为5.83%，公共采购的占比为1.23%，服务外包的占比为0.61%，试点示范和工程行动的比例明显高于其他工具。

表12-4 我国省级政府数字乡村政策的政策工具维度分布

工具类型	工具名称	数量/次	比例	总比例
供给型	基础设施	40	12.27%	35.28%
	人才支持	9	2.76%	
	开放共享	20	6.13%	
	资金与技术投入	46	14.11%	
环境型	目标规划	28	8.59%	34.66%
	发展新业态	21	6.44%	
	监督与管制	51	15.64%	
	税收优惠	6	1.84%	
	金融服务	7	2.15%	
需求型	试点示范	37	11.35%	30.06%
	公共采购	4	1.23%	
	服务外包	2	0.61%	
	工程行动	36	11.04%	
	公共服务	19	5.83%	

造成我国地方政府数字乡村政策工具结构失衡的原因可能在于：第一，当前我国地方政府数字乡村建设仍处于起步探索阶段，需要在供给面加大资金和技术投入，通过基础设施的提档升级、数字化智慧化改造等为数字乡村建设奠定坚实的物质基础。此外，政府需要通过监督与管制、目标规划、发展新业态等环境型政策工具手段，为数字乡村建设指引方向，以标准化促进数字乡村高质量发展。而试点示范、工程行动等需求型工具也有利于新政策的实施和扩散。

第二，部分地方政府在颁布数字乡村政策时，过度依赖中央层面的政策文件，并未结合本省（直辖市）实际情况进行具体设计。例如，云南省《关于加快推进数字乡村建设的实施意见》《江西省实施数字乡村发展战略的意见》等政策文本中，有关"加快乡村信息基础设施建设""发展农村数字经济"等方面的表述与《数字乡村发展战略纲要》的相关内容存在较大重合，部分表述甚至完全相同，并未根据本省的实际情况从多方面、多角度提出可行的政策工具。

3. 政策力度：整体力度较弱，存在地区差异

本部分从政策发布的部门层级及数量、政策文件类型、地方政府反应时间上对省级数字乡村政策的力度进行了统计和分析，形成了我国省级政府数字乡村政策的单项力度表（表12-5）以及政策力度的时间演进图（图12-3）和空间分布图（图12-4、图12-5）。

首先，通过梳理34份省级数字乡村政策文本，我们发现政策类型以意见、通知和计划、规划为主，法律、法规、条例等类型的文本数量极少，仅有《福建省乡村振兴促进条例》1份。根据本文

的政策力度量化标准，单项政策力度的最小值为 3（共 6 份），最大值为 7（仅 1 份），政策力度为 4 的政策数量最多（共 11 份），在此基础上计算得出我国地方政府数字乡村政策的平均力度为 4.62，明显低于政策力度的最高值 9（如表 12-5 所示）。我国地方政府数字乡村建设仍处于起步探索阶段，以法律、法规、条例等形式制定的相关政策较少，数字乡村政策整体呈现政策力度较弱的情况，我国地方政府对数字乡村建设的重视程度有待提升。

表 12-5 我国省级政府数字乡村政策的单项政策力度

单项政策力度 / 分	政策数量 / 份	比例	平均力度 / 分
3	6	17.65%	4.62
4	11	32.35%	
5	8	23.53%	
6	8	23.53%	
7	1	2.94%	

其次，从时间维度来看，如图 12-3 所示，我国省级政府数字乡村政策集中在 2020 年 4 月后发布，均在国家《数字乡村发展战略纲要》出台之后（2019 年 5 月），这一定程度上反映出我国政府内部治理保持着自上而下的压力型体制特点。[1] 从政策的总效力来看，从 2019 年 6 月至 2022 年 9 月，我国地方政府数字乡村政策的力度呈现先增长再波动下降的趋势；2020 年 6 月，政策总力度达到峰值（为 19）。从政策的平均力度来看，不同时段的政策力度存在波动变化。其中，如图 12-3 中黄色折线所示，2019 年 6 月、2020 年 8 月、2021 年 8 月、2022 年 1 月、2022 年 4 月后，我国省级政府数字乡村政策的平均力度呈现不同幅度的上升趋势。这些时间节点与中央层面出台数字乡村相关政策文本的时间一致：2019 年 5 月，中

---

[1] 刘月怡、谢明：《城市基层治理"软硬兼施"的政策执行逻辑》，《兰州学刊》2021 年第 11 期。

共中央办公厅、国务院办公厅颁布了《数字乡村发展战略纲要》；2020年7月，中央网信办、农业农村部等7部门联合发布了《关于开展国家数字乡村试点工作的通知》；2021年7月，中央网信办、农业农村部等7部门联合颁布了《数字乡村建设指南1.0》；2022年1月，中央网信办、农业农村部等10部门颁布了《数字乡村发展行动计划（2022—2025年）》；2022年4月，中央网信办、农业农村部等5部门联合出台了《2022年数字乡村发展工作要点》。通过这一系列重要政策文件的颁布，中央政府对我国数字乡村建设发展工作作出了重要部署，地方政府为了贯彻落实这些文件精神，深入实施数字乡村发展战略，因而随后出台相应的政策以推进当地的数字乡村建设，政策力度也随之增强。

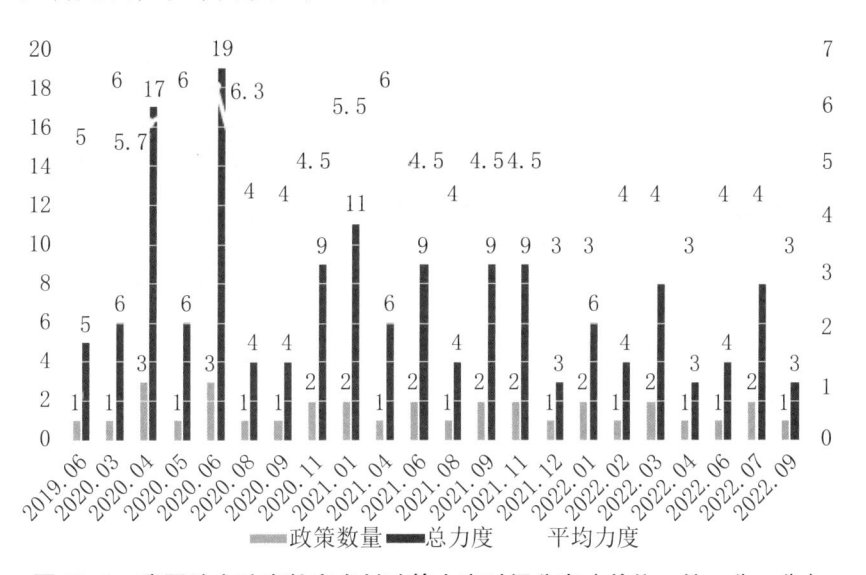

图12-3 我国地方政府数字乡村政策力度时间分布（单位：份；分；分）

从空间维度来看，如图12-4所示，政策总力度的区域分布[①]呈东部高、西部低的特点，但平均力度呈现西部最高、东部次之、中部最低的特征。具体到省（直辖市）的情况，如图12-5所示，广西、河北、广东、湖南、北京的政策平均力度最高（为6）。在政策总力度方面，浙江、福建最高（为16），而两省的平均力度较低，这说明两省发布了较多有关数字乡村的政策，但是单项政策的力度较低。

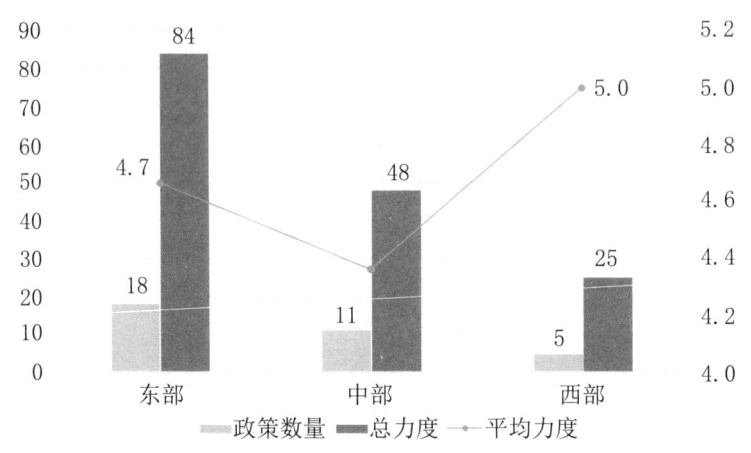

图12-4 我国地方政府数字乡村政策力度空间分布（按区域）（单位：份；分；分）

另外需要说明的是，图12-5的坐标横轴中根据各省份出台政策的时间早晚顺序进行排列。可以看到，对中央政策响应速度最快的前5位分别是贵州、广西、河北、河南、云南。其中，贵州、广西、云南均属于西部地区，如前所述，西部地区的政策平均力度也

[①] 为科学反映我国不同区域的社会经济发展状况，国家统计局根据《中共中央、国务院关于促进中部地区崛起的若干意见》《国务院发布关于西部大开发若干政策措施的实施意见》以及党的十六大报告的精神，将我国的经济区域划分为东部、中部、西部和东北四大地区。东部包括：北京、天津、河北、上海、江苏、浙江、福建、山东、广东和海南。中部包括：山西、安徽、江西、河南、湖北和湖南。西部包括：内蒙古、广西、重庆、四川、贵州、云南、西藏、陕西、甘肃、青海、宁夏和新疆。东北包括：辽宁、吉林和黑龙江。详见国家统计局：https://www.stats.gov.cn/zt_18555/zthd/sjtjr/dejtjkfr/tjkp/202302/t20230216_1909741.htm。

较强,由此可以看出西部省份对数字乡村政策的重视程度和期望借助建设数字乡村"弯道超车"的意愿较强。

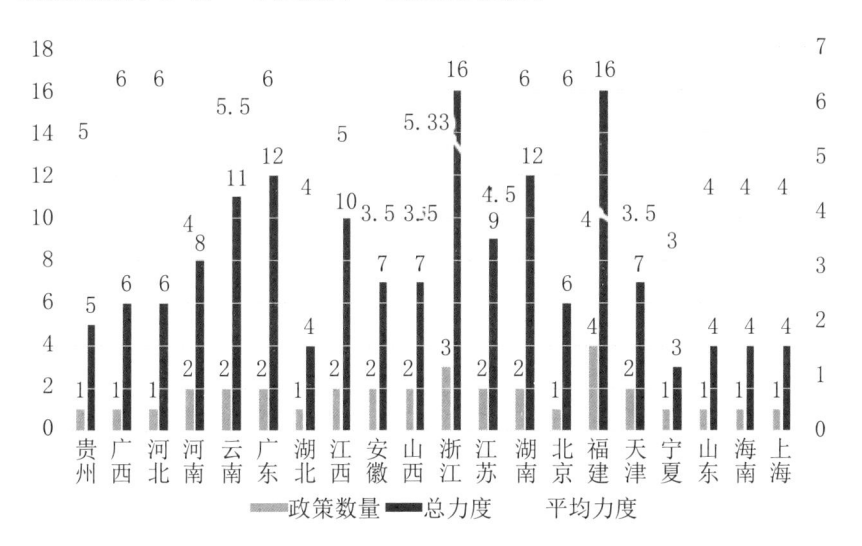

图 12-5 我国地方政府数字乡村政策力度空间分布(按省份)(单位:份;分;分)

总而言之,我国地方政府数字乡村政策实现了"从无到有"的转变,并呈现出"波浪式前进"的态势,这在一定程度上表明我国地方政府对数字乡村的重视程度。但我国数字乡村建设仍处于起步阶段,一方面,并不是所有的省级政府都出台了数字乡村政策,各地方政府对数字乡村建设发展的重视程度存在差异;另一方面,现有的数字乡村政策体系还不完善,缺乏专门的数字乡村法律法规与实施细则、建设指南。因此我国地方政府还需完善政策的顶层设计,推动地方政府数字乡村政策向"从无到有""从有到优"方向的转型发展。

三、地方政府数字乡村政策执行面临的现实困境

近年来,在国家战略部署和宏观政策指导下,我国地方政府围绕数字乡村建设进行了诸多实践探索,在乡村数字基础设施、乡

村新业态新模式、智慧农业、乡村数字化治理等方面取得了初步成效。根据最新的《中国数字乡村发展报告（2022年）》，截至2022年底，5G网络覆盖所有县城城区，实现"村村通宽带""县县通5G"；乡村新业态新模式不断涌现，2022年全国农村网络零售额达2.17万亿元；智慧农业建设快速起步，农业生产信息化率提升至25.4%；乡村数字化治理效能持续提升，全国六类涉农政务服务事项（县域社会保险、新型农村合作医疗、劳动就业、农村土地流转、宅基地管理和涉农补贴）综合在线办事率达68.2%。[1] 在取得阶段性成效的同时，我国地方政府数字乡村政策执行时仍面临一系列的现实困境。

（一）乡村居民数字素养不足，对数字化服务参与程度较低

乡村居民是数字乡村的直接参与者，乡村居民积极参与数字乡村建设是推动数字乡村内生发展的关键所在。[2] 但是，目前我国乡村居民的数字素养总体不足，对数字化服务的参与程度较低，一定程度上制约了数字乡村建设发展。[3]

从全国范围看，中国互联网络信息中心发布的第52次《中国互联网络发展状况统计报告》（以下简称《报告》）显示，截至2023年6月，我国农村地区互联网普及率仅为60.5%，与我国城镇地区85.1%的互联网普及率和我国整体76.4%的互联网普及率均存在不

---

[1] 中央网信办信息化发展局、农业农村部市场与信息化司等：《中国数字乡村发展报告（2022年）》，2023年2月，https://www.gov.cn/xinwen/2023-03/01/5743969/files/5807a90751b1448ba977f02e7a80b14c.pdf。

[2] 董志勇、李大铭、李成明：《数字乡村建设赋能乡村振兴：关键问题与优化路径》，《行政管理改革》2022年第6期。

[3] 常凌翀：《数字乡村战略下农民数字化素养的价值内涵与提升路径》，《湖南社会科学》2021年第6期。

小差距。我国城镇网民规模达7.77亿人，占网民整体的72.1%，而农村网民规模为3.01亿人，仅占网民整体的27.9%。与之相对应，"我国非网民仍以农村地区为主，农村地区非网民占比为59.0%，高于全国农村人口比例23.8个百分点"。非网民认为不上网带来的各种生活不便中，无法网络支付导致"买东西不方便"的比例为12.5%；认为线下服务网点减少导致"办事、缴费很困难"的比例为11.6%；无法线上挂号导致"看病、挂号、买药难"的比例为10.5%；无法使用网约车导致"很难打到车"的比例为9.3%。[①]

乡村居民数字素养不足成为其数字化服务参与较低的重要原因。从人口结构上看，乡村面临着大量青壮年劳动力流出的困境，乡村空心化、老龄化问题日趋严峻，留在村里的多为老年人、小孩、妇女和低学历人群。在年龄、受教育水平、收入、知识、经验、态度以及对技术有用性的认知等因素的共同影响下，面对数字技术的使用门槛，这些数字弱势农村群体使用数字技术的愿望和能力受到制约，因而可能存在对数字乡村服务参与不足的情况。[②]中国农业大学人文与发展学院"农民视角的乡村振兴研究"课题组曾于2021年对全国5省5县10村进行调研。调研结果显示，乡村老年人受生理功能退化、认知能力减弱等影响，缺乏互联网使用技能。对于农村中的一些留守老人来说，即便子女给他们购置了智能手机，在面对手机上种类繁多、操作烦琐的各种应用时，他们也还是会表现出极大的不适应。在谈到存钱取钱或者医疗保险缴纳、生活缴费这类问题时，很多老年人表示："这些都在手机上弄，我又弄不来，太麻

[①] 中国互联网网络信息中心：《第52次中国互联网络发展状况统计报告》，https://www3.cnnic.cn/NMediaFile/2023/0908/MAIN1694151810549M3LV0UWOAV.pdf。
[②] 王胜、余娜、付锐：《数字乡村建设：作用机理、现实挑战与实施策略》，《改革》2021年第4期。杨嵘均、操远芃：《论乡村数字赋能与数字鸿沟间的张力及其消解》，《南京农业大学学报（社会科学版）》2021年第5期。

烦了。"[1]从受教育水平上看，随着文化程度的提高，农民会使用智能手机的比例逐渐提高。在大专及以上文化程度的农民中，100.0%的人会使用智能手机，而未上过学的农民中仅有47.6%的人会使用智能手机。此外，在问及关于抖音、快手等短视频平台的作用时，大部分农民表示仅将这些平台作为娱乐工具，并未当作获取农业信息和学习农业技术的渠道。[2]

（二）数字平台"建而不用"，利用率较低

数字平台是数字乡村建设的主要载体，其建设状况直接影响着数字乡村建设的成效。目前，全国所有省级单位都开发有统一的政务平台及相应的手机APP便民终端，同时各地市级政府、县级政府甚至乡镇政府也在开发各类数字平台并向农村地区推广，例如湖北省黄冈市麻城市龟山镇开发的"智慧龟山"APP和山东省聊城市莘县开发的"莘县数村"微信小程序。但从现实情况来看，数字平台的使用频率较低。

目前数字乡村建设"建而不用"、流于表面的问题较为突出。根据华中师范大学中国农村研究院"百村观察"课题组2023年发布的对全国21省份121村1815户农民的调查数据，在已开展村庄事务电子化办理的村庄中，48.28%的村干部表示，在村庄事务办理上仍以线下纸质办理为主，电子化办理只是辅助方式；在认为"已实现村务电子化办理"的受访农户中，有46.49%的农户表示"不知道如何使用数字平台"，16.03%的农户则表示"从来没有下载和使用过数字平台"。

---

[1] 叶敬忠、刘娟、"农民视角的乡村振兴研究"课题组：《农民视角的乡村振兴（全2册）》，社会科学文献出版社，2023，第431—447页。

[2] 叶敬忠、刘娟、"农民视角的乡村振兴研究"课题组：《农民视角的乡村振兴（全2册）》，社会科学文献出版社，2023，第431—447页。

数字平台的功能单一，无法有效满足村民需求是导致数字平台使用率较低的主要原因之一。上述调查结果显示，81.03%的受访村干部认为当前政府供给的数字平台能解决的事情有限，不能满足村民日趋增长的需求；74.44%的受访村民表示线上办事平台功能太少，主要用于"家庭信息填写"等填表性事务及"水电费及两金等费用缴纳"。

此外，数字平台构建、维护的资金和人员短缺也限制了数字平台及相关基础设施的使用频率。从信息基础设施建设到各类线上政务平台的构建，再到这些数字平台的常态化运行，每一步都需要政府投入大量的财力、物力与人力，而出于节约村集体经费支出的考虑和人力资源不足的限制，数字平台及相关基础设施的使用频率往往较低，平台建设效益的发挥有限。财力方面，不少乡村仍依靠政策帮扶、财政补贴等输血式外生资源驱动发展，其经济基础难以负担乡村数字治理所需的各项要素投入费用。[1] 人力方面，很多基层政府面临人员短缺的问题，基层工作人员往往身兼数职，很少有专人负责管理和运行村内的数字平台及相关设备。以笔者在西部某省调研的Z村和H村为例，尽管前者是县里的数字赋能试点村，后者是建设了食用菌基地的数字农业示范点，但两村均较少使用相关数字平台和设备。县里为两个村庄装设了一键报警装置和摄像头，并在村党群服务中心大厅里配备了电子显示屏幕等设施，通过电子大屏可以看到各户的监控情况；如果有人在家中发生摔倒等突发状况，可通过一键报警装置向村委会求救。但通过调研发现，村党群服务中心大厅的电子屏幕设施长期处于关闭状态。对此，Z村和H村的村干部们表示，"把这些设备都开着太费电了，所以我们平时

---

[1] 冯朝睿、徐宏宇：《当前数字乡村建设的实践困境与突破路径》，《云南师范大学学报（哲学社会科学版）》2021年第5期。

都没开""监控只能在党群服务中心会议室看,我们村干部人少,没人能一直坐在这里看监控"。

(三)基层工作人员面临"自上而下"和"自下而上"双重压力,"负担"加重

数字技术为实现高质量乡村振兴提供了全新的手段和工具,重塑了乡村社会固有的结构和形态,推动了农业转型升级、农村治理与服务水平提升、农民生活数字化与智能化,并成为农业农村现代化的重要支撑。[1]但当数字乡村的技术手段嵌入乡村社会情境时也产生了意料之外的后果,便利的数字技术有可能"成为滋生数字负担的温床"[2]。

一方面,基层工作人员需要及时完成上级政府派发的工作任务并接受监督考核,面临着"自上而下的上级压力纵向挤压"[3]。在日常工作中,基层工作人员需要完成走访、学习、宣传等各类"打卡"任务,并且依据办事留痕的原则上传工作时的照片和相关材料。由于各类基层政务服务的APP"纷繁复杂",不同工作材料需要在不同平台上提交,有些年终考核、工作报告、党费缴纳等日常业务也需要走相关政务平台,导致"指尖上工作"任务倍增。[4]在监督考核方面,目前上级政府对基层政府的监督考核呈现出数字化的趋

---

[1] 叶敬忠、刘娟、"农民视角的乡村振兴研究"课题组:《农民视角的乡村振兴(全2册)》,社会科学文献出版社,2023,第431—447页。
[2] 于水、区小兰:《基层治理中数字负担的生成与消解》,《南通大学学报(社会科学版)》2023年第1期。
[3] 于水、区小兰:《基层治理中数字负担的生成与消解》,《南通大学学报(社会科学版)》2023年第1期。
[4] 丁波:《数字赋能还是数字负担:数字乡村治理的实践逻辑及治理反思》,《电子政务》2022年第8期。刘天元、田北海:《治理现代化视角下数字乡村建设的现实困境及优化路径》,《江汉论坛》2022年第3期。

势，地方政府在对数字乡村建设的绩效考核中过度关注各类应用与数字化平台的注册人数、点击量、浏览量、转发量、政务公开信息数等量化指标，这导致基层工作人员不得不花费大量的时间和精力在工作"留痕"上，[①] 例如：反复填写相同的材料、补做工作台账、晒活动照片等。这不仅加剧了基层行政工作重复性内耗等问题，也让基层工作人员没有将精力真正投入到实际工作中去，不利于乡村治理效能的提升。另一方面，基层工作人员需要及时回应村民的各项诉求，在一定程度上承担着"自下而上"的压力。数字技术可使自下而上的社会压力摆脱层级的束缚实现跨级传递。[②] 通过使用政务微博、信访网站、政府官网、12345 热线等数字平台反映问题和表达诉求，村民能够直接同上级政府取得联系。上级政府接受村民诉求后将其转接给相应职能部门或基层干部们予以处理，并要求尽快给予村民相应答复。由此可见，在数字平台上，技术的便捷性提高了村民诉求回应的及时性要求。民众对诉求响应及时性的预期不断提升，其等待回应的耐心却在下降，若基层工作人员回应不够及时，民众可能产生强烈的不满，进而产生越级投诉甚至越级上访等行为。因此，各类数字平台在消解了基层干部与村民间的时空间隔的同时，也减少了政府与民众之间的缓冲带，在一定程度上增加了基层工作人员的"回应性负担"[③]。

[①] 胡卫卫、陈建平、赵晓峰：《技术赋能何以变成技术负能？——"智能官僚主义"的生成及消解》，《电子政务》2021 年第 4 期。赵玉林、任莹、周悦：《指尖上的形式主义：压力型体制下的基层数字治理——基于 30 个案例的经验分析》，《电子政务》2020 年第 3 期。

[②] 于水、区小兰：《基层治理中数字负担的生成与消解》，《南通大学学报（社会科学版）》2023 年第 1 期。

[③] 刘天元、田北海：《治理现代化视角下数字乡村建设的现实困境及优化路径》，《江汉论坛》2022 年第 3 期。马卫红、耿旭：《技术治理对现代国家治理基础的解构》，《探索与争鸣》2019 年第 6 期。

四、地方政府数字乡村政策的优化路径

（一）加强基础设施建设，提高农民数字素养

坚持农民主体地位是全面实施乡村振兴战略的一项基本原则。建设数字乡村，最终要让农民受益。因此，地方政府在制定政策推进数字乡村建设时，应坚持数字基础公平、能力公平、结果公平的价值取向，全面促进数字化基础设施和服务的平等享有。

一方面，我国地方政府应继续加强农村地区数字基础设施建设，提高农村地区网络的速率、稳定性和覆盖广度，让更多的农民群体接入网络，为充分享受智能化服务带来的便利奠定坚实基础；另一方面，地方政府应注重提高公众的数字技能和数字素养，弥合农村居民使用数字资源的能力差距。《提升全民数字素养与技能行动纲要》指出，提升全民数字素养与技能是弥合数字鸿沟、促进共同富裕的关键举措，为了落实"提升农民数字技能"这一主要任务与重点工程，需要持续推进农民手机应用技能培训工作，提高农民对数字化"新农具"的使用能力。第一，应加强宣传教育，动员公众参与。地方政府可以通过乡村大喇叭、乡村坝坝会、农家书屋、村民小组微信群等方式宣传数字乡村建设的重要意义，增强农村居民对数字乡村建设的认知水平。同时可以充分发挥村干部、老党员、乡村新农人等主体的示范带动作用，率先动员他们主动地使用相关数字平台，进而借助他们的力量向广大村民进行宣传和推广。第二，应采用线上与线下渠道相结合的方式加强数字培训，提升村民的数字素养。可以针对不同村民群体开展差异化培训，例如：对于普通村民，主要开展各类政务服务 APP 和平台的使用、农村电商平台的使用等；对于生产经营主体，则重点培训农业生产、管理

和电商的智能化知识;[①]对于农村老年人、低学历人群等数字弱势群体,应从智能手机基本功能的使用开始培训,可以招募志愿者对他们进行手把手式教学,培训结束后还可以给他们发放以图片、符号标记等简单直观元素制作的操作手册,帮助他们强化记忆、熟悉相关操作步骤。

(二)完善政策保障体系,优化政策工具结构

数字乡村建设是一项系统性工程,其顺利推进离不开人才、资金、法律等各项保障措施的支撑。为此,地方政府应完善数字乡村政策保障体系,优化政策工具结构。

首先,应调整供给型、环境型工具中具体手段使用比例,特别是应加强应用供给型工具中的人才支持和环境型工具中的税收优惠、金融服务。一方面需要加强应用供给型工具中的人才支持。人才是支持发展的第一资源,拥有高素质人才才能够增强数字乡村发展的有效竞争力。地方政府应做好数字乡村建设的人才队伍建设规划,构建多层次数字乡村建设人才选拔和培养体系。例如:在制定本地公务员、选调生招录计划和人才引进计划时,适当增加数字技术、数字治理等相关专业的名额数量;鼓励和引导懂技术、能管理、有激情的乡贤能人回到家乡,投身当地的数字乡村建设发展。另一方面,地方政府应加强应用环境型工具中的税收优惠、金融服务等,合理引入社会资本助力数字乡村建设,调动各类社会主体参与数字乡村建设的积极性,充分发挥各方主体的资源优势和能动力量。

其次,应优化政策工具的使用结构,有效增加需求型政策工

[①] 董志勇、李大铭、李成明:《数字乡村建设赋能乡村振兴:关键问题与优化路径》,《行政管理改革》2022年第6期。

具。《数字乡村发展战略纲要》指出，数字乡村是内生的农业农村现代化发展和转型进程，强调内生动力的重要性。因此，地方政府数字乡村政策不能忽视对需求型工具的运用，例如，可以合理增加公共采购和服务外包政策工具的使用比例，引入市场、社会等主体的力量，不断优化政策工具的结构，从而促进数字乡村建设发展。

最后，从政策类型上看，当前我国省级层面的数字乡村政策缺乏政策力度较高的政策法规。在本次政策文件检索结果中，各地方政府尚未颁布有关数字乡村的专门法规，仅有《福建省乡村振兴条例》中的第八章"数字乡村"部分对本省数字乡村建设的重点领域、责任主体等作出了明确部署。因此，未来地方政府需要加强数字乡村建设的政策法规保障，可以参照福建省的做法将数字乡村建设的工作任务和各部门职能以法规、条例等形式予以明确，这将有利于提升政策力度，推进政策执行。

（三）统筹整合数字平台，创新绩效评价机制

第一，地方政府应统筹整合各类数字平台，促进基层工作减负增效。地方政府可以推行"一张表"或"一表通"改革，促进各部门数据的互联互通共享，数据及时更新互换，避免反复填表，切实减轻基层工作人员的数据负担。同时，需要对各类微信群、QQ群等数字工作平台进行常态化清理规范，以减少基层干部在数字时代的无谓劳动，让广大干部有更多时间和精力抓落实，有效防治"指尖上的形式主义"。地方政府可以按照"谁建群谁负责，谁管理谁负责"的原则，组织各单位部门对建立的微信、QQ工作群等进行全面自查、摸清底数，对工作内容重复的工作群予以合并；对工作已结束的临时性、阶段性工作群，以及长期未使用或使用频率过低的"僵尸群"予以解散、清理。

第二,地方政府应创新完善数字乡村建设绩效考评机制,整治"数字形式主义"和"智能官僚主义"。"以技术为本"是"智能官僚主义"的价值取向,其消解应该转换技术至上的理念,将"以人为本"行政理念贯穿电子政务服务的全过程。[①] 因此,在考核内容方面应当转变为以"重实效、轻留痕"为导向。另外,地方政府也可以在考核方式上进行优化,例如:充分借助高校、专业评估机构等第三方专业力量进行绩效考核评估,提升数字乡村建设考核评估的客观性、科学性与可信度。

(执笔人:赵雪娇　曹玉瑾)

---

① 胡卫卫、陈建平、赵晓峰:《技术赋能何以变成技术负能？——"智能官僚主义"的生成及消解》,《电子政务》2021年第4期。

第十三章
以社会建设政策激活乡村社会

一、引言

自2017年党的十九大提出乡村振兴战略以来,我国逐步在顶层设计上构建了乡村振兴政策体系,在地方实践中围绕"产业兴旺、生态宜居、乡风文明、治理有效、生活富裕"二十字方针全方面推进乡村振兴。近几年,在国家政策和资源的接续投入下,作为承接载体的乡村在产业发展、基础设施和服务供给、村容村貌改善等方面已经取得阶段性重大成就,①乡村整体面貌焕然一新。

然而,自上而下行政推动的乡村振兴也引发了社会各界关于乡村振兴内生动力的讨论,"干部干、群众看""农民参与主动性不足"等现实问题频频见诸多篇媒体报道和评论文章。②尽管在政策话语和学术讨论中,农民是乡村振兴的主体、坚持农民的主体地位已成为广泛共识,但乡村振兴内生动力不足的现实困境却迟迟未能解决,直接导致的结果是——乡村久振而"未兴"。学界普遍将此现实困境归结于两个层次的原因,一是个体层次的主体权力(权利)

---

① 陆娅楠:《让老乡们生活越来越红火》,《人民日报》2022年10月30日第2版。
② 参见:付伟《激活村民参与乡村建设的内生动力》,《光明日报》2022年1月18日第13版;周少来《基层"干部干,群众看"的社会现象分析》,《北京日报》2022年4月18日第10版;唐丽霞等:《为什么动员农民参与乡村振兴这么难?》,《新京报》2021年10月29日。

和主体能力的缺失；二是集体层次的社会性困境，即乡村社会的原子化所导致的农民之间联结与合作关系的弱化，[1]农民集体意识薄弱。解决前者主要依靠对个体农民"增权赋能"[2]，而解决后者则需要"社会建设"，重构乡村共同体，旨在重新联结原子化的农民，加强乡村的社会凝聚力。

乡村作为承接国家政策与资源的载体，它不仅仅只是一个地理空间和基层治理单元，也是一个"社会"。乡村的"社会建设"是激发农民主体性、实现乡村振兴的深层次前提，有学者提出乡村的"社会建设"是乡村振兴的基础性工程，必须放在首要位置。[3]然而，长期以来，我国的乡村振兴政策和乡村发展项目大多以产业发展和基础设施建设为主，且大多由乡村外部力量推动，作为软性基础设施的乡村社会建设很大程度上被忽视了，相关的支持性社会政策也处于缺位状态，构成了激活乡村振兴内生动力的制度性约束。因此，我国的社会政策界亟须认识到社会建设之于乡村振兴的重要作用，并在社会政策上给予具体的制度性支持。

二、乡村的社会建设政策及实践现状

（一）社会建设：建设"社会"

自党的十八大确定了中国特色社会主义的"五位一体"总体布

---

[1] 王春光：《关于乡村振兴中农民主体性问题的思考》，《社会发展研究》2018年第1期。许伟：《新时代乡村振兴战略实施中"坚持农民主体地位"探研》，《湖北大学学报（哲学社会科学版）》2019年第6期。
[2] 陈晓莉、吴海燕：《增权赋能：乡村振兴战略中的农民主体性重塑》，《西安财经学院学报》2019年第6期。
[3] 吴理财：《实施乡村振兴战略 社会建设应先行》，《华中师范大学学报（人文社会科学版）》2019年第1期。

局后,"社会建设"作为其重要组成部分,往往与经济、政治、文化等社会子系统的建设相并列。在政策文本中指向"以增进民生福祉、提高人民生活品质为重点的社会建设"①,涵括就业、收入分配、健康、社会保障等基本民生。不同于政策话语,本章关注的是社会学意义上的"社会建设",重点在于如何理解"社会"。简单来说,社会是人的集合。一部分学者从组织载体的角度认识"社会",将其与"个人"相对,泛指人类个体以特定形式形成的各种群体或结合体(包括家庭、宗族、村庄、社群、正式组织、国家等)。②另有学者在关注其组织载体性质的基础上,强调人的共同活动对于基础社会建设的重要性,认为"人聚合在一起形成的共同活动以及由此形成的社会关系"是现实社会的基本样态。③综合以上对"社会"的理解,笔者认为社会建设的本质即是建设"社会",通过人们共同参与的活动,重建或加固人与人之间的联结与合作关系,激发社会中每个个体的活力并形成合力,致力于实现共同的目标。

就乡村社会而言,以工业化、城镇化、市场化为动力的现代化使得我国传统乡土社会逐步由相对封闭、静止、同质日趋走向开放、流动、异质。④一方面,乡村人口外流严重,村民的生存和发展不再依托传统的血缘、地缘关系,实现了从"群"到"单子化"个体的转变,表现为农民的去组织化;另一方面,随着市场经济价

---

① 习近平:《高举中国特色社会主义伟大旗帜 为全面建设社会主义现代化国家而团结奋斗——在中国共产党第二十次全国代表大会上的报告》,2022年10月16日。
② 谢立中:《"社会建设"的含义与内容辨析》,《北京大学学报(哲学社会科学版)》2015年第2期。
③ 赵宇峰:《重构基础社会:日常生活、共同体与社区建设》,《社会科学》2017年第4期。
④ 张良:《论乡村社会关系的个体化——"外出务工型村庄"社会关系的特征概括》,《江汉论坛》2017年第5期。

值观的侵入，利益最大化成为人际交往的原则，信任、合作和互惠关系逐渐式微，表现为乡村社会的原子化。这两种个体化表征都对强调农民主体性的乡村振兴构成了挑战，农民的去组织化使得政府下沉的制度、政策和资源难以有效承接至乡村社会，利益取向的乡村社会关系则弱化了农民的参与主动性和责任意识，甚至引发因争取个体或家庭利益而产生的冲突。乡村振兴涉及到产业、环境、乡风等多方面的提升与改善，村民的主动积极参与才是乡村振兴的内生动力，也是国家退场之后乡村持续振兴的活力源泉。更重要的是，农民的主体性并不是指每个农民个体的主体性，而是农民群体的主体性，是农民群体作为一个乡村共同体的主体性。乡村的"社会建设"即是以乡村自组织为载体，通过组织村民共同参与的集体活动，重新联结原子化的村民，引导群众实现自我组织、自我服务和自我管理，重建乡村共同体。因此，面对去组织化、原子化的乡村，社会建设对于破解乡村振兴的主体性困境而言至关重要。

（二）乡村振兴政策体系中作为附属的社会建设

乡村振兴战略一经提出，中共中央、国务院就在2018年接续发布《关于实施乡村振兴战略的意见》(2018年中央一号文件)[①]、《乡村振兴战略规划（2018—2022年）》[②]，自此之后，乡村振兴成为历年来中央一号文件的高频词汇。2021年，《中华人民共和国乡村振兴促进法》[③]出台，标志着依法全面推进乡村振兴时代的到来。围

[①] 中共中央、国务院：《关于实施乡村振兴战略的意见》，2018年2月4日，中国政府网，http://www.gov.cn/zhengce/2018～02/04/content_5263807.htm。

[②] 中共中央、国务院：《乡村振兴战略规划（2018—2022年）》，2018年9月26日，中国政府网，http://www.gov.cn/zhengce/2018～09/26/content_5325534.htm。

[③] 《中华人民共和国乡村振兴促进法》，2021年4月30日，中国政府网，http://www.gov.cn/xinwen/2021～04/30/content_5604050.htm。

绕"产业""人才""文化""生态""组织"五大振兴，我国的乡村振兴社会政策体系对各方面作出了系列要求和详细安排，关于社会建设的相关内容可散见于其中。根据社会建设的核心概念，组织载体和集体活动是其关键要素。以此二者为核心线索，"社会建设"在我国的政策文本中常被作为推动农民经济合作、深化村民自治实践、丰富村民文化生活的辅助手段被提及。

1. 农民经济合作的组织载体

自实行家庭承包经营以来，农民的生产经营积极性增加，解放和发展了农村生产力，但与此同时，脱离了集体的农民经历了去组织化的过程，分散的小农户与大市场的矛盾暴露出来。[①]为此，国家政策支持鼓励农民"抱团"发展，实现小农户与现代农业的有机衔接。例如，以农民更多分享增值收益为基本出发点，《乡村振兴战略规划》中提到"鼓励农民以土地、林权、资金、劳动、技术、产品为纽带，开展多种形式的合作与联合，依法组建农民专业合作社联合社"。2019年，中央农办、农业农村部等11个部门和单位联合印发《关于开展农民合作社规范提升行动的若干意见》，将农民合作社定义为"广大农民群众在家庭承包经营基础上自愿联合、民主管理的互助性经济组织"[②]，并将其视作实现小农户和现代农业发展有机衔接的中坚力量。此外，《乡村振兴促进法》要求"国家采取措施支持农村集体经济组织发展，为本集体成员提供生产生活服务，保障成员从集体经营收入中获得收益分配的权利"。

---

① 吴重庆、张慧鹏：《以农民组织化重建乡村主体性：新时代乡村振兴的基础》，《中国农业大学学报（社会科学版）》2018年第3期。
② 中央农办等：《关于开展农民合作社规范提升行动的若干意见》，2019年9月5日，农业农村部官网，https://www.moa.gov.cn/govpublic/NCJJTZ/201909/t20190905_6327320.htm。

2. 村民自治实践的创新形式

自1982年宪法将我国农村基层群众性自治组织确定为村民委员会以来，村民委员会成为了村民自治的主要组织载体，承担着组织自治活动、管理村庄事务的职能。关于乡村振兴的政策设计一方面着重强调依托村民会议、村民代表会议、村民议事会、村民理事会、村民监事会等组织载体或形式深化村民自治实践，另一方面也关注到农村社会组织作为村民自治的另一组织资源的重要性。例如，《乡村振兴战略规划》和2018年中央一号文件都提及"大力培育服务性、公益性、互助性农村社会组织，积极发展农村社会工作和志愿服务"以健全农村基层服务体系。2019年，中共中央办公厅、国务院办公厅印发《关于加强和改进乡村治理的指导意见》，明确支持多方主体参与乡村治理，提出"积极发挥服务性、公益性、互助性社区社会组织作用"。[①]《乡村振兴促进法》在组织建设方面要求"县级以上地方人民政府应当采取措施加强基层群团组织建设，支持、规范和引导农村社会组织发展，发挥基层群团组织、农村社会组织团结群众、联系群众、服务群众等方面的作用"。

3. 乡村文化繁荣的实现路径

需要村民广泛参与的社会建设活动是培育文明乡风、繁荣乡村文化的重要手段。在移风易俗方面，2019年中央农办、农业农村部等11个部门发布《关于进一步推进移风易俗 建设文明乡风的指导意见》，既强调基层群众组织的作用，即"发挥农村基层群众组织作用，规范村内红白理事会、老年人协会、村民议事会、道德评议会等群众组织运行"，也要求"广泛开展议事协商，积极组织开展

---

① 中共中央办公厅、国务院办公厅：《关于加强和改进乡村治理的指导意见》，2019年6月23日，中国政府网，http://www.gov.cn/zhengce/2019～06/23/content_5402625.htm。

婚丧嫁娶服务、邻里互助和道德评议等活动"。①在丰富村民文化生活方面,《乡村振兴战略规划》和《乡村振兴促进法》都"鼓励开展形式多样的农民群众性文化体育、节日民俗等活动"。

除此之外,为充分发挥农民的主体性,动员多方力量参与乡村振兴,支持社会建设实践主体和实践内容的政策话语也见于具体的乡村建设行动方案中,如《农村人居环境整治提升五年行动方案(2021—2025 年)》要求"鼓励通过政府购买服务等方式,支持有条件的农民合作社参与改善农村人居环境项目。引导农民或农民合作组织依法成立各类农村环保组织或企业,吸纳农民承接本地农村人居环境改善和后续管护工作"。②另外,在民政部和国家乡村振兴局发布的《关于动员引导社会组织参与乡村振兴工作的通知》中,提出"大力培育服务性、公益性、互助性农村社会组织。推动有关部门和地区将政策、资金、人才等各项资源更多用于农村社会组织发展"③,但主体以正式注册的社会组织为主。

由此可见,有关社会建设的内容在我国的社会政策体系中大多是作为某项乡村振兴行动中的附属内容被提及,是挂靠在产业、文化、组织振兴之下的组织载体或实践内容,且是作为手段而非目标。问题在于,顶层的政策设计将社会建设视作手段的同时,并没有意识到已经建设好的"社会"不是既定的前提,若要发挥社会建

---

① 中央农办等:《关于进一步推进移风易俗 建设文明乡风的指导意见》,2019 年 9 月 4 日,农业农村部官网,https://www.moa.gov.cn/govpublic/zcggs/201910/t20191024_6330587.htm。
② 中共中央办公厅、国务院办公厅:《农村人居环境整治提升五年行动方案(2021—2025 年)》,2021 年 12 月 5 日,中国政府网,http://www.gov.cn/zhengce/2021～12/05/content_5655984.htm。
③ 民政部、国家乡村振兴局:《关于动员引导社会组织参与乡村振兴工作的通知》,2022 年 3 月 1 日,民政部官网,https://www.mca.gov.cn/article/xw/tzgg/202203/20220300039962.shtml。

设之于乡村振兴的基础动力作用,首先需要建设"社会"本身。然而,在我国的乡村振兴政策体系中对"社会建设"作为一个整体的支持较少,大多停留于鼓励和支持组织载体和组织活动的形式,而缺乏对培育乡村社会自主性、主体性等内核要素的具体支持,难免导致社会建设实践落入形式主义的窠臼。

(三)社会建设缺位引发的乡村振兴实践困境

笔者所在研究团队于2021年赴河北、陕西、山东、湖南、浙江5省5县10村进行实地调研,分别了解了基层干部和农民群众对乡村振兴实践的体验、态度和看法。调研发现,当前乡村社会建设普遍较为薄弱,乡村社会的原子化对乡村振兴建设实践构成了极大挑战。

1. 基层治理的动员失效

尽管政策文件和学术研究都在强调要让农民参与乡村振兴,但不少村干部提及村庄治理的困境恰恰是农民在各项公共事务中缺乏参与积极性,导致村庄治理动员面临挑战。具体来看,其一,村民参与文娱类公共活动的积极性不高。有村干部表示:"现在村民很难聚到一起,(村干部)叫干吗(村民)都不愿意去,人们宁愿在家待着看电视,没大局意识,自己的小世界更重要。"尽管大部分乡村或多或少都存在着广场舞等文娱队伍,但此类组织大多只是村民们出于自娱自乐的目的而自发组建而成,较为松散,[①] 难以重建人与人之间的联结与合作关系。其二,村民参与村民会议的积极性不高。山东、河北、浙江等多地的村干部都反映了"村民大会召开难"的问题,一些村庄甚至会采取发放误工费的方式动员群众参与

---

① 吴理财、魏久朋、徐琴:《经济、组织与文化:乡村振兴战略的社会基础研究》,《农林经济管理学报》2018年第4期。

村委会选举。值得注意的是,村级有效动员困境的存在进一步消解了村庄的动员能力,有村干部表示,"正是因为集体活动办不起来,所以村里不再开展集体活动"。

2. 干群之间的信任危机

从村干部的视角来看,他们在谈及村民时大多强调"村民难治理""没有大局意识",甚至有村干部明确表示:"村干部要是说什么,老百姓以为是村干部想出来的。如果没有政策,老百姓就不信你,没有办法,就得依靠政策性文件,政府公开出台什么政策,老百姓该做什么就做什么。"从农民的视角来看,他们对村干部的态度十分矛盾,一方面认为自己能力有限,因此"必须依靠大队""需要村干部牵头",特别强调村干部在乡村振兴中的重要作用;另一方面又会抱怨"村干部吞占"或"村干部无能",对村干部行为表现出强烈不满。正如某位村干部所说,"老百姓和村干部互相不信任,甚至国家来的钱越多,矛盾越多"。干部和群众的主要矛盾根源于各类信息的不对称,某些地方政府"一言堂"导致群众缺乏对村庄发展信息的获取渠道,群众不主动且没有机会参与村庄乃至国家的发展,一旦因信息不对称导致群众利益受损甚至会激发剧烈的干群冲突。

3. 乡村公共性的衰落

"公共性"以个人为基础并以超越极端个人主义即利己主义为旨趣,是促成当代"社会团结"的重要机制。[①] 有学者认为乡村社会碎片化和农民群体原子化使得农村社会公共性随之出现不同程度的流失,具体表现为农村社会公共空间的缩小以及公共利益和公

[①] 李友梅、肖瑛、黄晓春:《当代中国社会建设的公共性困境及其超越》,《中国社会科学》2012年第4期。

共精神的损耗。①对于乡村振兴实践而言,乡村公共性衰落直接表现为农民只关注个体或家庭"私益",而对村庄公共事务漠不关心,不愿为集体"公益"作出贡献。为大力推进乡村振兴战略,国家将大量资源投向农村,正因如此,大多数村民认为村庄公共品理所当然应该由国家供给、由村干部去争取资源,而作为受益者的村民则不愿意为村庄公共事务承担任何义务和责任。②调研发现,部分村民根本不关心村庄发展和村庄建设,认为"只要过好自己的日子就行了"。虽然也有很多村民表达了对文娱活动、修桥修路等村级公共品供给的期待,但很多村民在认知上更倾向于国家财政出资,他们不仅认为村级公共品供给与他们无关,甚至会把村级公共品供给不足的原因归咎于"村干部能力不足,难以从上级跑下来项目"。另外,村民志愿参与村庄公共服务的积极性也越来越低,如今为村庄提供公共服务一般都是有酬劳动,在村干部看来,村民的公共意识越来越弱,"老百姓现在只认钱"。

乡村社会的个体化趋势使得村民之间、村民和村干部之间的合作和信任关系日益弱化,从而催生了上述困境的出现。在这个意义上讲,社会建设活动有利于加强村民与村民、村民与村干部之间的联结和互动,对于乡村振兴实践具有基础性作用。

三、社会建设何以激活乡村社会

旨在重建或加固村民之间的社会交往和社会关系、重构乡村共同体的社会建设是一个漫长的过程,在建设初期同样也会遭遇上述

---

① 吴业苗:《农村社会公共性流失与变异——兼论农村社区服务在建构公共性上的作用》,《中国农村观察》2014年第3期。
② 刘建平、陈文琼:《"最后一公里"困境与农民动员——对资源下乡背景下基层治理困境的分析》,《中国行政管理》2016年第2期。

乡村振兴实践所面临的困境，在制度结构和核心要素上还存在限制性因素。本部分将结合实地案例分析社会建设政策的设计应考虑哪些限制性因素，并以四川省青神县高台镇"一领四微"的乡村治理模式为例，提出社会建设政策可期支持的方向，以激活乡村社会，服务于乡村有效治理。

（一）社会建设何以难为：实践主体错位与资源动员不足

简单来说，社会建设在实践形式上需要以乡村社会为主的多元主体参与，需要人、资金、公共空间作为核心资源。然而，在实践过程中却容易出现政府主导社会建设导致陷入形式主义的误区，或因支持性资源动员不足而难以启动的窘境。

1. 实践主体错位

进入21世纪后，随着国家与农村之间的关系由"汲取式"转向"供给式"，尤其是脱贫攻坚期间，大量国家资源通过转移支付下沉至乡村，这一方面保证了脱贫攻坚战的全面胜利，另一方面也造成了乡村社会对国家资源的路径依赖，构成了在中国乡村发展实践中长期存在的价值层面"内生取向"与行动层面"外生取向"的张力，[1]由此乡村的自主性空间受到限制，出现了"资源越多，村民就越是依赖资源，村民也就越是缺少动员"[2]的内生发展困境。社会建设的目标是重建"社会"本身，因此应以乡村社会主体性的激活为价值和行动导向，但受到整体上国家与社会关系的结构性影响，在实践中的社会建设仍是以政府为主导。当然，这并非是完全排斥政府的参与，尤其是社会建设初期，乡村社会的内生动力不足，政

---

[1] 文军、刘雨航：《迈向新内生时代：乡村振兴的内生发展困境及其应对》，《贵州社会科学》2022年第5期。
[2] 贺雪峰：《村级治理的变迁、困境与出路》，《思想战线》2020年第4期。

府需要引导支持内生性组织的培育。

尽管村委会作为基层群众自治组织，成立初衷在于赋予广大村民自我管理、自我教育、自我服务的权力，但也有不少研究者注意到，随着项目制成为村庄争取国家资源的主要渠道，村委会日益成为基层政府的行政工具，村级治理日趋行政化。[①]在乡村振兴实践过程中，村干部治理村庄的逻辑出发点从来不是乡村社会的整合和村民动员，而是某一特定任务的完成、某件事务的执行。对于村干部而言，面对"铺天盖地"的指标性任务，即便与社会建设相关，大多难免落于诸如"活动办了、有村民参与了"的形式成果，而非真正地联结人与人之间的关系、重建乡村共同体。有村民表示，这些活动"本来是有必要的，但现在都是走过场"。比如各地围绕乡风文明所开展的文化建设活动大多是常规性的"好媳妇""好婆婆"评选，在很大程度上与乡村社会的传统文化和传统习俗相脱节，甚至一些活动最终走向了形式主义，非但不能发挥作用，反而容易激化村庄矛盾。

在国家大力支持引导社会组织参与乡村振兴的政策背景下，社会组织也成为了不可忽视的一支重要力量。以成员来源和组织原则为分类依据，可将其分为内生性社会组织和外生性社会组织，内生性组织指"社区共同体基于血缘、地缘、宗教、文化以及邻里关系等原生性情感而形成的乡村组织"[②]；外生性组织则是指非政府成立的，在县级以上民政部门登记的社会团体、基金会、社会服务机构

---

① 折晓叶、陈婴婴：《项目制的分级运作机制和治理逻辑——对"项目进村"案例的社会学分析》，《中国社会科学》2011年第4期。王丽惠：《控制的自治：村级治理半行政化的形成机制与内在困境——以城乡一体化为背景的问题讨论》，《中国农村观察》2015年第2期。
② 马良灿：《农村社区内生性组织及其"内卷化"问题探究》，《中国农村观察》2012年第6期。

（民办非企业单位）等。社会建设的核心是培育乡村内生性组织，外生性组织的介入理应以此为目标取向。但目前大多是政府通过购买服务的形式向乡村引入外生性社会组织，在项目要求的时间内完成服务供给指标。虽然这种做法能够有效解决当下的问题，但这样的社会组织往往悬浮于农村社会之上，未能嵌入乡村。[①] 四川省青神县高台镇也曾尝试过通过购买成都养老服务机构的服务，乡镇干部表示："从成都过来，那么远，交通费多，过来其实就是捏捏背，（来的）都是年轻人也（和老年人）说不上两句话。"与此同时，乡村的内生性社会组织则发展不足，或是徒有形式而没有实质发挥社会建设的作用。

从实践效果来看，无论是政府主导的社会建设还是外生性社会组织的参与都模糊了社会建设的目标，把社会建设内容形式当作最终目的，政府和外生性社会组织取代了乡村社会自身在乡村发展实践中的主体地位。

2. 资源动员不足

据笔者所在研究团队在5省5县10村的实地调研来看，农民普遍反映乡村内生性组织和相关集体活动很少。村干部和农民尽管大多对社会建设活动的必要性持肯定态度，但由于缺乏人员和资金支持，认为其可行性不强，如"村里没人带头组织，办要花钱的，不是空口办""大队没钱，有（这样的活动）还挺好的"。人员、资金、公共空间等资源动员不足一定程度上影响了社会建设的组织实施。

---

① 刘秀芳、刘小文：《乡村振兴背景下社会组织参与社会治理：基础、困境与优化路径》，《贵州民族大学学报（哲学社会科学版）》2021年第5期。钱坤：《从"悬浮"到"嵌入"：外生型社会组织参与乡村治理的困境与出路》，《云南行政学院学报》2020年第1期。

首先，随着城乡之间劳动力要素的自由流动，中国已经从低流动、被动流动的乡土中国转变成高流动、全方位、多元化、主动流动的迁徙中国，[①]大量青壮年人口流出乡村，与村庄之间的联系削弱，由此也伴随着村庄的向心力与凝聚力衰退。习近平总书记也曾谈到"当前农业基础还比较薄弱，农民年龄知识结构、农村社会建设和乡村治理方面存在的问题则更为突出。比如，一些村庄缺人气、缺活力、缺生机，到村里一看，农宅残垣断壁，老弱妇孺留守，房堵窗、户封门，见到的年轻人不多，村庄空心化、农户空巢化、农民老龄化不断加剧"。[②]在此背景下，返乡创业青年等村庄精英往往被视作重要的建设力量，但受限于医疗、教育等公共服务供给不足、基础设施不完善等因素，致使乡村难以留住精英群体，大量传统乡村组织缺乏活力甚至形同虚设。[③]真正留守村庄的"386199部队"或是因为身体素质、或是因为文化素质，未能作为社会建设的主力被"看见"，其自身也不认为自己是乡村建设的组织主体。

其次，资金不足也被基层干部群众认为是制约社会建设实践的一大瓶颈。目前乡村社会组织的资金主要来自政府和村民自筹，资金来源少且规模小。政府在社会组织上的资金支持主要投向工会、妇联、共青团之类带有官办性质的体制内组织和规模大、信誉好、名声响的城镇社会组织，[④]而乡村社会组织则难以得到政府的资金支持。除资金规模外，资金使用方式则是影响社会建设效果更为重

[①] 段成荣：《由"乡土中国"向"迁徙中国"形态转变业已形成》，《北京日报》2021年11月29日第14版。
[②] 中共中央党史和文献研究院编《习近平关于"三农"工作论述摘编》，中央文献出版社，2019，第8页。
[③] 唐兴军、郝宇青：《乡村社会治理中的组织再造：价值、困境与进路》，《中州学刊》2021年第9期。
[④] 熊艳兵：《我国当代乡村社会组织发展研究》，中共中央党校博士论文，2020。

要的因素。以四川省青神县高台镇为例,在实施居家养老项目之前,政府支持社会组织的方式比较"粗暴",即按每位老人300元的预算给老人买礼品,这种针对"个体"的物质支持实际上并没有起到凝聚"全体"的作用,也没有实现社会建设的核心目标——重建或加固人与人之间的联结与合作关系。

最后,以公共活动场所、制度化的组织和公共活动为一体的公共空间在萎缩。作为村庄社会有机体内以特定空间加以相对固定的社会关联形式和人际交往结构方式,①公共空间是社会建设的必要条件。就物理空间而言,虽然近年来乡村公共基础设施建设和公共空间打造均取得了重要进展,但仍有很多村民反映居住分散、距离公共活动空间较远、场地面积小等现实条件成为阻碍他们参与村级公共活动的制约因素。除此之外,村庄的公共活动也呈现出萎缩的趋势,集体活动形式比较单一,有村民反映"村里只有广场舞,没有其他文艺活动或者集体活动"。红白喜事也是村庄中最主要的公共活动之一,但受到人口流动和移风易俗的影响,红白喜事的规模已经大大缩小,甚至异化为一种敛财手段,②不再具备加强社会联结的作用,反而一定程度上消解了乡村共同体。

(二)社会建设何以可能:以四川省青神县高台镇为例

上述实践主体错位以及资源动员不足的问题是大多数村庄在社会建设实践中的普遍遭遇,在很大程度上也影响了乡村治理成效。为此,四川省青神县高台镇创新探索出了"一领四微"乡村治理新模式,即"以党建为引领,打造微阵地、培育微组织、提供微

---

① 曹海林:《乡村社会变迁中的村落公共空间——以苏北窑村为例考察村庄秩序重构的一项经验研究》,《中国农村观察》2005年第6期。
② 董磊明:《村庄公共空间的萎缩与拓展》,《江苏行政学院学报》2010年第5期。

服务、开展微活动"[①]，通过行政激活乡村社会，构建共建共治共享的乡村治理格局。高台镇的乡村治理实践从社会建设入手，政府引导培育乡村内生性社会组织，将培养村民自我管理、自我服务的能力与意识为核心目标，使得真正的实践主体有意识、有能力参与乡村振兴实践成为可能。

1. 行政激活社会的运行机制

高台镇"一领四微"的乡村治理新模式中，"党建引领"即是以村党委为治理领导核心，把区域内自治组织、群众自组织、经济组织、社会组织连接起来，激活乡村社会"被闲置"的功能主体，由此在整体上改变了政府主导的实践倾向，实现了实践主体的易位；"微组织、微服务、微活动、微阵地"则是从人员资金动员和公共空间拓展两个维度，充分利用现有资源，打破了固有的对社会建设客观限制条件的认知。

从高台镇的社会建设实践来看，乡镇政府在社会建设过程中主要在理念引导、制度与资金支持和培育社会组织方面发挥作用。其一，基于乡镇政府对社会建设的重视，将"一领四微"的理念传递至各个村庄，引导其自我管理、自我服务；村委会通过开"坝坝会"等其他活动形式鼓励村民加入乡村社会组织，并参与相关后期公共活动或服务；在具体的村庄公共事务中，则由村委牵头，相关乡村社会组织来具体组织实施。正如高台镇某乡镇干部所说："以前是政府推着走，现在给一个项目，让他们自己去做，像'百家徒步'几百块就能办，可以把钱给老协，让他们自己去做，没有必要村支部自己去做，很多时候要学会去用群众，有平台，让群众去做。"

[①] 中共青神县委组织部：《四川青神县：创新"一领四微"模式 构建共建共治共享乡村治理格局》，2022 年 7 月 29 日，中国共产党新闻网，http://dangjian.people.com.cn/n1/2022/0729/c441888～32489538.html。

其二，乡镇政府在场地、资金等方面给予支持，即由乡镇政府下拨"微基金"，依托闲置房屋打造"微阵地"。其三，引入外生性社会组织以协助培育乡村内生性组织。由于村庄自发形成的组织大多属于社团性质，在组织方法和财务管理方面尚不规范，因此高台镇通过政府购买服务的方式引入专业的社会组织，指导、引导自治组织的能力建设以及协助保障。

在人员组织方面，尽管高台镇的村庄也同样面临村庄老龄化的现实，或许难以依靠他们来实现产业发展，但他们却可以成为社会建设的主力。基于村庄治理的对象以老年人为主，所以高台镇从老年人入手，充分发挥在村老年人的力量，启动"以老养老"的居家养老服务，成立由本村50—60岁、身体健康的老人组成的养老服务队，为本村失能、半失能老人和独居老人提供居家养老服务，具体由各村老年协会组织实施。一方面，村庄内部的互助养老作为一种公共服务，填补了养老的家庭支持空缺；另一方面，基于共同的生活经历，老人们相互之间更能唤起集体记忆，这种集体记忆会在生活交往中不断被加固和再次建构，通过各种节庆、仪式的体验将自己与其他成员联系起来，[①]比如通过"百家寿宴"（60岁及以上老人集体庆生）、重阳节活动等方式加深集体记忆。除老年人外，高台镇各村庄也会依据本村的人员特征成立"退役军人服务队""巾帼志愿服务队"等。

在资金筹措方面，高台镇设立5万元微基金下拨村党组织，实行申请使用制，由"微组织"向党组织提出申请和活动方案，党组织备案和指导，支持自组织自主开展活动。高台镇乡镇干部表示"政府在这方面其实不需要太多资金投入，一个村用半年的时间，少则

---

① 黄爱教：《乡村集体记忆及其重构——基于乡村振兴战略》，《贵州省党校学报》2022年第2期。

2万～3万,多则3万～4万就可以把这些东西做起来"。对于早期用每位老人300块钱的预算购买慰问物资的做法,高台镇政府意识到"对于瘫痪在床,孤独寂寞的老人(起不到精神慰藉的作用),人与人之间的交流和邻里之情是没办法通过300块钱实现的"。此后,高台镇启动居家养老服务项目,通过成立"微基金"支持各村培育养老服务队进行居家养老服务,看似程序上更加复杂,但却能够起到社会联结的功能,这是简单的市场化方式不能实现的。在资金规模上,这笔支持社会建设的"微基金"与产业发展资金、基础设施上投入的资金相比确实微乎其微,但资金使用方式的调整使得"微基金"也足以撬动和激活"社会",这也打破了村干部和村民对社会建设资金投入的先设条件。

"微组织、微活动、微阵地"则分别是从制度化的组织、常态化的公共活动、开放的活动空间三个方面拓展了公共空间。村民之间的经济合作在某种程度上依然遵循市场的规则,也无法满足群众对美好生活的想象。基于此,高台镇引导群众自发成立自治"微组织",已培育百家宴席互助组、庭院美化志愿小组、退役军人志愿队、"和事佬"调解队、巾帼志愿服务队、文艺服务队等多样化的乡村内生性组织。常态化的公共活动是保持乡村内生性组织活力和生命力的重要因素,在各个"微组织"成立之初即赋予了特定的职能,如百家宴席互助组即是由互助组成员为百家寿宴提供2～3道家常菜或其他志愿服务(每月一次);退役军人志愿队则在抗洪、抗震、抗疫等重大突发事件中发挥重要作用等。这并不意味每个社会组织职能仅限于此,在日常的环境美化、文娱活动中他们都可以成为重要的、可临时调用的组织资源。开放的活动空间则是依托闲置农户房屋、中心农户家、村民聚集区林盘等场地因地制宜就近打造而成,是各类村庄集体活动的灵活性平台和载体。如试点村以"邻里百家"作为载体，举办了形式多样、内容丰富的公共文化活动，搭建了议事决策的沟通协商平台，开办了以农民培训为内容的"百家讲堂"。

高台镇"一领四微"乡村治理新模式的实质是行政激活社会，核心是把社会建设的出发点从"乡村缺什么"拉回到"乡村有什么"，以行政力量"激活"既有资源，取代行政"注入"外部资源。其具体的运行机制表现为以政府提供的理念、制度和针对性资金支持为引导，以重建人与人之间的联结为目标，培育村庄内生性力量，运用村庄既有的人力、资金、公共空间建设乡村社会。

2. 乡村社会建设的实践效果

高台镇的社会建设实践通过培育乡村内生性社会组织、搭建公共空间、举办村民共同参与的活动，为基层有效治理奠定了社会基础。

第一，培育的乡村内生性社会组织成为乡村治理动员的组织资源网，能够灵活动员村民参与乡村治理实践。面对行政区划调整改革和村级建制调整改革后服务半径扩大、人口规模增大等新变化，村两委有限的班子成员难以"事事躬亲"，也无法全过程监督某件事务的执行进展与效果，但培育成熟的老年协会等组织资源能够下沉到每家每户，成为传达政策、监督执行的重要主体。某村党支部书记直言："村两委一共5个人，一个社区一共900多户，哪怕一个人一天跑10户，也要跑好多天。但是老协就像我们地下的一张网络，我们在上面有些政策做好带头谋划作用，老协就负责如何把村民覆盖到，村委自己干是没法达到效果的。"一方面，培育除政府、市场以外的乡村社会自治组织，可以有效解决基层政府工作人员数量有限的困境；另一方面，村庄德高望重的老年人往往相较于年轻干部更加能够处理好村庄的棘手事件，可以充分发挥群众的自治、善治能力，"老年人的工作如果由老年人来调解，那反而是好做的"。除此之外，乡村社会组织的公共活动也可融入政策宣传、环境治理、村庄事务讨论等。以"百家徒步"活动为例，由村妇女主任组织村内60岁以上、80岁以下的老年人沿村庄道路散步，同时捡拾道路垃圾，走到"邻里百家"再进行文艺表演，品尝豆花饭。在社会建设活动中，自然融入了村民参与公共服务的内容，增加了公共性体验。

第二，延展的公共空间拓宽了干群交流的渠道，有助于缓和干群关系，重建政府公信力。干部和群众的主要矛盾根源于各类信息的不对称，政府"一言堂"导致群众缺乏对村庄发展信息的获取渠道，群众不主动且没有机会参与村庄乃至国家的发展，一旦因信息不对称导致群众利益受损便会激发剧烈的干群冲突。实现信息公开透明是和谐干群关系的有效途径，而常态化的社会建设活动，拓宽了干部与群众沟通交流的渠道。高台镇倡导"干部少开会，群众多开会"，借助农户家的院坝开群众会，简单的几张桌子、几条板凳即是一个会场，从鸡毛蒜皮的小事到党和国家方针政策都能够在集体会议中讨论解决和传达，既加强了干群交流，也方便群众之间的相互交流。与正式会议相比，其独特优势在于能以更加轻松的氛围，以更近的距离发现问题、解疑释惑、解决困难、服务群众，并且加强群众相互之间的联系。高台镇通过"坝坝会"的社会建设活动，拉近了干群距离，实现信息的公开透明，调和干群矛盾和解决冲突，增强了群众对政府的认同感，也增强了群众自身的价值感与获得感。

第三，常态化的集体活动增强了村庄凝聚力，以再造乡土团结。首先，对于普通群众而言，他们通过参与各种集体活动，既充实了闲暇时间，又增强了人与人之间的联结感，从而对团体和村庄的认同感得以加强，提升了村庄整体的凝聚力。其次，对于村庄精英而言，他们是各种活动的组织者，各种活动的开展不仅增强了他们个人的价值感和幸福感，而且提高了他们的组织能力、服务意识和行动能力，有利于将这些村庄精英打造成一支为村庄服务的队伍，并使他们进一步参与村庄治理活动，发挥乡绅作用，提高村庄自组织能力，将各种活动推向常态化运行。各项社会建设活动的顺利开展有利于推动村庄形成互帮互助、团结友爱的氛围，越来越多的村民愿意团结起来，志愿性地承担一些原本由市场承担的功能，比如，种植养殖技术服务、文艺活动表演、居家养老服务等。以某村的人居环境治理为例，该村书记谈到志愿者服务队的积极性时说："前段时间是人居环境治理，我们就会在群里喊谁谁带锄头、带沙包，参加的人数出乎意料，人太多就让一些人下一次再来。每次搞活动，都是就地取材，因为村上经费紧缺，都是村民自己赞助豆子（豆花饭）等等，就近在附近人家做饭。别的村要搞这些，给的钱少，村民都不干，我们村的志愿者都是不要钱来的。"

在政府推动引领，以乡村内生性社会组织为实践主体、外生性社会组织为辅助的社会建设实践中，高台镇以村庄现有的人力资源为基础，组建培育了多样化的乡村社会组织，以少量资金撬动乡村自组织的发展，依托闲置场地或房屋开办社会建设活动。基于社会建设成果的乡村治理取得了显著成效，他们能够灵活动员已有的社会组织，拓宽了干群互动沟通的渠道，也为村庄凝聚力提升和乡村公共性的回归提供了契机。

四、完善以社会建设为目标的乡村社会政策体系

在当前我国现代化的发展进程中,伴随着社会流动性的增加,个体逐步脱嵌于原有的社会结构,个体化的趋势不断加强。与此同时,处于个体化转型中的乡村社会则是一个混合了"传统"与"现代"的巨大熔炉,逐渐迈向"原子化社会"[①]。原子化的乡村直接导致了乡村社会的私利导向和公共性的缺乏,以致乡村社会缺乏集体行动的社会基础,因而出现乡村振兴实践过程中农民主体性作用发挥不足、乡村内生动力难以激发的困境,这也直接影响到产业发展、人居环境改善、治理有效等多方面实践成果的可持续性。这要求我们反思社会建设在乡村振兴政策体系和行动实践中的地位,并为其提供具体的社会政策支持。

(一)重视"社会的建设"

对"社会建设"的关注须从学术研究和政策设计做起,以学术研究成果为方向指导,以政策设计为行动框架和实践支持,才能实现社会建设理论与实践的有机互动。

1. 重视"社会团结"的学术研究

"社会团结何以可能"一直是社会学研究的核心议题。对于仍处于"压缩的现代化"过程中的中国社会而言,如何处理个人与社会之间的张力,如何实现个体性与公共性的统一[②]是亟待学术界回应的问题。对于乡土社会而言,乡村共同体的解体、公共性的衰落、村民自治的弱化是研究者普遍关注的问题,但研究主题分散在社会

[①] 刘晨:《乡村正在迈向"原子化社会"》,2018年2月2日,中国乡村发现网,https://www.zgxcfx.com/sannongshiping/107322.html。
[②] 王建民:《转型社会中的个体化与社会团结——中国语境下的个体化议题》,《思想战线》2013年第3期。

整合、乡土团结、共同体重建、公共性建设等多个方向，其实质都是社会建设。然而，目前受到政策话语体系的影响，其指向的是以民生为重点的社会建设，其社会学的内涵定义并不明确，是社会学的理论研究在未来需要重点探索的。①

2. 纳入"社会建设"的顶层设计

在我国的乡村振兴政策体系中，尽管围绕产业、人才、文化、生态、基础设施等方面都有系列文件的出台，但从数量层面上主要以支持产业发展和基础设施建设为主，这在实践中也呈现出同样的优先序列和重视等级。作为一种乡村硬性和显性的发展成果，产业发展和基础设施建设在很大程度上也受到前期脱贫攻坚时期以政府供给为主的实践模式所影响，然而乡村振兴已难复制脱贫攻坚时代的政治（社会）动员机制，乡村的内生动力建设成为当务之急。②因此，在社会政策设计层面亟须关注社会建设之于乡村振兴的基础性作用，思考乡村振兴实践困境的整体性、本源性原因，跳出"头痛医头、脚痛医脚"的补充性社会政策，更多从整体上提供系统性的社会政策支持，向以"提升乡村振兴内生动力和人力资本、社会资本"的发展型社会政策过渡。

（二）社会建设政策的支持方向

在社会政策实践中，最重要的核心要素即是实践主体的培育和公共空间的再造，因此社会政策可从以下两个必要要素上给予重点支持。

1. 培育中间组织

有学者指出，社会原子化危机的实质在于中间组织的缺失，

---

① 李强、王拓涵：《发现社会》，《社会政策研究》2016 年第 1 期。
② 李迎生：《因应乡村振兴的社会政策建设：范式创新、结构优化与推进战略》，《教学与研究》2023 年第 3 期。

其表现之一即是个体之间缺乏积极的、建设性的集体行动的资源和能力,[1]这也构成了乡村社会无法有效承接乡村振兴资源的重要因素。因此,在承接之前需要编制社会组织培育工程,形成以基层党组织为核心、村社自治组织等体制性组织和各种内生性非体制性组织为网络的复合型乡村组织体系。针对内生性社会组织经费或能力建设不足的问题,一是可以通过政府购买服务的方式给予资金支持,二是可以通过引入专业化的社会组织来引导规范内生性社会组织的运行。除为乡村社会组织塑形外,在支持内生性社会组织政策中尤其要关注组织属性,即"社会联结"的属性[2],通过相关管理制度建设,让这些组织真正能够将原子化的村民有效组织起来,使各种异质性的需求都能够得到尽可能的回应,培育乡村民众对乡村社会的认同感和归属感,营造乡村社会共同体。当然,社会建设不能简单地排斥地方政府的作用,在此过程中政府必须准确定位自己的功能和角色,使得制度和机制供给与乡村社会实现有效对接,激发乡村社会的内在活力和凝聚力,既要做到引导有力,又要做到干预有度,逐步引导村民自组织模式从响应型为主向自觉型为主过渡。[3]

2. 再造公共空间

无论是能够增加公共性体验的集体活动还是公共活动的物理空间,对于重建社会联结都具有重要意义,也应该成为社会建设支持政策的重点。就公共活动场地而言,在灵活运用院坝等闲置场地之外,也可依据村民生活生产需要,支持活动中心、儿童之家、老

---

[1] 田毅鹏、吕方:《社会原子化:理论谱系及其问题表达》,《天津社会科学》2010年第5期。

[2] 吕方:《再造乡土团结:农村社会组织发展与"新公共性"》,《南开学报(哲学社会科学版)》2013年第3期。

[3] 杨嵘均:《论农民自组织动力源的现代转型及其对乡村治理的结构优化》,《学术研究》2014年第5期。

人餐桌等空间打造。就公共活动而言，应鼓励社会建设活动适当融入乡村治理、公共服务供给、文化建设等内容，重新建立村民之间的社会纽带，以发展社会组织化解个人或家庭风险[①]，使人们倾向于在"合作"的基础上共同生活，并产生对公共性的体验。以乡村养老服务为例，"互助养老"已成为家庭养老的重要补充模式，以老年人协会建设为抓手，通过创新和丰富"互助养老"的服务形式，既可以促进村庄内部的社会联结，也可以实现村庄公共服务的自我供给。除养老服务外，老年协会也能够通过各类文化活动实现农村社会公共文化产品的集体化制造和公共文化的可持续生产。[②]

（执笔人：陈诺）

[①] 邹英、向德平：《风险理论视域下原子化社会的个体危机及其化解途径》，《新视野》2016年第6期。
[②] 印子：《乡村公共文化的面孔、式微与再造——基于湖北农村老年人协会建设实践的分析》，《南京农业大学学报（社会科学版）》2015年第2期。

第十四章
小农户与现代农业衔接的实践样态和现实困境

一、引言

如何处理好小农户与现代农业的关系是实现农业现代化要处理的基本问题。从政策层面来看，现阶段的中国已经明确了小农户与现代农业并存的农业现代化发展道路，指出"促进小农户和现代农业发展有机衔接是推进中国特色农业现代化的必然选择"[①]。2017年党的十九大报告第一次以政策话语的方式提出要"实现小农户和现代农业发展有机衔接"。2018年中央一号文件正式以政策文本的形式明确将"促进小农户和现代农业发展有机衔接"纳入乡村振兴战略总体整体规划。2019年2月中共中央办公厅、国务院办公厅出台了《关于促进小农户与现代农业发展有机衔接的意见》，分别从提升小农户发展能力、提高小农户组织化程度、拓展小农户增收空间、健全面向小农户的社会化服务体系、完善小农户扶持政策以及保障措施六个方面对小农户与现代农业的有机衔接做出具体要

[①] 中共中央办公厅 国务院办公厅：《关于促进小农户和现代农业发展有机衔接的意见》，2019年2月21日，中华人民共和国中央人民政府网，https://www.gov.cn/gongbao/content/2019/content_5370838.htm，2024年10月29日访问。

求。至此，小农户与现代农业有机衔接的政策体系基本建立。

围绕有关政策体系顶层设计的逐渐明晰化，研究者对于小农户与现代农业的有机衔接的讨论也日趋热烈，讨论主题集中在衔接概念界定、关系探讨、路径探索等方面。概念界定主要集中在对"小农户"和"现代农业"两个维度。关于"小农户"，主要存在"小农户"与"小农"概念之争[1]以及农民分化背景下衔接政策的对象瞄准之争[2]。关系探讨主要归结于小农户与现代农业关系的兼容和兼容程度的问题，也由此分化出不同的衔接路径。马克思主义视角持"不可兼容论"，认为小农是原始的、落后的负面形象，小农农业和现代农业在生产力和生产关系上存在根本对立，小农必然消亡，农业转型的唯一出路是完全改造小农户，引导走集体化道路。[3]实体主义视角、新古典/新制度经济学视角、后现代/后结构主义视角持"可兼容论"，认为小农是充满韧性、充满经济理性和充满多元性的正面形象，通过"纵向一体化"、生产要素改造、优势转化等方式可以实现小农户与现代农业的兼容，[4]提出了公司+农户、合作社+农户、家庭农场+农户、村社集体+农户等不同的衔接形式。

既有研究从农业产业现代化发展的角度为促进小农户与现代

---

[1] 叶敬忠、张明皓：《"小农户"与"小农"之辩——基于"小农户"的生产力振兴和"小农"的生产关系振兴》，《南京农业大学学报（社会科学版）》2019年第1期。

[2] 罗必良：《小农经营、功能转换与策略选择——兼论小农户与现代农业融合发展的"第三条道路"》，《农业经济问题》2020年第1期。武舜臣、胡凌啸、赵策：《分化小农和现代农业发展有机衔接的路径选择》，《西北农林科技大学学报（社会科学版）》2023年第1期。吕一清、张东生：《如何有机衔接小农户与现代农业——基于新中国成立以来农户分化的现实思考》，《现代经济探讨》2020年第11期。

[3] 叶敬忠、吴存玉：《马克思主义视角的农政问题与农政变迁》，《社会学研究》2019年第2期。

[4] 叶敬忠、张明皓：《小农户为主体的现代农业发展：理论转向、实践探索与路径构建》，《农业经济问题》2020年第1期。

农业的有机衔接提供了理论支撑和路径探索,但小农户与现代农业有机衔接政策的出台不仅是一项立足经济增长的农业经济政策,更是基于我国城乡发展不平衡基本事实和共同富裕发展目标下做出的一项起反向调节作用的社会政策。在社会政策视域下,小农户与现代农业的有机衔接不能仅局限于在"改造传统小农"的语境下考虑如何使得分散化的小农与现代农业体系对接,更要重视对小农户的社会保护,强调在发展、组织、保护、支持小农的前提下推动农业的现代化。[1]基于此,本章以社会政策理论为依据,试图探讨并回答:为什么要实施小农户与现代农业的有机衔接政策?政策执行情况如何?政策结果是否与政策目标相符?政策如何优化?

二、小农户与现代农业衔接政策的动因分析

处理好小农经济与现代农业的关系一直是中国政府探索农业现代化要解决的现实问题。对改革开放以来的农业政策变迁的系统回顾,有助于对当前小农户与现代农业有机衔接政策出台的复杂性形成清晰客观的认识,以便更深刻地理解小农户与现代农业有机衔接政策背后的社会意涵。根据国家农业政策下的小农形象,改革开放以来小农户与现代农业关系的变迁大体上可以分为以下三个时期。

(一)改革开放初期:传统机械团结下的"韧性小农"

改革开放初期主要指20世纪70年代末—80年代中后期,这时期家庭联产承包责任制取代农业集体化生产,农户获得土地承包权,但市场元素并未完全释放,生产经营单位再次恢复到以家庭

---

[1] 向德平、向凯:《从"脱贫"到"振兴":构建发展型乡村振兴社会政策》,《社会发展研究》2022年第3期。

经营为基础的分散的小农经济形态，农民表现为传统小农经济中的"韧性小农"形象。

在改革开放前，中国农业政策在马克思主义"小农必然衰亡论"思想的影响下，通过行政主导的农村组织化和集体化方式消灭小农经济。然而集体大生产与当时生产力水平的不匹配反而压制了农民的积极性，导致了农村生产的集体困境。1978年我国进入改革开放的新时期，家庭联产承包责任制的出台意味着以小农户为基本单元的家庭承包经营再次得到中央的认可，农业经营方式回归传统农耕中的小农经济。以恰亚诺夫和斯科特为代表的实体主义持"小农稳固存续论"的观点，认为小农户的家庭经营有极强的生存能力和稳定性，[1]呈现出"韧性小农"的特征。中国研究者也从适应性（对自然条件、农事周期的适应）、稳定性（在外部压力下通过内在的力量保持事物存在和延续的能力）、灵活性（分工分业、生产调整）、吸纳性（帮工、换工、技术吸纳、市场交换）、救助性（血亲救助、乡绅义助、村民互助、政府赈济）等方面对韧性小农特征进行归纳，并认为中国小农的强大韧性与传统农业中小农作为命运共同体的责任对等机制、作为生活共同体的责任分担机制、作为生产共同体的责任内化机制、作为政治共同体的责任连带机制等小农生成发展机制相关。[2]

总之，改革开放初期的中国小农主要以传统村落、宗族等生活共同体形成的机械团结为力量共同抵御外界冲击，表现为"脆而不折、弱而不息"的韧性小农形象。

---

[1] 恰亚诺夫：《农民经济组织》，萧正洪译，中央编译出版社，1996，第61页。
[2] 陈军亚：《韧性小农：历史延续与现代转换——中国小农户的生命力及自主责任机制》，《中国社会科学》2019年第12期。

（二）改革开放后期：发展主义导向下的"脆弱小农"

改革开放后期主要指20世纪80年代末到2017年十九大召开之前。这时候中国进入市场经济转型期，农业经营形态由改革开放初期纯农户占绝对地位向纯农户与兼业户并存的局面转变，[1] 家庭联产承包责任制所导致的分散的小农经济与社会化大生产之间的矛盾逐渐成为农业现代化发展的主要矛盾。[2] 中国农业公共政策有明显的"去小农化"倾向，农业龙头企业、新型农业经营主体成为这一时期农业政策的主要支持对象。例如2013—2016年的一号文件提出补贴要向家庭农场、专业大户、农民合作社、农业产业化龙头企业等新型农业经营主体倾斜。[3] 在以市场经济为核心的发展主义思想的导向下，小农户家庭经营与市场经济、国家治理体系之间的矛盾逐渐深化，小农被迫去组织化，失去主体性，处于被淘汰、被排挤的边缘化状态，逐渐从"韧性小农"转变为"脆弱小农"形象。

其一，市场化破坏了小农社会原有的组织结构，农民被迫"去组织化"。在工业资本主义到来前，农耕的社会和空间范围有限，农民的经济行为主要基于道德伦理而非经济理性，主要依靠村庄共同体中"主客"间的"互惠关系"和社会公正准则[4] 在相对简单的社会分工中自给自足。但资本主义的发展推动了劳动分工的专门化，曾经非常普遍的农耕生产和家庭手工业生产的结合被逐渐破坏，农

---

[1] 吕一清、张东生：《如何有机衔接小农户与现代农业——基于新中国成立以来农户分化的现实思考》，《现代经济探讨》2020年第11期。
[2] 叶敬忠、豆书龙、张明皓：《小农户和现代农业发展：如何有机衔接？》，《中国农村经济》2018年第11期。
[3] 吴重庆、张慧鹏：《小农与乡村振兴——现代农业产业分工体系中小农户的结构性困境与出路》，《南京农业大学学报（社会科学版）》2019年第1期。
[4] 詹姆斯·C. 斯科特：《弱者的武器》，郑广怀、张敏、何江穗译，译林出版社，2011，第236页。

业被整合进资本主义生产体系,①小农也被迫卷入市场经济参与非农生产和市场交换,道义原则逐渐被商业伦理所取代,原先以村庄共同体为核心形成的农民自保结构被破坏。

其二,大市场与小农经济的矛盾使得小农遭遇发展的社会性"损害"。依据蒂特马斯的社会成本理论,市场经济的嵌入会破坏原有的社会组织结构,导致商品化中的个体饱受社会性"损害"。市场化元素从生活和生产两个维度嵌入农民生活,导致农民成为弱势群体。一方面是生活物资的全部商品化使得农民的日常生活无法离开货币化的裹挟;另一方面农业生产被卷入现代劳动分工,农民被迫成为面向市场的专业化商品生产者,但各种类型的资本控制着农业产业链和价值链,个体小农户从属和依附于资本,实际上处在半无产化状态,基本丧失了主体性。②

其三,国家的市场化政策导向加剧了农民的弱势地位。在发展主义思想的导向以及项目制治理的考核压力下,基层政府为了降低交易成本做出了资本、公司、大户导向的政策性抉择,使得"去组织化"的农民不断被政策所驱逐,逐渐沦为农业现代化发展中的被改造对象。

总之,改革开放后期的中国小农在市场经济的冲击下,遭遇发展的社会性"损害",由"韧性小农"被迫成为"脆弱小农"。

(三)社会主义新时代:共同富裕视角下的"福利小农"

2017年习近平总书记在党的十九大报告中作出重大判断:"经过长期努力,中国特色社会主义进入了新时代,这是我国发展新的

---

① 亨利·伯恩斯坦:《农政变迁的阶级动力》,汪淳玉译,社会科学文献出版社,2011,第142—143页。
② 吴重庆、张慧鹏:《小农与乡村振兴——现代农业产业分工体系中小农户的结构性困境与出路》,《南京农业大学学报(社会科学版)》2019年第1期。

历史方位。"①习近平总书记在十九大报告中正式提出"实现小农户和现代农业发展有机衔接",标志着中国农业公共政策从明显的"去小农化"倾向转向"再小农化",小农户与现代农业衔接中的"脆弱小农"形象逐渐转向共同富裕目标下的"福利小农"形象。依据蒂特马斯的社会成本理论,在社会成本产生之后,政府要通过构建社会政策制止社会性损害。小农户与现代农业有机衔接政策的构建正是中国政府基于市场经济发展下小农的现实遭遇做出的政策选择。

一是国家发展主义导向下的小农呈现"弱"的基本事实。经典马克思主义视角下资本主义中的小农始终是被压迫者和被剥削者的弱小形象。在市场元素的裹挟下,中国小农的"弱"主要表现为被"去能"之后自主发展能力弱②和家庭劳动力外流导致的老龄化、女性化和兼业化"三化"并重的弱质性家庭结构③。

二是"大国小农"的基本国情和规模经营遭遇问题的现实驱动。根据第三次全国农业普查公报,中国有20743万农业经营户,其中1.9%为规模农业经营户,98.1%为小农户经营,④大国小农依旧是基本国情。同时,农业规模经营发展缓慢且不断涌现各种问题甚至影响农村社会的稳定。⑤

三是新时代背景下小农的多元价值驱动。首先是小农生产的效

---

① 《习近平在中国共产党第十九次全国代表大会上的报告》,《人民日报》2017年10月28日。
② 姜安印、陈卫强:《小农户存在的价值审视与定位》,《农业经济问题》2019年第7期。
③ 韩春虹:《小农户参与现代农业发展:现实特征、实现基础与机制构建》,《世界农业》2022年第3期。
④ 《第三次全国农业普查主要数据公报(第一号)》2017年12月14日,国家统计局官网,https://www.stats.gov.cn/sj/tjgb/nypcgb/qgnypcgb/202302/t20230206_1902101.html,2024年10月29日访问。
⑤ 陈航英:《小农户与现代农业发展有机衔接——基于组织化的小农户与具有社会基础的现代农业》,《南京农业大学学报(社会科学版)》2019年第2期。

率价值,小农生产的灵活性和精耕细作使其具有相对效率优势;[①]其次是小农生产具有社会保障功能,包括化解危机、维护社会安定、维持乡村稳定、有利于城镇化和工业化建设、保障国家粮食安全等;[②]最后是小农生产具有文化传承功能,根植于传统农业中的伦理、血缘、道德等超经济纽带具有丰富的文化内涵,依旧对现代社会发展有参考价值。

四是共同富裕的社会主义本质要求。在市场经济中,相比于资本,小农户具有天然劣势。中国是一个社会主义国家,中国的农业现代化的目标也并非资本的利润而是共同富裕,由此,要从社会政策的角度看待和支持农业现代化中相对弱势的小农户。

总之,社会主义新时代在小农的市场化遭遇、"大国小农"的基本国情、小农生产的多元价值、共同富裕的社会主义本质要求等因素驱动下。要求政府通过构建社会政策降低中国小农在市场化发展中承受的社会性"损害",从而由"脆弱小农"转变为"福利小农"。

三、小农户与现代农业衔接政策的实践样态

由于小农户在市场经济发展中所承受的社会性损害,党的十九大报告中做出"促进小农户与现代农业有机衔接"的重大政策转向。围绕政策目标、责任主体结构、运作模式等要素对小农户与现代农业有机衔接的政策行动展开分析,有助于厘清小农户与现代农业衔接的具体机制和表现形态,以便对已有政策设计进行批判性认知。

---

① 韩春虹:《小农户参与现代农业发展:现实特征、实现基础与机制构建》,《世界农业》2022年第3期。
② 姜安印、陈卫强:《小农户存在的价值审视与定位》,《农业经济问题》2019年第7期。

（一）政策目标

政策目标包含对社会政策意欲解决的问题的界定、相应的社会政策价值观以及想要达到的政策期望。于小农户与现代农业有机衔接的政策而言，有关政策的顶层设计已基本完成，但政策行动需要在顶层设计模糊化特征的基础上进行精准化处理。从理论层面来讲，目前政策目标的界定仍存在较大分歧，主要包含对"小农户""现代农业"两个重要概念的辨析。

首先是农民分化背景下对政策中"小农户"的目标瞄准。马克思主义认为农民分化是农业资本主义与工业资本主义发展的必然结果，农村没有单一的农民阶级存在，农民已经或正在分化为不同的阶级。[1]在此基础上，列宁认为俄国资本主义发展过程中旧的宗法式农民已分化为富农、中农和小农；在未来，小农必然会被彻底瓦解，绝大多数中农会沦为贫农或破产为无产者，继而形成农业中资产阶级和无产阶级的直接对立。[2]

随着中国小农在市场经济转型中不同程度的分化，理论界对"促进小农户与现代农业有机衔接"中的"小农户"到底是谁存在争议。依据收入结构的差异，有研究者将我国目前的小农户划分为纯小农户和兼业小农户，兼业小农户又分为兼业1型小农户和兼业2型小农户[3]；也有研究者将小农户区分为全职农户、兼业1型农户、兼业2型农户和非农户[4]。有研究者根据农民对农村土地和农业生产

---

[1] 叶敬忠、吴存玉:《马克思主义视角的农政问题与农政变迁》,《社会学研究》2019年第2期。
[2] 列宁:《列宁全集》第3卷,人民出版社,1987,第53页。
[3] 孟秋菊、徐晓宗:《小农户衔接现代农业发展的内涵研究》,《重庆社会科学》2021年第1期。
[4] 郭庆海:《小农户:属性、类型、经营状态及其与现代农业衔接》,《农业经济问题》2018年第6期。

依赖程度的差异,将农民分为离农户、半工半耕户以及纯农户。[①]还有研究者依据生产目的将农民分为生存性传统小农、生产性小农、生活性小农和功能性小农。[②]学界普遍认为小农户指的是实行家庭联产承包责任制以来以家庭为单位在自家承包土地进行经营的微观主体,[③]核心特征为以农户家庭为生产单位、进行小规模生产。

其次是在中国式现代化背景下如何理解"现代农业"。《乡村振兴战略规划(2018—2022年)》中从农业生产能力、农业转型升级、现代农业经营体系、农业科技支撑、完善农业支持保护制度五个方面对农业现代化进行了战略定位,但并未对"现代农业"进行准确界定,这就导致理论和实践往往从科学化、市场化、工业化、集约化等西方发达国家现代化道路来理解"现代农业"的内涵,但中国国情和社会性质与西方发达国家并不一致,亟须在中国式现代化这一大背景下思考"现代农业"的中国内涵。

(二)责任主体结构

责任主体结构指的是在社会政策的制定和实施中起主导和主要作用的主体之间的关系。小农户与现代农业有机衔接中包含政府、小农户、市场、社会四大主体。政府承担主要责任,是该社会政策的政策主体。小农户是该社会政策发生作用的主要对象。市场在这里有两层含义,一方面指具体层面的企业、新型经营主体、资本等以现代农业方式开展经营的市场主体,另一方面是指小农户参与产品交换的具有现代元素的平台和空间。市场主体意义上的"市

[①] 朱战辉:《农民分化视角下小农经济转型与乡村秩序再造》,《华南农业大学学报(社会科学版)》2021年第5期。
[②] 罗必良:《小农经营、功能转换与策略选择——兼论小农户与现代农业融合发展的"第三条道路"》,《农业经济问题》2020年第1期。
[③] 张红宇:《大国小农:迈向现代化的历史抉择》,《求索》2019年第1期。

场"是小农户与现代农业有机衔接政策发生作用的次要对象,常提供引导服务;平台空间意义上的"市场"是小农户与现代农业有机衔接目标所要触及的空间。社会以在衔接中起桥梁作用的社会组织为主,属于联结政策主体与政策客体之间的政策中介。

在具体的政策实践中(图14-1),中央政府承担顶层设计的角色,主要负责制定相关政策、匹配相关政策资金;地方政府一般以项目制的方式将资金打包给企业等市场主体或通过直接的资金补贴、金融保险、信息咨询等形式引导小农户进入现代化大市场。市场主体与小农户以要素载体和产品(含服务)载体为依托形成契约关系,其中要素载体主要指土地和劳动力,产品(含服务)载体指的是农产品和社会化服务(主要指农资销售和产中服务)。[1] 在此过程中,社会组织等社会主体也参与其中,承担赋能、利益守护、市场对接等辅助工作。

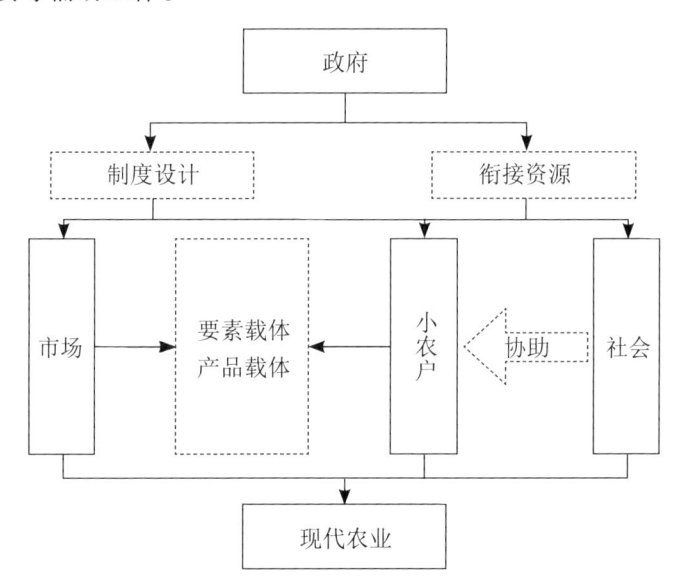

图 14-1 小农户与现代农业有机衔接的责任主体结构图

---

[1] 武舜臣、胡凌啸、赵策:《分化小农和现代农业发展有机衔接的路径选择》,《西北农林科技大学学报(社会科学版)》2023年第1期。

（三）运作模式

运作模式指涉及主体为实现政策目标各自的行动方式和机制，是为达到预期目标的一系列有序的步骤和操作。对于小农户与现代农业有机衔接的政策而言，围绕政府、小农户、市场、社会四大责任主体，基本形成了现代农业主体带动型和小农户自主发展型两种运作模式（表14-1），且总体呈现外部带动为主、自主发展为辅的政策实践格局。

现代农业主体带动型是目前最普遍的运作模式，主要特征是由企业、新型经营主体等中间机构充当小农户与市场之间的衔接中介，衔接载体以农民向市场主体等提供土地、劳动力等生产要素为主，产品载体为辅。在此过程中，小农户虽实现了与现代农业的衔接，但其往往面临生产领域和流通领域的资本双重挤压，丧失了生产主体地位，生产关系难以发生改变。[①]市场主体始终掌握较多的话语权，在衔接结构中占主导地位，获得主要收益。总的来说，现代农业主体带动型虽认同小农户与现代农业衔接的互构性和可能性，但仍将现代农业作为发展的优位主体，小农户仅具有"代入"特征，存在小农户效率低下、规模崇拜、刻板印象三大误区[②]，大多数仍存在"大农吃小农"[③]"公司吃农户"的逻辑，结果往往是小农户在衔接中不断被边缘化。

小农户自主发展型主要特征是由小农户与市场直接对接，中间机构的主要功能是起协助作用且非必要结构，基本不参与小农户

[①] 吴重庆、张慧鹏：《小农与乡村振兴——现代农业产业分工体系中小农户的结构性困境与出路》，《南京农业大学学报（社会科学版）》2019年第1期。
[②] 叶敬忠、张明皓：《小农户为主体的现代农业发展：理论转向、实践探索与路径构建》，《农业经济问题》2020年第1期。
[③] 仝志辉、温铁军：《资本和部门下乡与小农户经济的组织化道路——兼对专业合作社道路提出质疑》，《开放时代》2009年第4期。

的农业产业利益分配。小农户自主发展型包括农户自主联合、农业社会化服务、农民自发规模经营（自发家庭农场、自发农户合伙生产、自发适度规模经营）等具体形态。土地、劳动力等要素基本掌握在农民手中，小农户主要通过农产品、农资销售和社会化服务等与现代农业有机衔接。在此过程中，农民基本掌握农业生产和销售的主导权，获得农业生产的主要利益。总之，自主发展型内化小农户生产特性的产业和技术结构、小农户分散经营基础上的组织统筹以及差异化农产品的地方市场对接三个核心方面，是兼具内生性、组织性和差异性的中国特色农业现代化之路。[①]

表 14-1　小农户与现代农业有机衔接的两种运行模式

运作模式	衔接机制	具体形态	衔接载体	主要利益获得者
现代农业主体带动型	小农户—中间机构—市场	企业带动 新型经营主体带动	要素载体为主，兼顾产品载体	中间机构
小农户自主发展型	小农户—（中间机构）—市场	农户自主联合 农业社会化服务 农民自发规模经营	产品载体为主	小农户

四、小农户与现代农业衔接政策的现实困境

从社会政策视角下关注市场经济中政府对于公民社会权利的维护和保障，基于能力权利、机会权利、分配与补偿权利三个基本维度，本小节对小农户与现代农业有机衔接的结果进行剖析，将有助于清晰呈现政策落实的实际效果，以便对已有政策设计和实施提供优化策略。

[①] 叶敬忠、张明皓：《小农户为主体的现代农业发展：理论转向、实践探索与路径构建》，《农业经济问题》2020年第1期。

（一）能力权利困境

能力权利指的是要保障公民基本社会活动的权利，在小农户与现代农业有机衔接中则主要指小农户参与现代农业生产的权利。小农户与现代农业有机衔接的政策出发点就是要维护并帮助小农户这一市场经济中遭遇社会性"损害"的弱势群体获得进入现代农业的权利，但从已有结果来看，"外部带动为主、自主发展为辅"的行动格局依然是中国目前小农户与现代农业有机衔接的基本格局。虽然农民在长期的农业生产环境和社会制度环境中形成了生存理性、经济理性和社会理性等行动能力，[①]但他们在传统封闭小农经济中养成的实践能力始终难以适应开放的、流动的、分工的社会化体系，使得农民在参与现代农业系统的过程中遭遇能力权利困境，具体表现在组织、生产、市场三个层面。

一是小农户的组织困境。一方面，从集体化到家庭联产承包责任制下的分户经营，小农户的生产经营经历了组织形态上的"去组织化"；另一方面，市场经济下社会化的分工体系、无限扩张的生活消费、不断加速的城乡流动使得小农户的生产经营遭遇实质内核上的"去组织化"。正是小农户生产经营在组织形态和实质内核两方面的"去组织化"造成小农户普遍呈现主体性弱的特点，难以自发与大市场实现对接。

二是小农户的生产困境。传统小农经济条件下的农户生产主要依赖家庭和村落自我提供的条件，对外部的依存度很低。而现代农业生产方式趋向社会化发展方向，生产条件的外部化与自我生产能力弱小的矛盾[②]影响农民生产效率的进一步提高，强化小农弱势

[①] 梁伟：《农民理性扩张与小农经济再认识》，《现代经济探讨》2023年第1期。
[②] 徐勇：《"再识农户"与社会化小农的建构》，《华中师范大学学报（人文社会科学版）》2006年第3期。

地位。

三是小农户的市场困境。小农户的市场弱势主要体现在农资市场和农产品市场。在消费全球化和食物生产帝国不断扩张的背景下，单打独斗的小农户由于对接市场难、信息不对称、市场交易成本高等因素，始终在产品链条中处于被剥削和压迫地位。总之，能力权利困境导致小农户难以依靠自身力量承接政策支持，独立自主地实现与现代化大市场的联结。

（二）机会权利困境

机会权利指的是要保障公民获得工作技能和文化参与技能，在小农户与现代农业有机衔接中则主要指对政府提供的有助于"赋能"的资源获取的权利。从现实行动来看，小农户在获取机会权利上面临"衔接资源获取的被代表"和"现代农业发展权利不充分"两重困境。

一方面，"衔接资源获取的被代表"指的是小农户在衔接资源获取上具有明显的政策弱势，往往只能通过现代农业主体间接获得政策资源。具体来看，政府在社会政策中承担主体责任，负责统筹协调政策资源，政策实施成本和效果是政府官员衡量政策实施过程的基本要素。从这一点出发，小农户内部的严重分化和区域差异易造成政策识别和瞄准困难。此外，由于小农户在市场经济中存在能力困境，如果将资源直接投向小农户将会面临较大的政策效果风险。相比之下，在政府官员看来，龙头企业、合作社和专业大户等现代农业主体目标明确、数量相对较少且具备更为丰富的市场经验，在追求利润的同时，也能够产生更多的正外部性，示范和带动农民进入市场，虽效果不一定最好，但相对而言在一定的督导、监管机制下可以实现一定的联农带农效果，降低政策风险。所以在政策资源的分配方面，政府官员往往选择以项目的方式将衔接资源发包给现代农业主体，由现代农业主体带动小农户去落实具体项目，从而实现小农户与现代农业的衔接。

另一方面，"现代农业发展权利不充分"指的是小农户通过现代农业主体间接参与的过程中，由于生产理念和实践与现代元素不匹配、新兴交易尺度与社区原有尺度的对立[①]等因素，导致小农户往往被视为落后生产者而被排挤和边缘化，除基本的惠农补贴外，小农户基本分享不到其他资源，甚至成为地方政府驱逐的对象，表现为在现代农业中的发展机会不充分。

（三）分配与补偿权利困境

分配权利指的是为公民提供转让金支付，用以保障弱势群体获得生活的经济来源。补偿权利指的是向受到损害的人提供赔偿支付。这里将分配权利和补偿权利进行统合，共同指代政府通过再分配为弱势群体提供支持。在小农户与现代农业有机衔接中主要指政府通过再分配为小农户这一现代产业发展中的弱势群体提供的支持。上面提到，政府官员往往先将资源发包给现代农业主体，再由现代农业主体带动小农户实现有机衔接，但这样的"间接操作"真的可以保障小农户的社会权利吗？

从实践情况来看，由于现代农业经营主体与小农户之间的权利不对等，这种"间接操作"往往导致小农户在社会政策中的分配与补偿权利困境。一是分化小农户内部的分配不公。[②]社会权利理论

---

① 李耕：《小农户和现代农业发展有机衔接中的转译与尺度重构——以浙江省泰明县茶产业为例》，《中国农业大学学报（社会科学版）》2022年第6期。
② 武舜臣、胡凌啸、赵策：《分化小农和现代农业发展有机衔接的路径选择》，《西北农林科技大学学报（社会科学版）》2023年第1期。

强调公民在获取社会性公共产品方面的均等供给[1]和普遍惠及性，但已有针对小农户的生产政策支持主要取决于小农户的参与角色和参与程度，自然会对不同特征的农户群体带来差异化影响，表现出参与农业经营的程度越深，农户得到的扶持力度就越强的特征[2]。

二是小农户在整个产业体系中的分配弱势。虽然小农户在现代农业主体的带动下顺利进入现代农业发展轨道，但由于双方实力悬殊，地位很不平等。首先是小农户在分配环节的"低分配"。大多数小农户目前依旧游离于产业体系边缘，尚未参与具有产业融合特征的产业体系，少数参与者也仅仅从事着临时性、低效能、自负盈亏的产业活动[3]，这就导致小农户只能获得有限收入。其次是小农户利润分配和风险分担方面的"高风险"。虽然现代农业主体与小农户保持了形式上的独立性，是一种合作关系，但现代农业主体占据绝对性的支配地位。一方面，农村产业中的高附加值环节被现代农业主体垄断，削弱了小农户应对农业生产中各种风险的能力，其农业收入的稳定性随之弱化；[4]另一方面，在现代技术的冲击下，小农户往往遭遇原有地方性知识、农业生产的"去技能化"，其抗风险能力进一步弱化。也就是说，在利润分配和风险分担方面，农户承担了更多的风险，却只能获得有限的利润，而公司得以转嫁风险，

---

[1] 王春福：《社会权利与社会性公共产品的均等供给》，《中共中央党校学报》2010年第1期。

[2] 罗明忠、刘恺：《职业分化、政策评价及其优化——基于农户视角》，《华中农业大学学报（社会科学版）》2016年第5期。

[3] 可靖涵：《产业兴旺的农民解读与现实困境》，《中国农业大学学报（社会科学版）》2022年第4期。

[4] 望超凡：《资本下乡与小农户农业收入稳定性研究——兼论农村产业振兴的路径选择》，《南京农业大学学报（社会科学版）》2021年第1期。

同时获得高额利润，这是形式的平等掩盖了事实上的不平等。①

五、结论与建议：推动福利供给体系的双向深化

社会政策视域下的小农户与现代农业的有机衔接政策强调要以小农户的社会保护为前提，推动农业的现代化。从历史维度的政策动因分析来看，中国小农在发展主义导向的市场经济的冲击下遭遇社会性"损害"，被迫从"韧性小农"成为"脆弱小农"，而小农的弱势地位无法通过市场经济加以改善，由此驱动政府构建社会政策以保障小农户的社会权利，推动从"脆弱小农"到"福利小农"的转变。从行动层面来看，围绕政府、小农户、市场、社会四大责任主体，小农户与现代农业的有机衔接基本形成了现代农业主体带动型和小农户自主发展型的两种运作模式，且总体呈现外部带动为主、自主发展为辅的政策实践格局。

在此格局下，小农户的社会权利面临组织、生产、市场上的能力权利困境，"衔接资源获取的被代表"和"现代农业发展权利不充分"的机会权利困境以及"分化小农户内部的分配不公"与"小农户在整个产业体系中的分配弱势"的分配与补偿权利困境。社会政策视角的福利供给强调纵向维度上个人所享有的社会权利的增多或减少和横向维度上既定内容的社会权利在社会不同群体间的扩展，②已有困境可概括为纵向维度上小农户自身能力权利不足和横向维度上享有的机会、分配与补偿权利不足。

基于以上分析，本文建议深化已有福利供给体系的纵向维度

---

① 吴重庆、张慧鹏：《小农与乡村振兴——现代农业产业分工体系中小农户的结构性困境与出路》，《南京农业大学学报（社会科学版）》2019年第1期。
② 郁建兴、楼苏萍：《公民社会权利在中国：回顾、现状与政策建议》，《教学与研究》2008年第12期。

和横向维度，以此优化小农户与现代农业的有机衔接政策的实施效果。

一方面，从纵向维度上提高小农户享有的社会权利水平。一是由政府为小农提供组织资源，解决"搭便车"的组织化难题，引导小农走上组织化道路。例如依托村社组织引领农民开展综合合作，建立以小农户为主体的现代化道路。既有研究也表明，相较于其他市场化组织体系，村社组织是根植于村庄内部兼具自治性与社会性的治理单位，其统筹机制在保障小农户经营自主权和农业利益完整性的基础上，不仅提升了小农户的发展能力，还激活了农村基本经营制度的内在活力，是小农户与现代农业有机衔接的重要组织载体。[①] 二是整合政府涉农部门和涉农资源，提升乡镇或区域性农业技术推广、动物疫病防控、农产品质量监管等公共服务机构的服务能力，[②] 依托基层党组织或社会公益组织直接为小农户提供公益性的生产和市场服务，避免小农户在资源获取上的"被代表"。三是针对不同类型小农户提供公平且差异化的社会政策扶持。虽然社会政策强调福利供给的普及化和无差异化，但基于农民分化严重的基本事实，应在社会权利总体公平的基本共识下，允许分阶段、分人群、分需求为农民提供精准性供给。

另一方面，从横向维度扩展小农户在现代农业中的分配。一是以法治化强化政府在小农户衔接现代农业中的"主角"身份。社会权利实现的主体是各级政府，政府承担了权利保护者和管理者的双重角色，但政策主导模式实质上是政府"自我约束"的社会权利保

[①] 韩庆龄：《村社统筹：小农户与现代农业有机衔接的组织机制》，《南京农业大学学报（社会科学版）》2020 年第 3 期。
[②] 吴重庆、张慧鹏：《小农与乡村振兴——现代农业产业分工体系中小农户的结构性困境与出路》，《南京农业大学学报（社会科学版）》2019 年第 1 期。

障模式，在约束和监督缺位的情况下难以保证政策的有效落地。通过法治化的形式对政府在小农户与现代农业有机衔接中的责任进行落实，有助于使政府"自我约束"的政治美德转变成政府"在法之下"的法律责任,[①] 进而保障政府主动承担对小农户的社会保护职责。二是要强调现代农业主体的权利和义务相匹配。现代农业主体带动的运行模式应通过督察、审计等形式对现代农业主体的带农益农效果进行监督，且以农民参与程度而非农民是否参与作为重要考核标准，以此推进小农户与现代农业的深入衔接。

（执笔人：唐成玲）

[①] 鞠成伟：《论社会权利保障的理论基础及制度创新》，《求是学刊》2014年第1期。

第十五章
乡村土地政策与农民的组织化

一、引言

  乡村土地政策关系到土地这一关键的生产要素由谁掌握、谁来以何种方式组织农业生产、原本以土地为生的农民何去何从等重要问题。纵观改革开放到乡村振兴战略阶段的乡村土地政策变迁历程，我们不难发现，中国土地政策的变迁始终秉持了两大重要的政策目标：一是落实集体所有权、稳定农户承包权，二是放活土地经营权，即确保农村土地的用益权属于农村和农民，并促使土地能够更有效率地被利用起来。在这些政策的影响下，各类新型农业经营主体涌入农业领域，改变了农业原有的组织方式和生产方式。中国的农业产业因此呈现出相对复杂的图景，既包含以国有农场、农民专业合作社或龙头企业为经营主体的现代农业，也有以小农户为经营单位的传统农业。传统农业和现代农业之间还存在千丝万缕的关系，在土地、资金、技术、劳动力、原材料等各项要素上存在重要关联。因此，以乡村振兴战略为背景的乡村土地政策的讨论，就其本真而言，是各项农村土地权利被不断分离之后，农民应当如何组织起来并有效地参与农业农村现代化进程的问题。

  本章回顾了改革开放以来的中国土地政策，并以此为基础，分析了农民组织化的三个典型案例,分别代表了以家庭经营为基础的合作社、以村集体经济为基础的合作社和以家庭经营加社会化服务为基础的合作社这三种不同的农民组织化模式。我们认为,土地集体所有的制度框架,以及村集体和党支部在农民组织化过程中的引领作用,是农民能够组织起来,参与农业农村现代化进程并从中获益的重要前提。而集体经济的建设、村集体和村党支部领办的合作社的发展,将随土地制度改革的进一步深化而成为更加紧迫的现实需求和实现乡村振兴的应有之义。

二、改革开放以来的农村土地政策

在中国农业农村现代化的道路上,各类土地政策是重要的制度工具之一。它们在一定程度上决定了土地这一主要的生产要素以何种方式被谁利用,以及附着在土地上的种种权利与义务如何分配。自改革开放以来,中国的土地政策大致可以区分为具有承继关系的两个阶段,重点都在于实现各项土地权利的分离。

(一)农村土地所有权与承包经营权两权分离阶段(1978—2012年)

该阶段是家庭联产承包责任制的产生、确立和发展阶段,也伴随着农村土地所有权与承包经营权两权分离。[①]1978年安徽省凤阳县小岗村农民率先开始"包产到户"的实践尝试。党的十一届三中全会通过的《农村人民公社工作条例(试行草案)》肯定了这种尝试,但仍然禁止分田单干。[②]1979年9月《中共中央关于加快农业

---

① 刘晓玲:《中国共产党百年来农村土地政策的历史演进与经验启示》,《农业经济》2022年第7期。
② 中国人民大学农业经济系资料室编《农村政策文件选编(三)》,1980,第159—182页。

发展若干问题的决定》"允许边远地区、交通不便的单家独户包产到户"。①1982年中央一号文件承认了包产到户、包干到户的合法性。到1983年底，以"大包干"为基本形式的家庭联产承包责任制得以确立。1986年《民法通则》颁布，明确规定了农村土地承包经营户及其责任承担，这表明"包干包产"的家庭联产承包责任制成为正式的法律制度。2008年秋，党的十七届三中全会宣布土地承包关系长久不变。至此，两权分离的制度框架基本定型。

值得注意的是，联产承包责任制确立之后的土地政策既对承包期进行了保护和延长，又鼓励和推动了土地适度规模流转。如1984年中央一号文件规定"土地承包期一般应在十五年以上。生产周期长的和开发性的项目，承包期应当更长一些"，并提出"大稳定，小调整"的调整原则。1993年11月中共中央、国务院《关于当前农业和农村经济发展的若干政策措施》中，土地承包期从15年延长至30年，并提倡"增人不增地，减人不减地"。承包期30年的规定被后来的《关于进一步稳定和完善农村土地承包关系的通知》（1997年）、《土地管理法》（1998年第一次修订）、《农村土地承包法》（2005年）等多个政策法律进一步确认。1984、1986年的中央一号文件明确"鼓励土地逐步向种田能手集中"，鼓励农村闲置耕地经营权转让，培养、扶持适度发展规模的家庭农场和种植专业户。②2005年农业部出台了《农村土地承包经营权流转管理办法》以规范土地流转行为，指出务必保证涉及的农户自愿、有偿，发展合理、适度的规模化经营。2009年的中央1号文件提出"建立健全土地承包经营权流转市场"，2011年又提倡"引导土地经营承包权

---

① 中国人民大学农业经济系资料室编《农村政策文件选编（三）》，1980，第327—349页。
② 中国农业年鉴编辑委员会编《中国农业年鉴1982》，农业出版社，1983，第1—2页。

流转"。①

（二）农村土地三权分置制度的形成阶段（2012年至今）

本阶段农村土地三权分置制度逐步形成，是上一阶段两权分离制度的延续和发展。随着人口流动政策的进一步松动和城市化及城镇化进程的加快，农村土地的抛荒和土地细碎化成为影响中国粮食安全和农业农村现代化的严重阻碍。②2013年12月中央农村工作会议上，习近平总书记指出："顺应农民保留土地承包权、流转土地经营权的意愿，把农民土地承包经营权分为承包权和经营权，实现承包权和经营权分置并行，这是我国农村改革的又一次重大创新。"③2014年十三届全国人大常委会第七次会议正式将农村土地实行"三权分置"上升到法治层面。中共中央印发了《关于引导农村土地经营权有序流转发展农业适度规模经营的意见》，要求在"坚持农村土地集体所有"的前提下，"实现所有权、承包权、经营权三权分置，引导土地经营权有序流转"。2016年，《关于完善农村土地所有权承包权经营权分置办法的意见》颁布，明确了农村土地"三权分置"的改革思路和具体做法。2017年的中央一号文件中提到对宅基地所有权、占有和使用权予以落实，尝试盘活宅基地。2018年1月，《中共中央国务院关于实施乡村振兴战略的意见》进一步强调了"完善农村承包地'三权分置'制度"④。2021年党中央又强调要

---

① 人民出版社编《中共中央国务院关于"三农"工作的一号文件汇编（1982—2014）》，人民出版社，2014，第220—234页。
② 陈诗波、谭鑫、余志刚、李伟：《粮食主产区耕地隐性撂荒的形式、成因及应对策略》，《农业经济与管理》2016年第4期。
③ 中共中央党史和文献研究院编《习近平关于"三农"工作论述摘编》，中央文献出版社，2019，第53页。
④ 滕明君、张昱：《从权能构造到制度完善：中国共产党百年来农村土地政策的嬗变逻辑及新时代展望》，《理论导刊》2021年第3期。

在农村进行试点，寻找合理方式有效实现农村宅基地所有权、资格权和使用权"三权分置"。至此，"落实集体所有权、稳定农户承包权、放活土地经营权"的土地政策得到确立。

总体而言，改革开放以来的土地政策，具有先自下而上生发和萌芽、再自上而下认可和规制的特征，顺应了农村社会和国家发展的快速变迁。这些土地政策也反映了两个主要的国家发展目标：确保农村土地的用益权属于农村（落实集体所有权）和农民（稳定农户承包权）；提高土地利用的效率，加快乡村振兴和中国农业农村现代化进程（放活土地经营权）。

三、土地流转与农民组织化的可能前景

如前所述，放活土地经营权的实质，是进一步鼓励和推动土地流转，从而提高土地利用率、增加农业产出和收益，以实现乡村振兴和中国的农业农村现代化。而这在学理上，涉及到的是农业转型的路径之争，是农业生产的组织形式问题：由谁以怎样的方式来组织农业生产更有效率，更能推动经济与社会的发展。① 在这一点上，继承了马克思思想的阶级分析派和继承了恰亚诺夫思想的小农经济派对此有截然不同的看法。笼统而言，阶级分析派认为在土地流转和资本下乡的大背景下，中国农业资本化程度和农民分化程度已经较高，专业大户、家庭农场、农民专业合作社、农业龙头企业等新型农业经营主体在农业产量和产值上的占比越来越大。② 小农经济派不认可阶级分析派对于当下中国农业转型的总体判断，认为中国农业的经营主体依然是而且应当是以家庭为单位进行生产的

---

① 林春：《小农经济派与阶级分析派的分歧及共识——"中国农业的发展道路"专题评论》，《开放时代》2015年第5期。
② 严海蓉、陈义媛：《中国农业资本化的特征和方向：自下而上和自上而下的资本化动力》，《开放时代》2015年第5期。

小农户。^① 还有学者对于土地流转必然有利于提高农业经营效益的论断心存怀疑，认为农民农场不一定会在与资本农场的竞争中落败。^② 这些争论反映了中国农业转型的复杂图景。一方面，中国在农业农村现代化的道路上不断推进，农业资本化、规模化、机械化经营的程度确实越来越高；而另一方面，大国小农的基本国情使中国无法因循传统的从农业国向工业国变迁的路径，无法将绝大部分农业人口转移到工业领域，而必须探索具有中国特色的农业转型道路。这一现实要求简单粗暴地来说，就是放活土地经营权、推动土地流转之后，探索原本生活在土地上的农民怎么办的问题。

从全球范围内来看，我们大致可以观察到土地流转后这样几种情形。第一种是要地不要人的现代化农业（their land is needed, but their labor is not）^③。现代化的大规模种植园（如棕榈、甘蔗、棉花、大豆、小麦）等并不需要太多农业工人，每100公顷可能只需要1个工人。^④ 无人农业的出现更深刻地反映了现代农业的这一特征。这意味着现代农业无法吸纳原本依附于土地为生的小农户进入生产体系。小农户从这类土地流转中获得的是土地租金或为数不多的（季节性）工资。第二种是要地也要人的合作社农业，主要是土地入股式和"土地流转+反租倒包"型。^⑤ 这类合作社一般由大户主导，无

---

① 温铁军、董筱丹、石嫣：《中国农业发展方向的转变和政策导向：基于国际比较研究的视角》，《农业经济问题》2010年第10期。
② 叶敬忠、吴惠芳、许惠娇等：《土地流转的迷思与现实》，《开放时代》2016年第5期。
③ Li T. M, " Centering Labor in the Land Grab Debate," *The Journal of Peasant Studies*, 2011, 38（2）.
④ 塔妮娅·李：《使其生，任其死？——乡村土地剥夺与剩余人口保护》，载叶敬忠主编《农政与发展当代思潮》第一卷，社会科学文献出版社，2016，第316—340页。
⑤ 陈义媛：《大户主导型合作社是合作社发展的初级形态吗？》，《南京农业大学学报（社会科学版）》2017年第2期。

论是以什么样的形式加入,小农户从这类土地流转中获得的仅是所投入劳动力的报酬,所得农业剩余极少。第三种是以村两委等基层政治组织为主导建设的集体型合作社农业。[1]这类合作社社员也是以土地、资金或劳动力的形式入股,但却因为有村两委的引领,社员能够从集体经济中获益。[2]显然,第三种情景更有利于中国的农业农村现代化进程。在这一情境中,农民被有效地组织起来了。

如果说分散的小农必须被组织和团结起来才能更好地融入农业的全产业链,成为国民经济的有机组成部分,那么问题在于,在放活土地经营权的背景下,农民应当以何种方式被组织起来?当前的土地政策是否有必要作出相应的调整以适应农民组织化进程?在全面推进乡村振兴时期,学术界对于提升农民组织化程度的必要性已经具有广泛共识,并对农民组织化的历史传统和国际经验[3]、目标定位[4]、组织基础、制度优势和实现机制[5]、规则供给[6]、社会基础[7]及其对乡村治理的重要性[8]等进行了广泛的研究,但对于具体的实

---

[1] 张欢:《新时代提升农民组织化路径:烟台再造集体例证》,《重庆社会科学》2020年第6期。

[2] 江宇:《"烟台经验"的普遍意义》,《开放时代》2020年第6期。江宇:《党组织领办合作社是发展新型农村集体经济的有效路径——"烟台实践"的启示》,《马克思主义与现实》2022年第1期。

[3] 黄宗智:《中国乡村振兴:历史回顾与前瞻愿想》,载黄宗智主编《中国乡村研究》第16辑,广西师范大学出版社,2021,第30—53页。

[4] 吴重庆、张慧鹏:《以农民组织化重建乡村主体性:新时代乡村振兴的基础》,《中国农业大学学报(社会科学版)》2018年第3期。

[5] 贺雪峰:《农民组织化与再造村社集体》,《开放时代》2019年第3期。

[6] 方帅、党亚飞:《乡村振兴战略下农民组织化的有效实现——基于规则供给的视角》,《西安财经大学学报》2020年第4期。

[7] 王为、吴理财:《嵌入、吸纳与生产:新时代乡村再组织化的过程与逻辑》,《社会主义研究》2022年第3期。

[8] 李冉、刘达培:《从"散"到"合":全面推进乡村振兴中的农民组织化》,《求索》2023年第5期。

践路径尚无定论。我们认为，比较和分析典型案例或许能够为目前的相关讨论带来一些重要的启示。

四、乡村振兴背景下不同的农民组织化模式

农民组织化是乡村建设与发展的经典议题，将农民组织起来是实行乡村振兴战略的基本前提。有趣的是，阶级分析派与小农经济派都认为资本以直接或间接的方式控制土地、进入农业领域将使小农户受损，都认同农民有必要组织起来。但不同的是，阶级分析派强调农民被组织和团结起来的基础是公有制；而小农经济派认为农户家庭经营应当成为合作社的基础。[1]如恩格斯[2]指出，应当通过示范和提供社会帮助的方式使小农的生产转变为合作社的占有和合作社的生产。1992年，邓小平在审阅中共十四大报告稿时也说："我以前提出过，在一定的条件下，走集体化集约化的道路是必要的……农村经济最终还是要实现集体化和集约化。"[3]而小农经济派强调小农的生产方式，强调以农户家庭经营为基础纵向一体化，在支持型国家的帮助下发展现代农业[4]，推进农村综合合作或者走综

---

[1] 黄祖辉：《中国农民合作组织发展的若干理论与实践问题》，《中国合作经济评论》2010年第2期。

[2] 恩格斯：《法德农民问题》，载《马克思恩格斯全集》（第22卷），人民出版社1965年第1版，563—587页。

[3] 中共中央文献研究室编《邓小平年谱下（1975—1997）》，中央文献出版社，2004，第1349页。

[4] Chayanov, A. V., *The Theory of Peasant Co-Operatives*,（Columbus：Ohio State University Press, 1991），P1-24. 黄宗智：《农业合作化路径选择的两大盲点：东亚农业合作化历史经验的启示》，《开放时代》2015年第5期。潘璐：《从"家庭农场"到"农民合作"：恰亚诺夫的合作化思想及其对中国现代农业发展的启示》，《开放时代》2020年第2期。

合农协的模式[①]。近年来，在中央政府的倡导下，各地也开展了生产、供销、信用综合合作的实践，例如浙江省正建构以农合联为主要形式的"三位一体"农民合作组织体系。

但目前，农民合作社仍然是我国农民组织化的基本形式。问题在于，我国农民合作社的"名实分离"现象[②]已经十分普遍。学者们的共识是在大户主导的合作社中，小农户无论在生产决策还是利润分配上都少有控制权。[③] 有学者认为，小农户在合作社中的边缘地位是因为他们在合作社中的结构性位置，更深层次的原因在于村庄的分化。因此只有加强村集体的统筹能力、加强对小农户的政策扶持，才能有效抑制分化，才能发展出使普通农户真正受益的合作社。[④] 但也有学者认为，发展农业的关键在于"组织化"，而非"集体化"。[⑤] 一个理想的农业组织化制度应当让小农户有自我成长的空间，[⑥] 应当以家庭经营为制度基础，使小农户与其他经营主体建立起稳定的经济联结与社会联结[⑦]。我们在调研中看到了三个相对成功的农民专业

[①] 杨团、孙炳耀：《公法社团：中国三农改革的"顶层设计"路径——基于韩国农协的考察》，《探索与争鸣》2012年第9期。贺雪峰：《农民组织化与再造村社集体》，《开放时代》2019年第3期。

[②] 熊万胜：《合作社：作为制度化进程的意外后果》，《社会学研究》2009年第5期。

[③] 张晓山：《农民专业合作社的发展趋势探析》，《管理世界》2009年第5期。刘老石：《合作社实践与本土评价标准》，《开放时代》2010年第12期。陈义媛：《大户主导型合作社是合作社发展的初级形态吗？》，《南京农业大学学报（社会科学版）》2017年第2期。

[④] 陈义媛：《大户主导型合作社是合作社发展的初级形态吗？》，《南京农业大学学报（社会科学版）》2017年第2期。

[⑤] 潘璐：《村集体为基础的农业组织化——小农户与现代农业有机衔接的一种路径》，《中国农村经济》2021年第1期。

[⑥] 黄祖辉、张晓山、郭红东、徐旭初、苑鹏、梁巧：《现代农业的产业组织体系及创新研究》，科学出版社，2019，第374—375页。

[⑦] 潘璐：《村集体为基础的农业组织化——小农户与现代农业有机衔接的一种路径》，《中国农村经济》2021年第1期。

合作社，而它们成功的原因从两派学者的论述中都有理论回响。

（一）村集体引领的馆陶黄瓜合作社[①]

河北省馆陶县翟庄村有耕地面积1246亩，其中800个蔬菜大棚占地1100亩，占总耕地面积的88%。2020年，翟庄村总户数267户，总人口1109人。其中256户种植大棚蔬菜，占总户数的96%，主要种植黄瓜。村民生产的黄瓜在村内的产地市场销售，市场的平均日交易量可达40万公斤，年销售额近4亿元，每年人均纯收入3万元。翟庄村的年轻人大部分在村内从事黄瓜种植，外出务工的青壮年劳动力仅30余人。翟庄村黄瓜的生产和销售都是在村集体的引领、协调和组织中完成的。

从上世纪80年代分田到户之后，翟庄村村集体积极推动了本村的农业生产和种植结构调整。村干部、党员带头尝试搭建大棚，改种经济作物；村支书带头成立贩运小组，由村干部租车将黄瓜统一运到北京的岳各庄、新发地以及邢台、保定等周边县市的农产品批发市场进行销售。但这一时期，分散的小农户在市场中竞争的劣势仍然很明显。一方面，分田到户后的土地细碎化问题使农户难以扩大生产规模，通过农户之间自发的土地流转实现连片经营的交易成本较高、困难较大。另一方面，小农户也难以抵御市场价格波动的风险。2007年，黄瓜价格持续下跌使翟庄村的黄瓜产业遭受重创，许多农民不得不毁棚、弃棚，离开村庄另谋出路。直到2013年，翟庄村才迎来了流转土地、将农民组织起来的机遇。2013年，馆陶县申报获批"480吨无公害设施蔬菜园区扩建项目"，翟庄村争取到了新建大棚蔬菜园区的子项目。蔬菜园区规划了50个钢筋骨架结构

[①] 本案例来自2019年、2020年、2021年中国农业大学人文与发展学院叶敬忠团队青年农民调研资料，主要研究成果见潘璐（2021）。

的新式大棚，每个棚的实种面积达到一亩以上，造价 8 万~10 万元，每个大棚有 6 万元财政补贴。村集体将规划园区涉及的土地统一流转到集体，再由村民自愿报名申请大棚经营。这种将连片耕作和反租倒包相结合的方式，有效地促进了小农户经营规模的扩大。当年就有 100 多户农户报名申请建设新式大棚。村集体以抽签的方式确定种植户及其承包大棚的位置。参与购棚的农户只获得土地的经营权和大棚本身的所有权，土地承包权保留在原承包农户手中。村集体又以注册合作社的名义申请了银行 200 万的低息贷款，由承包大棚的农户无偿申请使用，解决了部分农户在扩建大棚初期的资金周转难题。新建大棚的高产值让其他村民看到了示范效果，更多村民有了连片流转土地、扩大大棚经营规模的需求。2013 年之后，村集体继续流转村民土地用于集中规划建设大棚园区，根据村民报名申请的情况，分两批建设了 600 多个大棚转包给村民。

为维护农户的利益，翟庄村村集体还采取了一系列举措。首先是制定土地流转制度，保证农业生产的有序开展。例如村集体规定土地流转租金是每年每亩 1000 元，这一标准适用于村民之间以及村民与村集体之间的土地流转，转入和转出的租金标准一致。村集体也规定了土地流转的周期与条款。所有的土地流转合同由村集体、原有承包人、实际种植者三方签订，流转周期为 10 年。种植者需将土地用于农业生产，在流转合同签订后如不能进行正常耕作，土地将被村集体收回。在合同期内，原有承包人不得单方面终止合同。种植者如要终止合同，需按原有承包人的意见，将大棚转租给其他农户，或将土地恢复原貌。土地经营权的再分配让无地少地的村民、没有承包地的本村青年和外来媳妇也获得了从事农业经营的机会，这为小农户的存续奠定了资源基础。

其次，村集体建立了"当日结算"和"买家付费"的交易制度。"当日结算"指采购商根据自己日常的采购量将货款预付给村集体,农民在每天下午销售后凭黄瓜经纪人的记账凭条向市场管理员结算现金。"买家付费"是指为了市场的管理和维护,采购商按照每斤黄瓜3分钱的标准向市场缴纳管理费,3分钱的管理费中有1分交给黄瓜经纪人作为报酬,1厘交给村财务人员作为工资,剩余1分9厘交给村集体用于支付市场扩建的土地流转租金或进行市场和村庄公共设施建设。这些交易制度有效地保护了农户的利益,采购商也因为翟庄村的市场能够有效地降低交易成本而愿意接受这些制度安排。

再次,村集体为小农户提供技术推广服务。例如邀请省内科研机构和山东寿光蔬菜基地的专家到田间地头进行种植技术指导,组织村民到山东寿光进行学习考察,解决废弃瓜秧瓜蔓的农业污染问题;规划引入酱菜生产线,进行黄瓜的深加工,提升附加值;选取少数农户作为试验组,尝试鱼菜共生的生态种养模式。

这正是翟庄村农民组织化过程的特点,即小农户在村集体的协调组织下融入市场,实现村庄农业产业的规模化。[①] 小农户并非作为社员和农业工人被吸纳到集体化的农业生产中,而是作为独立的经营主体与村集体形成横向联结,在保持生产经营自主性的同时获得组织化带来的规模效益。村集体没有直接干预小农户的生产经营活动,而是将资源要素进行整合之后,以再分配的方式为小农户提供公共服务,回应小农户的发展需求。

这一案例表明,村集体借助政府资源和平台,对小农户生产经营的扶持、协调和组织,是有可能让小农户成功地被组织起来并从市场中获益的。村集体的公共服务也有利于农业技术的更新、集体

---

① 潘璐:《村集体为基础的农业组织化——小农户与现代农业有机衔接的一种路径》,《中国农村经济》2021年第1期。

经济的发展和农户自身的资本积累。但需要指出的是，这一案例材料并没有涉及有关市场风险的讨论。翟庄村是否能够延长产业链，整合农业资源库（self-controlled resource base），实现纵向一体化，也有待进一步的观察。

（二）县政府推动的留坝食用菌合作社[①]

留坝县地处秦岭南麓腹地，总面积1970平方公里，平均海拔1547米。全县辖7个镇1个街道办事处，73个行政村1个社区。2020年总人口4.7万，其中农业人口3.5万。全县自然资源和文化旅游资源丰富，森林覆盖率达91.23%。

作为一个农业人口占绝大多数的大县，发展农业生产是留坝县政府的主要经济工作之一。留坝县的农产品种类丰富，但体量不大，"火车皮都拉不满一节"。农产品走不出大山，农民很难从农业生产中致富。2014年精准扶贫时，全县当时75个行政村，有45个是贫困村，贫困发生率超过30%，属于国家扶贫开发工作重点县、秦巴山区连片开发特困地区和革命老区县。但在推动种植养殖结构转型、发展规模经营时，县政府遭到了农民的反对。因为市场行情难以预判，政府鼓励种养的农产品很多时候卖不掉或者卖不了好价钱，所以很多农民表示："政府说种啥，千万不能种啥。"

留坝县政府认识到，分散的小农户是无法摆脱贫困的，必须被真正组织起来闯市场。但谁来组织，如何保证组织起来之后具有市场竞争力，是留坝县政府面临的难题。脱贫攻坚开始之前，留坝县有98个农民专业合作社，却不断有农民上访。在最严重的一起案件中，某个村委会主任找几个人成立合作社，自己任理事长，他媳妇

[①] 本案例来自2020年8月中国农业大学人文与发展学院叶敬忠团队产业扶贫调研资料。

是监事，儿子是会计，女儿是出纳，各种补贴政策都拿到了，但跟组织农民没关系。这位理事长至今还在坐牢。县政府组织财政局、农业局的农经站对全县98个合作社进行彻查，发现九成以上的合作社都存在问题，基本上都是一些小型利益团队，以组织农民为由套取国家资金，弱势的农户全是"被合作"。

既然农民专业合作社不能真正地组织农民、为农民服务，留坝县就必须构建新的组织机制。在这一阶段，留坝县政府首先排除了村委会引领合作社的可能性。因为村委会是农民自治组织，村委会的经费依靠农民和社会组织捐助，没有组织农民发展经济的责任和权力。在反复权衡之后，留坝县选定了基层党组织作为建设合作社的基础。留坝各村党员所占的比例比较高，约占总人口的12%。接下来留坝县面临两个难题，一是没有集体经济，没有带动群众发展生产的资源。当时留坝县很多村是完全没有集体经济的，有一些村庄靠高速征地款有一些集体资金，但也不敢随便动用。二是基层党组织没有足够的知识和能力带领农民走入市场，"有些支部书记当初连做项目是什么都不知道"。

留坝县先选了11个村进行试点，建设扶贫互助合作社，之后再在全县推广。试点主要采取了三个举措：（1）项目代建制。县政府把30万元以下的小型基础设施类项目交给村上做。从2017年开始的两年半时间内，全县为75个村庄投入了1.1亿元项目资金，村庄按10%的比例获得了1100万的项目管理金，这就是75个村获得的第一桶金。通过做项目，村干部应对市场和组织群众的能力都得到了极大提高。比如道路修建、花卉种植、危旧房屋改造、厕所革命等工程，具体的操作是由村上完成。县审计局通过招投标项目，招标了第三方提供审计服务，村干部借此逐渐学会审计等工作，学会了开税票。（2）政府为每个村庄的扶贫合作社提供30万元政府贴息贷款以进一步发展生产。(3)省扶贫办为扶贫互助社提供15万~30万的小额互助资金，为小农户提供发展生产的小额信贷。根据资金使用制度，村级公示7天无异议后，每户可以借到3万元。

最终留坝县建成的是一个四位一体的社会化服务体系，即"政府＋龙头企业＋扶贫互助合作社＋农民"。其中政府负责提供产业扶持政策和品牌建设，维护市场秩序，通过政府购买服务，为农户提供技术支持和销售渠道。政府还每年投入160万元向人保财险（PICC）购买农业保险，保险公司为农民提供一个菌菇桶保底价5元的服务。政府就是"做其他社会群体不会做、做不成的事情"。龙头企业（社员网）负责跑市场、拿订单，政府根据龙头企业售卖农产品的额度来付费。扶贫互助合作社主要对接农户，以避免农户或龙头企业直接对接后某一方违约的问题。农民则负责生产环节。

经过慎重考察本县农业生产条件和基础，留坝县选择了食用菌作为本县的拳头产品，并进行了基础设施建设。扶贫互助合作社通过流转村民的土地或利用村集体用地，利用县政府拨付的资金以及之前积累的集体资金，建成了172个产业生产基地，其中香菇产业基地有74个。建有生产场地、厂房和成套的设备（如大棚、冷库、动力电等），有效地降低了农业进入门槛。以一个年产2万菌桶的车间为例，农户以5万~6万元即可租用，租金收入留存于村集体。一个菌桶成本价为2.5元，利润有2元，纯利润可达到4万元，农户基本上一年就可以收回成本。2020年，食用菌生产在留坝县已经发展到2400万桶。随着农民经济水平的提升，农民自身的生产能力也在大幅度提升，市场经济能力越来越强，生产环节的专业化细分越来越明显。他们甚至创建了装袋、点种、注水等专业化队伍，越来越多的农户能够自己购买冷链车，直接与销售对接。其中专门的装袋队，每人每天可以赚得200元；一个专业的点种队，每天可以达到点种11000桶，每人每天有250元的收入。

这一案例表明，扶贫互助合作社的核心在于发展壮大集体经济。只有发展集体经济和集体组织，才能带动农民，社会主义公有制的优越性才能在基层组织中得以集中体现。由村党支部牵头，以集体经济为依托，扶贫互助合作社成功地把村民组织起来。目前很多村庄都出现空心化的现象，归根到底是因为农村的凋敝和集体经济的溃败。村庄如果没有集体经济，就只能自生自灭。而在这一案例中，村庄集体经济的兴起，农民组织化的实现，是源自县政府的大力投入与扶持。这也正体现了"支持型国家"在其中的作用。需要指出的是，五年过渡期后，国家推进乡村振兴战略的政策将发生变化和调整，村集体经济的发展将面临新的挑战。同时，随着村支书与村委会主任一肩挑政策的实施，乡镇政府及县政府对村党支部书记的监督管理变得很困难。特别是随着村集体经济的增长和村支书权力的扩张，如何防止兼任村支书、村委会主任与扶贫互助合作社社长的干部监守自盗、以权谋私，是亟须进一步探索的。

（三）集体经营为基础的拉格日合作社[①]

青海省泽库县地处青海省东南部，总面积6550平方公里，辖4个镇、3个乡，2020年泽库县常住人口为75659人，以牦牛为主要产业，属于农牧业大县，并形成了有名的"拉格日模式"的农民专业合作社。

为应对人口外流、草场退化和市场价格波动等问题，2011年，泽库县宁秀镇拉格日村二社社长俄多在村民大会上提出组建合作社的想法。他带着几位有威望的老人，走家串户鼓励村民加入合作

[①] 本案例材料主要来自于2020年8月中国农业大学人文与发展学院叶敬忠团队产业扶贫调研。主要研究成果见 Lu Pan, Jingzhong Ye, Chunyu Wang（2022）。

社。最终，拉格日村二社吸纳了全社36户217人入社，以0.6万亩夏季草场、74头牦牛的整合形式组建了拉格日村专业合作社，初步形成统一管理、利益共享、风险共担的合作模式。2013年，时任泽库县畜牧水利局局长的周先加担任拉格日村第一书记。通过对拉格日合作社的调研考察，周先加提出引进股份制，对生态畜牧业合作社进行升级，提高经营能力。村里围绕股份制改造多次开会讨论，最长的一次会议耗时4天4夜。十多名村民代表从早上8点半开始讨论，午饭和晚饭集中在一家解决，边吃边讨论。到了凌晨4点，有人裹着羊皮袄睡了，有人还在争论一头周岁犊牛到底该折多少股价。通过集思广益，合作社最终确定了股份制的量化标准。牧户以草场（耕地）和牲畜折价入股，每股500元；入股牲畜数按照草场等级，以实现草畜平衡为前提，进行牲畜入股标准折算。为解决无畜少畜贫困牧户入股问题，拉格日合作社允许贫困户将每人6400元的产业帮扶资金一次性入股合作社，32户贫困户共计入股97万元。

拉格日合作社的主要做法是：（1）以草地（耕地）和牲畜入股组建合作社；（2）牲畜按功能进行科学分群半舍饲养殖；（3）草地划区轮牧；（4）社员按一二三产融合发展进行分工分业；（5）用工按劳取酬；（6）牛羊及畜产品统一销售；（7）收益按股分配。通过转变生产组织方式，拉格日村的草原生态环境得到改善，草场的载畜量与牲畜良种率得到提高，同时解放出约2/3的劳动力从事二三产业。目前，拉格日全村参社牧户180户，共871人，占全村总人口的97.6%；整合草场面积9.02万亩，占全村可利用草场面积的96%；牲畜入股5019头（只），占全村存栏牛羊总数的98.1%。合作社根据社员能力进行分工，将社员分配到不同生产岗位。合作社共有劳动力351人，其中139人从事畜牧养殖，其余212人从事饲草种植、畜牧产品加工销售等工作。拉格日村2010年人均收入仅为2512元；2012至2019年，合作社累计现金分红2369.87万元，2019年人均收入达到6544.2元。"拉格日模式"在泽库县得到迅速推广。截至2020年，泽库县建设生态畜牧业合作社64家，2017至2019年全县37个生态畜牧业专业合作社累计现金分红3330万元。在合作社蓬勃发展的基础上，2019年泽库县申报获批国家现代农业产业园，建成后的现代农业产业园将引进更多企业入驻，实现"园区+企业+合作社+牧户"的产业组织化发展。

而为了确保合作社有序发展，避免出现"空壳社"现象，泽库县政府还采取了三方面保障措施：

第一，设立大学生领办员，培育合作社专业人才。合作社的发展需要能人带动，但是牧区村庄普遍缺乏懂经营、会管理的骨干人才。县政府聘请了30余名大学生担任合作社领办员，让他们协助合作社开展工作，特别是在项目管理、产业发展等方面为合作社提供人才支撑。大学生领办员的工资由县政府和合作社共同承担。

第二，严格考核制度，指导合作社规范发展。县政府、县农牧局根据合作社的股份改造、资源整合、草畜平衡、生态保护、制度完善、分红及带动贫困户等情况对合作社及所在乡镇政府进行年度考核。根据合作社的考核情况，县政府将70%的草原生态保护奖补资金用于普惠发放，30%用于绩效发放，激励合作社发展。

第二，购买第三方服务，规范合作社财务管理。泽库县将国家建设资金所形成的固定资产和生产性投入以股权形式折股量化后，分配至各合作社的入社牧户和贫困户。为规范合作社的财务账目管理，确保扶贫资金得到有效使用，县政府聘请第三方专业会计公司对合作社财务进行统一规范管理。

这一案例反映的是土地和草场集体经营、牧民被组织化的合作社。社员按合作社的要求来生产经营牦牛产业，集体经济得到了极大的发展和巩固，牧民的生产和生计有了保障。

从以上三个案例中，我们大致可以总结和梳理出有利于农民的土地流转的主要特征。一是土地流转的主体应当是具有公益性的村集体或村党支部，而不是以逐利为主要目标的一小部分（外来或本地的）精英。只有村集体或村党支部领办的合作社，才具有为农民服务的制度责任，使小农户也能从合作社中获益。二是农民的组织化离不开政府的项目支持和政策扶持，尤其是在合作社建设之初。分田单干的大部分小农户往往在市场中溃败，难以从农业生产中获益，也难以实现资本的积累和农业的转型。政府对集体经济的大力投入和重建，将提高村庄的集体凝聚力，使小农户的规模化生产成为可能，使其更具市场竞争力。三是农业生产的组织形式可以多样。我们既能看到馆陶县以家庭经营为基础的黄瓜产业，也能看到泽库县以集体经营为基础的牦牛产业，留坝县以"家庭经营+提供农业社会化服务"为基础的食用菌产业。这表明只要保证领办合作社的主体的公益性，具体的生产组织形式既可以以家庭为基础，也可以以集体生产为基础。

五、讨论与建议

改革开放以来，中国农村土地政策的核心要义是使附着在土地上的一部分权利成为商品。放活土地经营权，顺应并推动了农村社会的土地流转和资本下乡热潮，也为我们开出了一个重要的现实议题——我们应当如何安放土地被流转之后的农民？已有的研究表明，农业公司、农业企业、大户/精英主导的合作社都不能使农民从中获益。今天合作社的运作机制并不能缩小大户与小户之间的差距，而是在强化这种差异，并且不会自动向理想化的形态发展。[①]因此很多学者呼吁政府节制资本，支持小生产者，建立以社区为基础的综合型合作社。[②]有趣的是，很多学者对流转土地进行规模化经营的外来资本十分警惕和敏感，但却能够接受农村内部因市场或人口因素引起的农民分化与资本积累，[③]欣喜于一些合作社保留了家庭经营为其制度基础[④]。更多的案例表明，合作社得以成功的更关键因素是村集体的引领和集体经济的加强，而其中支持型国家的角色不可或缺。换言之，单靠农民自己是无法自我组织起来闯市场的。政府的大量投资、政策扶持和村集体的资本积累，是合作社迈出第一步的重要动力。

习近平总书记在其博士论文《中国农村市场化建设研究》中就提出要"走组织化的农村市场化道路"。2013 年他在中央农村工作会议上提出，要把农民组织起来，通过供销合作社、农民专业合作社、龙头企业等新的经营组织形式和农业社会化服务，再加上政策引导，把一家一户的生产纳入标准化轨道。2020 年的中央农村工作会议上，习近平总书记再次强调，"目前，我国农村社会处于深刻变化和调整时期，出现了很多新情况新问题，虽然错综复杂，但归结起来就是一个'散'字……要广泛依靠农民、教育引导农民、组织带动农民，激发广大农民群众积极性、主动性、创造性，投身乡

---

① 陈义媛：《大户主导型合作社是合作社发展的初级形态吗？》，《南京农业大学学报（社会科学版）》2017 年第 2 期。
② 仝志辉、温铁军：《资本和部门下乡与小农户经济的组织化道路——兼对专业合作社道路提出质疑》，《开放时代》2009 年第 4 期。
③ 严海蓉、陈义媛：《中国农业资本化的特征和方向：自下而上和自上而下的资本化动力》，《开放时代》2015 年第 5 期。
④ 潘璐：《村集体为基础的农业组织化——小农户与现代农业有机衔接的一种路径》，《中国农村经济》2021 年第 1 期。

村振兴,建设美好家园。"① 这是分别从农业生产和乡村治理层面对农民组织化提出了要求和指导。

具体到土地政策层面,近年来的一号文件继续在"三权分置"的基础上推进和细化农村土地制度,一方面稳定承包权,一方面放活经营权,同时强调集体经济和合作社的建设,强调在此过程中保护农民的利益。例如,2018年的《国家乡村振兴战略规划(2018—2022年)》指出,不断完善的农村土地集体所有制和双层经营体制是乡村振兴坚强的制度保障,要完善农村承包地"三权分置"制度,在依法保护集体所有权和农户承包权前提下,保护土地经营权;同时"鼓励农民以土地、林权、资金、劳动、技术、产品为纽带,开展多种形式的合作与联合,依法组建农民专业合作社联合社,强化农民作为市场主体的平等地位。引导农村集体经济组织挖掘集体土地、房屋、设施等资源和资产潜力,依法通过股份制、合作制、股份合作制、租赁等形式,积极参与产业融合发展"②。2021年《中华人民共和国乡村振兴促进法》表明,国家将巩固和完善以家庭承包经营为基础、统分结合的双层经营体制,发展壮大农村集体所有制经济,完善农村集体产权制度,增强农村集体所有制经济发展活力,促进集体资产保值增值,确保农民受益。同年发布的中央一号文件明确表示,既要保持农村土地承包关系稳定并长久不变,也要健全土地经营权流转服务体系。2022年的中央一号文件提出,应当巩固提升农村集体产权制度改革成果,探索建立农村集体资产监督管理服务体系,探索新型农村集体经济发展路径,还要开展农村产权流转交易市场规范化建设试点。2022年3月,《农业农村部关于

---

① 2020年12月28日习近平总书记在中央农村工作会议上的讲话,发表于《求是》(2022年7月)。
② 文献来源:中共中央国务院印发的《乡村振兴战略规划(2018—2022年)》。

实施新型农业经营主体提升行动的通知》明确指出，在产业基础薄弱、主体发育滞后、农民组织化程度低的地区，鼓励村党支部领办农民合作社，聚集人才、资源优势发展特色产业。2023年的一号文件提出，要引导土地经营权有序流转，发展农业适度规模经营。总结地方"小田并大田"等经验，探索在农民自愿前提下，结合农田建设、土地整治逐步解决细碎化问题；完善社会资本投资农业农村指引，加强资本下乡引入、使用、退出的全过程监管。2024年的一号文件明确指出，启动实施第二轮土地承包到期后再延长30年的整省试点，要健全土地流转价格形成机制，探索防止流转费用不合理上涨的有效办法。

  上述政策表明，乡村土地政策的变迁与农民组织化的要求相辅相成。集体经济的建设、村集体和村党支部领办的合作社的发展，将随土地制度改革的进一步深化而成为更加紧迫的现实需求和实现乡村振兴的应有之义。在土地制度改革中只有切实把农民组织起来，使其顺利融入农业农村现代化的进程并从中获益，才能在农村经济发展的同时，保证农村社会的稳定与公平，走出具有中国特色的农政变迁道路，实现中国乡村振兴战略。

（执笔人：汪淳玉）